论真理 出良策 建真言

建设富裕和谐秀美江西策论

Strategies for Building a Prosperous,
Harmonious and Charming Jiangxi

主　编／祝黄河
副主编／吴永明　黄万林　胡春晓

社会科学文献出版社
SOCIAL SCIENCES ACADEMIC PRESS (CHINA)

作者简介

　　祝黄河　现任江西省社科联党组书记、主席，省政协常委、文史和学习委员会副主任；法学博士，教授，博士生导师；中央马克思主义理论研究与建设工程专家、课题组主要成员；国家社科基金项目学科评审组专家；国家一级学会中国科学社会主义学会副会长；江西省科学社会主义与国际共产主义运动学会会长；华中师范大学科学社会主义与国际共产主义运动专业博士生导师；江西师范大学马克思主义理论博士后流动站、马克思主义理论一级学科博士点学科带头人、领衔导师；享受国务院政府特殊津贴。

　　近年来，紧紧围绕江西省委、省政府的中心工作，领衔撰写了《经济与生态协调发展研究》《江西进入GDP"万亿元俱乐部"的思考与对策》《优化江西发展环境的调查与思考》《加快推进昌九一体化的思考与对策》等一批聚焦国家和江西省经济社会发展重大理论和现实问题的对策研究成果，获得省委省政府领导高度评价，共获得省领导肯定性批示或被省直有关部门采纳达 50 余次，产生了良好的社会反响。

黄万林 江西省社会科学界联合会党组成员、副主席。近年来，围绕江西省经济社会发展重大理论和实践问题，积极开展应用对策研究，主持并完成"鄱阳湖生态经济区视域下的'共青现象'研究""欠发达地区县域经济跨越发展新思路研究""关于鼓励和引导民间资本进入江西文化创意产业的研究""江西经济发展品牌战略研究""大数据时代的江西应对策略研究"等省级课题 5 项，多项研究成果获省领导肯定性批示，公开发表论文 10 余篇。

胡春晓 1964 年 3 月出生，江西新余市人。现任江西省社会科学界联合会副主席，教授，硕士生导师。江西省科协第七届常委、江西省人力资源和社会保障学会常务理事。主要研究方向：教育行政、公共管理。先后主持江西省社科规划项目、江西省对外科技合作项目、江西省软科学研究计划项目、江西农业大学教学改革招标课题、江西农业大学自由申报课题等科研项目。分别在《商业研究》《高等农业教育》《安徽农业科学》《江西农业大学学报》等刊物上发表论文 20 余篇。参与调研并撰写的应用对策研究文章《江西进入 GDP "万亿元俱乐部"的思考与对策》《优化江西发展环境的调查与思考》获多位省领导肯定性批示。

蔡雪芳 1964年1月出生，江苏南京人。1986年毕业于江西大学新闻系，现任江西省政府决策咨询委员会信息处处长，高级经济师。从事政策咨询研究工作20多年，公开发表研究报告及理论文章数十篇，不少调研成果得到江西省委、省政府主要领导的重要批示，并印发成参阅文件供各地学习参考。主要研究领域为江西县域经济发展、战略性新型产业发展、旅游业发展、低碳经济、企业上市、现代物流与产业集群、新型工业化与城镇化融合发展、工业园区发展、策应长江中游城市战略等。

陈新华 江西省政府发展研究中心研究员，中国井冈山干部学院兼职教授、江西省人大财经委经济咨询专家、省人大预算工委咨询专家。主要研究集中在四个方面：省域经济、中部发展战略、旅游产业、城市化。所提出的观点和对策建议，如"制度创新"是江西加快发展主动力、中部"塌陷"概念、用"红色摇篮、绿色家园"作为江西加快旅游总体形象、以省直机关迁出市中心加快建设大南昌都市圈等得到过一些奖项和一些领导批示。著有文集《经济世界思考录——以江西经济发展为例》《横看成岭侧成峰——江西经济走势与区域发展变迁研究》《远近高低各不同——中部发展战略与江西崛起研究》等。

　　张明林　1972年4月出生，江西丰城人，江西师范大学商学院副院长，教授，管理学博士，硕士生导师。民建中央能源、资源与环境委员会委员，江西省政府经济发展研究中心特约研究员，中国中部经济发展研究中心特约研究员，南昌市创业指导专家。长期从事产业经济与创业管理领域的教学、科研和社会应用对策研究工作。主持国家自然基金课题1项，省部级课题20多项。先后在《宏观经济研究》《中国农村经济》《经济问题》等杂志发表论文50余篇，出版专著3部，获江西省社会优秀成果奖2项，江西省高等教育科研成果二等奖和创业教育论文奖2项。

　　赖金生　江西信丰县人，中南财经政法大学财政学硕士研究生，中共江西省委农村工作部副部长、江西省新农村建设办公室副主任，教授。长期从事"三农"工作，历任乡镇党委书记、乡镇长，县委常委、县委组织部部长，县人民政府常务副县长，江西省农村税费、改革办副组长，高校党委书记、院长。主持了多项国家级课题，在《管理科学》《中国财政》《经济日报》等报纸、杂志发表论文35篇，两次获全国"三农"征文一等奖，主编教材2部：《中国税制》《管理学原理》。

喻汇 1971年8月出生，2002年毕业于武汉大学商学院，获管理学硕士。2008年1月毕业于西北农林科技大学经济管理学院，获管理学博士，现任江西服装学院石狮服饰设计研究院院长。近年来，主要从事服装产业集群理论研究和应用对策研究，独著或参与并执笔的应用对策研究成果有15篇在中文核心期刊和省级期刊发表，主持或参与并执笔完成了多项江西省教育厅和文化厅课题项目。

吴一丁 江西理工大学产业发展研究院院长，有色金属产业发展研究中心主任，经济学教授，中国注册会计师，江西省高等学校中青年学科带头人。研究方向为理论经济学、产业经济学、区域经济学、投融资决策。主持或主要参与国家社科基金和国家自然科学基金项目、省部级基金项目、地方政府和大型企业委托研究项目20余项；参与省级政府"九五""十五""十一五"社会发展规划，完成研究报告19份；出版专著4部，发表论文60余篇；获安子介国际贸易研究奖1项、省级奖9项。近年来，主要围绕稀土产业规制问题展开研究，提出了大量促进稀土产业健康发展的政策建议，受到国务院、国家部委相关领导高度重视。

尹继东 1952年8月出生，江西瑞金市人，教育部人文社科重点研究基地南昌大学中国中部经济发展研究中心副主任，南昌大学MBA中心主任，教授，博士生导师，国务院政府特殊津贴专家。出版《权力 魅力 效率》《欠发达地区新型工业化道路研究》《中国中部经济发展研究》等学术论著27部；发表《中部地区工业化的潜力与重点》《中部六省工业化水平比较与发展对策》等学术论文160余篇；主持完成国家社科基金项目、国家软科学项目、UN-DP（联合国开发计划审）项目、教育部项目、省社科规划项目、省软科学项目、重要横向项目等共38项。获江西省社科规划优秀成果一等奖2项、二等奖7项。

周国兰 江西省发展改革研究院院长，研究员，江西省宏观经济学会副会长兼秘书长，江西省人大财经委经济咨询专家。长期在江西省政府部门研究机构工作，致力于应用对策研究，主要围绕江西经济和社会发展问题提出政策建议。参与政府部门有关规划、文件的调研起草。主持完成江西省经济社会发展重大招标课题4项，国家发改委、江西省社科联、省科委软科学研究等省部级课题12项，厅级课题40多项；在核心期刊和省级以上公开出版物发表论文40多篇；形成的政策研究报告和学术论文200多万字。获国家发改委优秀研究成果二等奖2项、三等奖3项，获江西省社科优秀成果一等奖2项、二等奖4项、三等奖1项。

刘旭辉 1978 年 6 月出生，2007 年 7 月毕业于中共中央党校研究生院，经济学硕士。近年来，主要从事《内部论坛》编辑工作和应用对策研究，在各类报纸、期刊发表学术论文、调研文章、研究报告 40 多篇，其中，独著或参与并执笔的应用对策研究成果有 16 篇获省领导肯定性批示；主持或参与并执笔完成了多项江西省社会科学研究规划课题一般项目、重点项目和江西省软科学课题。

黄细嘉 1962 年生于江西九江，教授，法学博士，硕士生导师，现为南昌大学经济与管理学院副院长、旅游管理系主任、校学术委员会委员、江西省高校人文社会科学重点研究基地——南昌大学旅游规划与研究中心主任。主持国家社科基金、教育部人文社会科学研究专项任务项目和省社会经济重大招标项目等 10 余项，领衔编制《江西旅游业发展"十一五"规划纲要》《鄱阳湖生态经济区生态旅游规划》等旅游规划和策划 80 余项，发表论文 100 多篇，出版《旅游业深度开发与发展规划研究》《红色旅游与老区发展》等专著、教材 10 余部。科研成果获省级奖多项。

肖马龙 1978 年 10 月出生，硕士研究生学历，现为江西省人民政府办公厅调研处副处长，助理研究员。长期从事政府决策咨询研究，发表各类应用对策方面的调研报告或论文 40 余篇，多数研究成果被政府或部门在决策时吸收采纳。

欧阳镇 1965 年 9 月出生，江西景德镇人，南京大学宗教学系博士，现任江西省社会科学院宗教研究所所长、研究员，宜春市宗教文化交流协会研究员、丰城市佛教协会顾问、《江西道教》执行主编、《东方禅文化》第一副主编、《江西佛教》编委会副主任。长期注重调查研究，撰写的《加强宗教事务管理　促进社会更加稳定》《关于挖掘宗教文化资源构建文明和谐南昌的建议》《江西省宗教文化旅游提升：路在何方》《江西宗教活动场所的有序管理》《江西佛教文化资源的地位、影响及保护》等多篇涉及宗教方面的研究报告获得省领导肯定性批示。

杨达 江西省社会科学院当代江西研究所副所长、研究员。长期从事理论哲学和农村社会学研究，所撰《思维是观念点的运动》《改革必须坚持两条基本原则》等多篇论文或被《新华文摘》《人大报刊复印资料》全文转载及论点摘要，或由《人民日报》（理论版）专栏发表；专著《赣南90村——农村劳动力转移背景下的村级社区考察》获江西省第十三次社会科学优秀成果一等奖；《县乡医疗卫生机构的出路何在——赣州市部分医疗机构"改制"情况的调查报告》等多项调研报告、政策建议被省级政府部门、全国人大相关专门委员会采纳。

罗时平 1954年出生，籍贯江西上饶。中共上饶市委党校教授、北京工业大学文化创意产业研究所兼职教授、江西省人民政府特殊津贴专家、上饶市人大常委会专家团经济专家、上饶市政府"十二五"规划专家组组长、上饶市政协经济顾问。主要研究方向为中国国际战略、区域经济、市情市策，在全国省级以上学术刊物发表论文200余篇，公开出版学术专著20余部。主持完成5项江西省社会科学研究规划项目、60余项市级重大课题。撰写有关省市情调研报告、对策研究、建言献策等200余万字，许多研究成果被省、市主要领导批示和相关部门采纳。

李国强 1946 年出生，江西庐山人，复旦大学历史系毕业。江西省文史研究馆馆员，研究员，享受国务院政府特殊津贴。曾任江西省教育厅副厅长、江西省社科联主席、江西省社会科学院院长、江西省科技厅厅长、江西省人大教科文卫委员会副主任委员。第七、八届江西省政协委员，第十、十一届江西省人大常委会委员，第十届全国人大代表。史学著作《中央苏区教育史》《江西科学技术史》《邵式平传》曾获江西省社科优秀成果一、二等奖。出版有《毛泽东与庐山》《井冈山精神与自主创新》《井冈山斗争与领导方略》等专著和《官学之间》《跃上葱茏》等散文集。

李曜 中共江西省委宣传部人才培训处处长。长期从事宣传思想文化工作，撰写并发表《宣传文化系统优秀人才的素质要求和培养模式》等对策研究文章60 多篇；公开发表新闻、散文、摄影等作品50 多篇；参与编写《红色旅程》《经典江西》《和谐与创业》等 14 部论著；完成《当前宣传思想文化领域紧缺急需人才状况及领军人物培养途径研究》《农村公共文化服务供需矛盾分析及其对策建议》等省级及以上课题21 项；荣获江西省社会科学青年优秀成果奖、江西省人事科研优秀成果奖等 12 项奖励。

华旭明 1963 年 11 月出生，毕业于江西农业大学林学院。曾任县林业局局长、副县长，现任赣州农业学校校长、江西省政协委员、江西省中华职教社社务委员、赣州市政协常委、赣州市知联会会长。近年来，主持赣州农业学校工作，探索中职教育改革及农业培训创新，完成了《中德职业教育比较研究》《赣州职业教育现状与对策》等论文，在《成功》等杂志刊登。撰写了《赣州市加快农业人才培训的实践与思考》《促进农业职业教育发展的思路探析》等近十篇文章在省、市相关刊物发表。

陈小林 1963 年 10 月出生，江西新干人，现任中共江西省委党校科研部主任、教授，享受国务院特殊津贴，是江西省委中心组学习辅导专家、江西省中青年文化名家，入选"江西省新世纪百千万人才"，主要研究方向为执政党建设研究。发表论文 90 多篇，著作（教材）5 部，主持国家社科基金重点课题 2 项，省部级课题 16 项，获学术成果奖 18 次。关于江西省情的调研报告有 5 篇获得省委领导的肯定性批示。多次参与中央、省委有关党建文稿的写作，代表性著作是《中国共产党执政安全问题研究》。

周忠伟 1962 年 11 月出生，江苏无锡人，南昌大学硕士生导师。1985 年开始从事公安教育，2002 年破格晋升为教授；一级技术警监，享受江西省政府特殊津贴；江西省重点学科治安学负责人，江西省中青年骨干教师，江西省教学名师。兼任江西省政治学会副会长、江西社会学会常务理事、江西省社会主义学院客座教授，曾获"全国优秀教师""全国公安系统优秀教育工作者"等称号，个人立二等功、三等功各一次，集体三等功一次。现任江西警察学院副院长，学院群体性事件与应急管理研究中心主任。研究方向：治安学、警察被害问题。

陈小军 1971 年出生，江西武宁人。南昌大学公共管理学院讲师，硕士研究生。主要研究方向为公共政策，先后在《中国青年研究》《统计与决策》等刊物上发表多篇关于计划生育、社会保障等方面的应用对策研究文章。参加和主持了多项国家及省部级课题。

序

满载着对全省社科战线的深情厚意，2013 年 6 月 14 日，主政江西伊始的省委书记强卫主持召开了全省社科界专家座谈会，与十位专家学者共聚一堂、共商江西发展大计，并寄语全省社科界要"论真理、出良策、建真言，当好党和政府的思想库、智囊团"。这给全省广大社科工作者带来极大鼓舞和鞭策，他更对做好新形势下我省哲学社会科学工作提出了殷切期望和明确的方向。

国家的繁荣昌盛，民族的伟大复兴，不但需要强大的物质力量，同样也需要强大的精神道德力量。一个国家、一个民族要走在时代前列，不能没有繁荣发展的哲学社会科学。哲学社会科学承担着认识世界、传承文明、创新理论、咨政育人、服务社会的神圣职责，在经济社会发展进程中发挥着不可替代的重要作用。我们党和国家历来高度重视哲学社会科学事业，近年来更是采取了一系列有效措施加强哲学社会科学工作，把繁荣发展哲学社会科学看作事关党和国家事业发展全局的重大战略任务。党的十八大明确提出"要发展哲学社会科学，深入实施马克思主义理论研究和建设工程，建设哲学社会科学创新体系"，党的十八届三中全会又明确强调"要推进文化体制机制创新、加强中国特色新型智库建设、建立健全决策咨询制度、建设国家创新体系"。

问题是时代的声音。习近平总书记指出："只有立足于时代去解决特定的时代问题，才能推动这个时代的社会进步；只有立足于时代去倾听这些特定的时代声音，才能吹响促进社会和谐的时代号角。"研究时代和实践提出的问题，并作出科学回答，是哲学社会科学义不容辞的责任。近年来，省社科联发挥社科界的人才和智力优势，努力整合科研力量和学术资源，引导全省广大哲学社会科学工作者始终以推动江西科学发展、绿色崛起为己任，始终坚持论真理、出良策、建真言，深入实地调查、深入实际，深入我省经济社会发展的主战场、第一线开展调研活动，坚持把我省经济社会发展中的重大问题作为应用对策研究的主攻方向，推出了一大批具有前瞻性、战略性、可操作性的咨政成果，得到省领导肯定性批示或被有关部门采纳达 115 篇（次），较好地发挥了"思想库""智囊团"的重要作用。

当前，江西经济社会建设已进入经济加速发展、产业加快转型的关键时期。进一步探索具有江西特色的科学发展新路子，着力实现"发展升级、小康提速、绿色崛起、实干兴赣"，建设富裕和谐秀美江西，是摆在全省广大人民面前的首要任务。新形势、新任务对哲学社会科学赋予了更高的使命，迫切需要全省广大社科工作者紧扣时代脉搏，把握发展大势，以改革开放和经济社会发展中的现实问题为导向，深入经济社会发展的第一线，到产业升级具体的领域去，到城镇化建设的现场去，到棚户区改造的基地去，到家庭农场建设的实践中去，开展调查研究，努力从人民群众广阔而丰富的实践中提炼研究题材，汲取思想养分，提出真知灼见，为省委、省政府重大决策和江西新一轮发展提出新思路和切实可行的对策建议，为我省与全国同步全面建成小康社会提供强有力的理论支撑和智力支持。

鼓浪扬帆海天阔。哲学社会科学事业是薪火相传、生生不息、永无止境的伟大事业。我们所处的时代，是一个伟大变革的时代，是哲学社会科学大有可为的时代，也是一个需要社科工作者奉献智慧和力量的时代。我坚信，只要全省广大社科工作者始终坚持正确的政治方向，始终勇立时代潮头，以宽广视野、全局眼光，开拓创新，勤奋耕耘，勇攀学术高峰，以"十年磨一剑"的精神积极投身于富裕和谐秀美江西建设的伟大实践中，就一定能够繁荣发展无愧于时代的哲学社会科学，为江西经济社会的腾飞做出新的更大的贡献！

是为序。

祝黄河
2014 年 7 月 1 日

目 录
CONTENTS

加快推进昌九一体化发展战略的思考与对策[*]

江西省社科联课题组

省委十三届七次全体（扩大）会议的突出亮点，就是强卫同志代表省委创造性地提出昌九一体化这一重大战略部署。昌九一体化的提出是对省第十三次党代会提出的发展战略"龙头昂起、两翼齐飞、苏区振兴、绿色崛起"的深化和拓展。

强卫同志鲜明指出，实现"龙头昂起"，重中之重是集中力量加快推进昌九一体化。强卫同志揭示了昌九一体化的理论基础，这就是双核结构、非均衡发展；提出了昌九一体化的现实依据，这就是策应长江中游城市群的迫切需要，是加快推进鄱阳湖生态经济区建设的迫切需要；概括了昌九一体化的战略定位，这就是"做强南昌、做大九江、昌九一体、龙头昂起"；指明了昌九一体化的实现路径，这就是规划一体化、基础设施一体化、公共服务一体化和产业互补对接。

从历史回顾来看，昌九一体化是对20世纪90年代省委、省政府作出建设昌九工业走廊这一构想的继承、发展和创新；从理论依据来看，双核结构是区域发展中一种高效的空间结构形态，区域一体化是实现资源在更大区域内共享的优化配置，这已为当代经济社会发展的实践所证实；从未来发展来看，昌九一体化在实现"发展升级、小康提速、绿色崛起、实干兴赣"的征途中具有举足轻重的地位。

由此，本课题组以历史和现实为"经"，以理论和实践为"纬"，尝试着对昌九一体化这个问题做了一些思考，提出了一些建议。

---

* 本文刊发于《内部论坛》2013年第27期（总第916期），获3位省领导肯定性批示。

一、昌九工业走廊：历史背景、规划构想与实践历程

集中力量加快推进昌九一体化发展，有必要回顾昌九工业走廊的历史由来、规划构想与实践历程。

1. 昌九工业走廊提出的历史背景

"昌九工业走廊"这一概念的提出，是由江西省委、省政府审时度势做出的一项重大战略决策。在 20 世纪 90 年代初，这一战略的提出有着深刻的时代背景。

从全国发展的大背景看，主要有：一是贯彻落实邓小平同志视察南方重要谈话精神。邓小平"南方谈话"提出"发展是硬道理"，把中国改革开放推向了新的高潮。二是呼应与融入国家开发浦东和沿长江开放开发战略部署。国家实施以浦东为龙头的沿长江开放开发战略，确定九江等 5 个沿长江的城市为开放城市，南昌等省会城市享受沿海开放城市政策。三是抓住京九铁路建设带来的契机。国家决定加快京九铁路建设，京九铁路纵贯江西，使江西处于沿长江和一条南北大动脉的交汇点上，纵贯南北的京九经济带也正在酝酿和构筑当中。

从江西的发展实际看，主要有：一是有利于壮大工业实力，推动江西经济发展。江西是传统农业大省，"谈农业大半天，谈工业一支烟"，是 90 年代前江西省工业经济发展的真实写照。加快工业化发展进程，改变江西省经济落后的局面，是全省上下逐步形成的共识。二是有利于全省生产力合理布局。建设昌九工业走廊，改变了江西经济整体框架主要自东向西沿浙赣线展开的状况，拉开了全省生产力布局自北向南沿京九线战略性推进的历史序幕。三是有利于在区域上实施重点突破，做大做强具有竞争力的经济板块。南昌、九江是江西省当时最主要的工业城市，在基础条件、配套能力以及技术、管理、人才等方面，都拥有相对的优势。昌九之间的共青、云山、新祺周、蛟桥、昌北，都已形成具有一定规模、自身发展能力较强的工业生长点。

2. 昌九工业走廊的规划构想

作为全省经济发展的重要战略构想，省委、省政府高度重视昌九工业

走廊的建设发展，并根据形势发展的变化，为其未来发展勾画了美好蓝图。

——《昌九工业走廊总体规划要点》（1992 年）。在发展空间上，主要沿昌九高速公路和昌九铁路两侧展开布局，北起九江市，南经省会南昌市抵南昌县向塘镇，按铁路里程计算全长为 161.4 公里，包括南昌、九江两个设区市的市区和南昌、新建、永修、德安、九江五个县，规划面积 466 平方公里，属于走廊形地带和单轴开发模式。在发展目标上，提出用 30 年左右的时间，利用南昌、九江两市的区位、经济、文化等优势，沿着南昌至九江两市之间的交通要道两侧进行生产力布局，以工业为主带动第一、三产业高速协调发展，使之成为江西新型的工业带。到 2000 年，上述区域的工业产值将增加到 440 亿元左右，其占全省工业总产值的比重将上升到 40% 左右。在产业重点与布局上，将南昌（含昌北）建设成为我国一个重要的机电仪生产基地，九江以电力、石油化工、硫磷化工为重点，建设成为一个发达的重化、能源基地。共青、云山、新祺周、蛟桥等地，建设成为以农副产品的精深加工为特色的农业工业化示范区。

——《江西省昌九工业走廊"十一五"区域规划》（2006 年）。该规划是适应新形势、新特点对 1992 年《昌九工业走廊总体规划要点》的完善。在发展空间上，将南昌市和九江市整体纳入昌九工业走廊的区域范围，包括南昌、九江两市的 7 区 13 县 1 市 1 局，涉及行政区划面积 26229 平方公里，走廊的内涵实现了从沿路开发，拓展到沿路和沿江（长江）开发并重，从单轴模式向 T 形模式的转变。在发展目标上，提出经过 5 年努力，到 2010 年，把走廊建设成为特色鲜明、技术水平高、配套能力强的优势产业密集区和城市群落密集区、开放型经济密集区，生产总值超过 3000 亿元，占全省生产总值的 40% 左右，工业增加值占全省 45% 以上，城镇化程度达到 55% 以上，开放型经济对经济增长的贡献达到 50% 以上，使走廊地区成为江西重要的经济增长板块。在产业重点与布局上，着力形成以 24 个工业园区为点，南昌、九江两市为极，沿江、沿路为线的产业布局。南昌主要发展现代制造业，着力建设汽车、飞机等十大产品制造基地；九江主要以港口为依托，发挥大物流的优势，加快形成以重工、化工为主的临港产业带。沿江产业带重点壮大石油化工、汽车机械等六大产业，把昌九

3

工业走廊建成大中小城市相互呼应、功能互补的新型城市带。

3. 昌九工业走廊的实践历程

自 1992 年这一战略构想提出以来,历届省委、省政府都对建设昌九工业走廊进行了探索与实践。

——1992~1997 年,跨越式发展。省政府出台了《江西省关于鼓励开发建设昌九工业走廊的规定》《江西省关于鼓励外商投资昌九工业走廊的规定》;省、市两级政府都成立了昌九工业走廊建设领导小组。据有关资料显示,在省、市两级政府的积极推动下,九江开发区、共青开发区、桑海开发区、南昌经开区、高新区、小蓝工业园等 24 个工业园区相继成立;全省一半左右的基础建设资金都投入到昌九工业走廊建设上,昌九工业走廊地区呈现"超常规"发展势头,速度高于全省平均水平 7 个百分点左右,成为带动南昌、九江两地快速发展的"引擎"。在昌九工业走廊建设的强力带动下,南昌、九江两市地区生产总值合计占全省的比重就从 1991 年的 25.7% 增加到 1997 年的 35.4%,六年间平均每年增加约 1.62 个百分点(见图 1)。

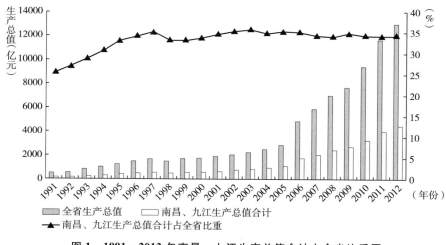

图 1　1991~2012 年南昌、九江生产总值合计占全省比重图

——1998 年起,常态发展。受国家实行从紧的货币政策和 1997 年亚洲金融危机爆发等国内外不利因素影响,银行和外商投入昌九工业走廊的建设资金锐减,同时,正处于发展期的全省财政收入也难以维系前几年如

此大规模的政府投入，昌九工业走廊发展步伐逐渐放慢。特别是 2000 年前后，省、市两级政府相继撤销了昌九工业走廊建设领导小组办公室。之后，尽管 2006 年制定的《江西省昌九工业走廊"十一五"区域规划》提出了昌九工业走廊高起点的发展总体目标，进一步明确了走廊的产业重点和区域布局，细化了加快建设昌九工业走廊的实施步骤；尽管 2006 年、2007 年的省政府工作报告和 2011 年的"省十二五规划"都提及了加快和抓好昌九工业走廊建设，但是，由于没有了专门机构的协调推动和原先给力的政策支持，昌九工业走廊建设对南昌、九江两地发展的带动乏力。1998～2012 年这十五年间，南昌、九江两市地区生产总值合计占全省的比重，除了 1998～2000 年受亚洲金融危机影响回落到 33%～34% 区间外，其余年份基本上在 34%～35.5% 区间徘徊，与规划设定的预期目标（40%）、与辐射带动全省发展的要求都还存在较大的差距。

纵观 20 多年的发展历程，昌九工业走廊一直想发展，想通过自身的努力发展来带动昌九地区的发展。但是，由于缺乏充分的理论支撑，缺乏对两地明晰的战略定位，缺乏有力的发展举措，昌九工业走廊建设并没有真正让南昌、九江两地打破行政区划界限，形成共同发展的强大合力，实现"1+1＞2"的良好效应。特别是，在各级昌九工业走廊建设领导小组办公室撤销后，南昌、九江两地实际上基本回到了"各自为战，各自沿着自己的发展轨道前进"的状态，近年来，南昌市想方设法打造核心增长极，九江市千方百计推动沿江开放开发。昌九地区正孕育着、期盼着一个创新的突破。

2013 年 7 月，江西省委十三届七次全体（扩大）会议明确提出"加快推进昌九一体化"。这既是对昌九工业走廊战略构想的继承，也是对这一构想的丰富和发展，更是对全省区域发展战略思路的一次重大创新。昌九地区将开始奋笔书写"龙头昂起"的崭新篇章。

二、昌九一体化的理论基础和现实意义

昌九一体化的提出，不是空穴来风，更不是空中楼阁。一方面，它符合现代区域经济发展规律，有着科学的理论依据；另一方面，它深深植根

于江西实际，有着重要的现实意义。

1. 昌九一体化的理论基础

昌九一体化的理论基础是我国著名经济地理学者陆玉麒自 1998 年在皖赣地区进行一系列的实证研究基础上提出的"双核"空间结构模式。

——"双核"结构模式理论要点

"双核"结构模式是一种重要的经济地理现象，它是指在某一区域中，由区域中心城市和港口城市及其连线所组成的一种特殊空间结构现象。由于兼顾了区域中心城市的居中性和港口城市的边缘性，从而可以实现区位和功能上的互补，"双核"是区域发展中的一种高效的空间结构形态。"双核"按形成类型分为内源型和外生型。内源型完全是自身作用的结果，形成过程从内陆到沿海，双核规模大致相当，能级相同。我国沿海和沿江地区的"双核"结构都属这种类型。外生型是外来势力首先在沿海登陆，然后通过海港和铁路的扩展形成相应的空间结构，这一结构中港口城市的规模明显大于区域中心城市的规模，如美国的纽约和芝加哥。双核结构依据所在区域中所起的作用和地位，具有层次性，可分国家级、省级、地区级。

——五个省级"双核"概况

广东的广州和深圳（相距 150 公里）、江苏的南京和苏州（相距 215 公里）、浙江的杭州和宁波（相距 149 公里）、山东的济南和青岛（相距 382 公里）、辽宁的沈阳和大连（相距 400 公里）这五个"双核"结构现象有一个共同点，那就是区域中心城市是省会城市，集政治、经济、文化于一体，对其所在区域的其他城市和地区具有带动、辐射作用；另一方则是重要的港口城市，行使着区域中心城市门户港城的功能。这五个"双核"不仅经济实力强大（2012 年国内 200 个主要城市 GDP 排名中，广州和深圳位列第 3、第 4，仅次于上海、北京，排名最后的济南位列第 23，其他 7 个城市均排在前 20 位），在当地经济社会发展中占据着举足轻重的地位，而且发挥着重要的示范带动作用。2012 年全国 GDP 排名中，广东、江苏、浙江、山东占据前四位，辽宁位列第七。五省强大的经济实力在很大程度上来自其"双核"的贡献。从表 1 可以看到，无论 GDP 占全省比重，还是财政收入占全省比重，五个"双核"在全省都占据重要地位，占比最高的大连、沈阳分别高达54.8%、47.2%，最低的济南、青岛也占到全省的24.2%、25.9%。再看它们在省内的GDP排名，广州和深圳、杭州和宁波、沈阳和大连均位列第一、第二，南京和苏州、青岛和济南位列第一、第三（见表1）。

表1　五个省级"双核"2012年GDP和地方公共预算财政收入对比表

		GDP			地方公共预算财政收入	
		总值（亿元）	占全省比重（%）	省内排名	总量（亿元）	占全省比重（%）
广东省	全　省	57068	/		6228	/
	广　州	13551	23.7	1	1102	17.7
	深　圳	12950	22.7	2	1482	23.8
	两市合计	**26501**	**46.4**		**2584**	**41.5**
江苏省	全　省	54058	/		5861	/
	南　京	7202	13.3	1	733	12.5
	苏　州	12012	22.2	3	1204	20.5
	两市合计	**19214**	**35.5**		**1937**	**33.0**
浙江省	全　省	34063	/		3441	/
	杭　州	7804	22.9	1	860	25.0
	宁　波	6525	19.2	2	726	21.1
	两市合计	**14329**	**42.1**		**1586**	**46.1**
山东省	全　省	50013	/		4059	/
	济　南	4813	9.6	1	381	9.4
	青　岛	7302	14.6	3	670	16.5
	两市合计	**12115**	**24.2**		**1051**	**25.9**
辽宁省	全　省	24801	/		3104	/
	沈　阳	6607	26.6	1	715	23.0
	大　连	7002	28.2	2	750	24.2
	两市合计	**13609**	**54.8**		**1465**	**47.2**

　　——南昌、九江"双核"特征明显

　　其一，在空间结构上，南昌、九江属于典型的"双核"类型。南昌与九江，两地相距100多公里，一个是行政中心城市，集政治、经济、文化功能于一体，有着完善的综合功能；另一个是重要的门户城市，是全省唯一的临江口岸，拥有 152 公里长江岸线，有着天然的区位优势。其二，良好的经济社会发展基础。南昌、九江两地生产总值、财政收入、规模以上工业增加值、固定资产投资等主要经济指标均占到全省 1/3 左右（见表 2）。2012 年，两市 GDP 总量、财政总收入在江西省均排第一、第三位。昌九工业走廊内 24 个工业园区产业基础各有特色，规模经济和集聚效应已经显现。其三，坚实的交通设施基础。昌九城际列车使两地之间的人流、物流、信息流更加便捷，要素流动成本大大降低，资源配置效率提升。

表 2　2010～2013 年上半年南昌、九江与全省主要经济指标对照表

年份	区域　　指标	GDP（亿元）	财政收入（亿元）	规模以上工业增加值（亿元）	固定资产投资（亿元）
2010 年	全　　省	9451.3	1226.2	3101.9	8772.3
	南　　昌	2207.1	322.3	650.9	1935.6
	九　　江	1032.1	116.7	360.6	877.5
	两市合计占比（%）	**34.3**	**35.8**	**32.6**	**32.1**
2011 年	全　　省	11583.8	1645.0	3910.9	11020.0
	南　　昌	2688.9	411.2	761.2	2002.7
	九　　江	1256.4	161.8	481.0	1006.7
	两市合计占比（%）	**34.0**	**34.8**	**31.7**	**27.3**
2012 年	全　　省	12948.5	2046.0	4885.2	11388.9
	南　　昌	3000.5	500.2	967.3	2623.0
	九　　江	1420.1	220.9	621.3	1326.3
	两市合计占比（%）	**34.1**	**35.2**	**32.5**	**34.7**
2013 年上半年	全　　省	5901.6	1255.9	2443.1	5600.9
	南　　昌	1447.0	290.0	510.9	1239.9
	九　　江	610.6	152.8	309.2	642.9
	两市合计占比（%）	**34.8**	**35.2**	**33.5**	**33.6**

2. 三个省级区域一体化案例分析

区域一体化是指通过破除行政区划的各种壁垒约束，促进生产要素在不同的区域之间无障碍自由流动，实现资源在更大的区域内共享并优化配置。区域一体化已成为国内经济发展的潮流，跨省域的有京津冀、长三角、珠三角一体化等，省级区域内的有长株潭、长吉、西咸、郑汴、呼包

鄂、深莞惠、乌昌一体化等。本文仅选取有启发和借鉴意义的三个区域一体化案例进行分析。

——乌昌一体化运行情况及效果

2004 年年底，新疆维吾尔自治区党委、政府做出实施乌（鲁木齐）昌（吉州）一体化发展重大战略决策。乌昌一体化按照"财政统一、市场统一、规划统一"的"三统一"原则推进，除实现电讯同网、公交车对开、取消城际道路通行费、部分地区自来水统供、乌昌人才市场合一，以及乌鲁木齐市"六区"对口支援昌吉州"东三县"外，乌昌两地在组织领导、发展规划、财政管理、区域建设四个关键方面也逐步同一。一是成立了乌昌党委。乌昌党委作为自治区党委派出机构，"对乌昌地区经济社会发展负有领导责任"，近似于一级政府的同级党委，很好地实现了两地组织领导统一。二是制定了共同的"十一五"规划。乌昌党委组织两地政府编制统一的乌昌地区"十一五"规划纲要草案，再分别提请乌鲁木齐市、昌吉州人大会议审议通过。三是成立了乌昌财政局。乌昌财政局负责主管乌昌地区财政收支、财税政策、政府债务、行政事业资产等工作，为乌昌财政统一奠定了基础。四是规划建设了"米东新区"。将昌吉州米泉市与乌鲁木齐市东山区合并成"米东新区"共同建设，同时将两地的财政、建设、招商等主要职能部门合署办公，"米东新区"财政单列，统一收支，两地财政收入也不分别上解昌吉州和乌市，自留用于新区建设。

乌昌地区独特的一体化方式，使得乌昌两地不管是在财政投资项目建设，还是土地、税收、市场准入及招商引资等方面，都能在同一个声音指挥下用同一个步调前进，一体化取得了良好成效。实施一体化以来的 8 年间，乌昌地区生产总值增长 3.5 倍，占全区比重增加 5.7 个百分点；地方财政收入增长 5.9 倍，占全区比重增加 1.3 个百分点。

——郑汴一体化运行情况及效果

2004 年年初，河南省政府提出郑（州）汴（开封）一体化设想，两年后作为重大战略决策之一写入了河南省"十一五"规划并全面启动。2011 年，国务院出台了《关于支持河南省加快建设中原经济区的指导意见》，又对推进郑汴一体化发展进行了进一步的明确。郑汴一体化的主要内容为"四一体八对接"。"四一体"指产业一体化、市场一体化、基础设施一体化和投资环境一体化。"八对接"分别为规划对接、交通对接、通信对接、市场对接、产业对接、科教对接、旅游对接和生态对接。郑汴一体化按照先易后难、循序渐进原则，在许多方面都迈出了实质性的步伐。在协调机制方面，设立了郑汴产业带管委会和开封市汴西新区管委会作为日常办事机构。在基础设施方面，郑开大道和郑开城际铁路相继建成通车，围绕郑开大道两侧区域开放开发的配套公路、防洪应急工程、服务设施等基础建设有序展开。在通信方面，自 2013 年起统一使用长途区号 0371，两地间移动电话取消漫游和长途费。在金融方面，两市在存取款体系一体化之后于 2013 年 1 月 1 日起正式实施金融同城。

经过持续推进"四一体八对接"，郑汴一体化取得了一定成效。实施一体化以来的 7 年间，郑汴地区生产总值增长 2.73 倍，占全省比重增加 2.9 个百分点；地方财政收入增长 3.5 倍，占全省比重增加 4.5 个百分点。

——西咸一体化运行情况及启示

2002 年，西安、咸阳两市政府签订了《西咸经济发展一体化协议书》，一体化发展战略构想浮出水面。《西咸一体化建设规划》提出用 13 年时间，按照"规划同筹、交通同网、信息同享、市场同体、产业同布、科教同兴、旅游同线、环境同治"的"八同"思路，最终实现"城市一体化、经济一体化、交通一体化和环保一体化"的奋斗目标。西咸一体化实施十多年来，主要在以下几方面有所突破：一是修建连接两市的世纪大道以及在西咸共建区布局产业对接。二是 2003 年两地开通大同城票据交换，两市银行之间资金结算由异地变为同城。三是 2006 年电信行业一体化，两市实施电话并网。四是设立西咸新区，成立由省长担任组长的领导小组，在两市结合部设立新的常设机构"陕西省推进西咸新区建设工作委员会办公室"（2011 年调整为"陕西省西咸新区管理委员会"），统筹西咸一体化工作。

西咸一体化历经十年整合，进展非常缓慢，最大的障碍来源于地方利益冲突。一体化带来的是彼此利益尤其是长远利益的不确定性，在"行政区经济"和"市属"观念影响下，两地为了本地利益而采取地方保护政策，加剧了市场分割、地区封锁和结构同化。咸阳长期以来害怕被西安同化，致力于渭河以北的城市建设，紧邻西安的渭河以南地区被列为蔬菜区；西安担心自身优势产业向咸阳流失，对两地经济交流也不热情。相互戒备的两市，城市经济发展连连遭遇瓶颈。西咸一体化进程中存在的各自为政、利益分割、重复建设、结构趋同、资源浪费、地方保护主义、无序竞争等问题严重阻碍了其一体化进程。

3. 昌九一体化的现实意义

区域经济一体化是经济发展中必然经历的过程，是经济发展和经济空间作用的必然结果。昌九一体化顺应了江西省区域经济发展的大势，对于加快江西省发展有着重大的现实意义。

——策应长江中游城市群建设的迫切需要

我国已形成了长三角、珠三角、环渤海、成渝等大大小小的省际区域性经济圈，广阔的中部地区却至今没有形成一个足以带动整个区域发展的引擎。目前，赣、鄂、皖、湘四省已形成共识，合作打造长江中游城市群，并得到国家层面的肯定。长江中游城市群越来越受到重视，将成为下一轮发展的热点。然而，相较于武汉城市圈、长株潭城市群、皖江城市群，江西省内城市圈的发展比较薄弱。无论是人口总量，还是经济规模，南昌与长江"中四角"的其他"三角"相比都有很大差距（见表3）。在全国200个主要城市2012年GDP总量排名中，武汉排第9位，长沙排第18位，合肥排第34位，南昌排第48位，经济总量处于明显的劣势地位。江西省要在新一轮发展中不被远远抛在后面，就必须把南昌省会优势与九江沿江优势叠加起来，共同形成一个参与长江中游城市群竞争的重要平台，发挥"1+1>2"的效应。所以，南昌、九江必须抱团发展，共同推进，实行双核驱动，进一步增强对外竞争力，才能在长江中游城市群激烈的区域竞争格局中立于不败之地。

表3 2012年长江"中四角"人口、GDP、财政收入对比表

指标\城市	人口（万人）	GDP		财政收入	
		总值（亿元）	占全省比重（%）	总值（亿元）	占全省比重（%）
武汉	1012	8003.8	35.8	1397.7	44.9
长沙	714.66	6399.9	28.9	769.9	27.2
合肥	757.2	4164.3	24.2	694.4	22.9
南昌	507.87	3000.5	23.2	500.2	24.4

——加快推进鄱阳湖生态经济区建设的迫切需要

鄱阳湖生态经济区战略实施3年来，已经取得了阶段性成效。经济引擎的作用开始显现，节能减排、环境治理、生态保护取得明显成效，初步走出了一条科学发展、绿色崛起之路。从生产总值看，2010年、2011年、2012年，生产总值分别突破5000亿、6000亿、7000亿大关，达5545亿元、6805亿元、7600亿元。3年来，不仅生产总值均占到全省生产总值的近60%，而且增速均快于全省平均增速；从财政收入看，3年的财政收入均占到全省财政收入的一半以上，且增幅均高于全省平均增幅；从投资角度看，至2012年年底，累计完成投资7500亿元，约占计划总投资的40%。鄱阳湖生态经济区38个县市中南昌、九江占了20个，环湖且发展基础好。推进昌九一体化，不仅有助于鄱阳湖生态经济区发展战略落到实处，而且有利于加快两市资源整合、要素互补，赋予鄱阳湖生态经济区建设发展方面更大的平台，发挥国家战略的最大效应。

——实现"龙头昂起"的迫切需要

江西省第十三次党代会后，省委、省政府进一步提出构建"龙头昂起、两翼齐飞、苏区振兴、绿色崛起"的区域发展新格局，通过打造南昌核心增长极、九江沿江产业带、昌九工业走廊构成的核心增长区，实现"龙头昂起"。要实现"龙头昂起"，关键是做强南昌、做大九江，形成支撑江西省经济崛起的"双核"。在表1、表2中我们可以看到，尽管近三年来南昌、九江两市生产总值、规模以上工业增加值、财政总收入等主要经济指标占全省比重达1/3左右，但绝对值与广州、深圳等五个"双核"差距巨大。2012年，南昌、九江两市GDP只占广州、深圳的17%；南京、苏州的23%；杭州、宁波的31%；济南、青岛的37%；沈阳、大连的33%。南昌做强，离不开九江这一战略门户的支持；九江做大，离不开南昌这一战略腹地的支撑。昌九一体化使"龙头昂起"的方向更清晰明确，力度更大，不仅有助于推动南昌打造核心增长极和九江沿江开放开发，实现领先发展，而且将在江西省区域升级中起"领头羊"作用，助力赣南中央苏区振兴、吉泰走廊、抚州融入南昌一小时经济圈、赣东北打造开放合作高地、赣西经济转型崛起等区域腾飞发展，最终实现赣南赣北遥相呼应、多极支撑、多元发展的生动局面。

三、加快推进昌九一体化的对策建议

昌九一体化建设是当前和今后全省经济社会发展的重要任务。加快推进昌九一体化取得突破性进展需要尽早明晰一些宏观性、框架性、方向性的思路，努力破解一些体制性、行业性、城际性的障碍，抓紧出台一些规划性、政策性和操作性的举措。

1. 规划是一体化的先导

规划是昌九一体化的蓝图，是昌九一体化发展的方向和目标，也是昌九一体化建设和管理的依据，直接关系一体化进程的速度、成效。加快推进昌九一体化首先要突出规划引领，充分发挥规划在理念上、思路上、行动上的抓总作用。

一要抓紧编制一体化规划。借鉴国内其他地区推进一体化的经验，尽早出台具有引领作用的总体规划与各专项规划，明确昌九一体化工作的指导思想、总体思路、目标任务、政策措施等；在此框架下，尽快制定有关方面的具体实施细则，按轻重缓急，确定工作重点和实施进度，使昌九一体化在宏观层面上有总的发展方向，操作层面上有具体的实施细则。

二要统筹规划衔接。围绕一体化发展战略，抓好两市现有规划与一体化规划的衔接工作，尽快对两市现有各类规划进行修订。避免出现从单个规划上看都比较科学合理，但是相互间协调却困难重重的局面，确保一体化规划不成为"空中楼阁"。同时，着手研究并制定全局性、战略性、长远性的中长期战略规划，明确昌九地区经济社会发展的远景发展目标和方向。

三要提高规划编制和落实的实效性。规划编制层面，改变各项规划分头编制、分头管理的局面，由发展改革部门一家牵头，各部门共同参与。规划实施层面，将相关规划报请省人大常委会审议批准，通过人大立法确保规划实施的权威性和严肃性；同时，建立规划实施效果评估制度，保障各项一体化规划取得实效。

2. 公共服务对接是一体化的切入口

公共服务领域是群众"看得见"、"摸得着",切实受益且见效较快的一体化领域。尽早启动两市公共服务对接,一方面可使广大群众更多地享受一体化带来的切实利益,另一方面可增强群众对一体化的认同,自下而上形成一体化的社会舆论氛围。

一要采取"先易后难、分步实施、重点突破"方式推进。先从两市公交互通、医保社保"一卡通"、电油气同网同价、车辆通行费年票互认、昌九一体化电子政务平台建设等入手,然后逐步转入户口、交通、通信、金融、邮政、旅游、教育、文化、卫生等一体化,最终实现市民待遇均等化。

二要坚持政府引导与市场运作相结合。把政府的推力作用定位在协调、引导和服务上,支持和引导各类市场主体积极参与公共服务一体化建设,充分发挥市场配置资源的基础性作用和企业的市场主体作用,形成政府引导、社会参与、市场化运作相结合的发展格局。

三要做到建设一项受益一项。保证项目按计划、按标准全面实施,切实做到建设一项、达标一项、受益一项,让人民群众在公共服务一体化对接中得到实惠,真正把一体化的举措落实为居民的"同城感",从而赢得群众更广泛的理解和支持。

3. 产业是一体化的支撑

产业发展处于区域一体化的重要支撑地位。在一体化发展格局中,产业发展既会有明显的"同化"现象,也会产生特色化、差异化。南昌、九江两市只有从两地的比较优势和核心竞争力出发,着力推动产业互补对接、错位发展、集群发展、优先发展,着力培植具有较强关联带动作用的特色产业,才能在推动一体化进程中彰显叠加效应。

一是产业定位上要错位发展。按照"合理分工、协作互补、错位发展"和"市场调节、企业主体、政府引导"原则,明确两市的重点优势产业和重点产业集聚区。即南昌发挥金融、科研和第三产业优势,集中发展航空制造、汽车、新能源、LED等优势产业;九江发挥通江达海的区位优势,发展重工业、船舶制造、钢铁、新能源等产业。

二是培育途径上要集群发展。加快编制互补共赢的产业发展规划,促进区域分工和资源合理调配，依据产业链上下游关系进行产业链整合和配套合作，合理布局产业和项目，避免产业同构和盲目无序竞争；重点谋划一批体现区域合作、牵动全局发展的重大产业项目，做大两市优势产业，做强龙头企业，逐步形成分工合理、布局得当、结构优化的区域产业集群。

三是推动方式上要优先发展。对符合国家产业政策、适宜昌九一体化产业发展规划的产业项目，优先考虑布局昌九地区，最大限度地发挥两地比较优势。联合组团进行招商、筛选、策划、包装一批重大招商项目，统一对外发布，重点放在关联度大、协作效应强的领域。

4. 昌九共建区是一体化的抓手

共建区是引领区域一体化的重要平台和连接纽带，一般位于一体化空间布局的关键节点。设立共建区可以率先打破行政区划阻隔，实现一体化地区各种资源的统筹调度以及生产要素的优化配置，促进相互之间更好地对接。缺乏引领区域一体化的共建区这个有效抓手，容易导致一体化建设在较低层次上徘徊。

一要抓紧设立共建区。共青城具有毗邻鄱阳湖、连接昌九的区位优势，昌北机场位于两市接壤处，是省内最大的空港，两者都是昌九一体化的战略支点。可以考虑在这两地设立昌九共建，合力打造项目建设的主阵地、优势产业的聚集区、经济发展的隆起带。在昌北机场与永修之间依托空港经济，以开发项目为突破口，合作共建空港新城；在共青城设立昌九共建产业园，赋予省级开发区相应的职能权限，合作开发重大项目，着力推动共青城、德安相向发展，打造推进昌九一体化发展的先导示范区。

二要成立共建区管委会。由省委、省政府派出机构，参照高新区模式管理，在省昌九一体化领导小组领导下开展工作，完成共建区建设的各项工作任务。

三要给予共建区政策倾斜。对共建区建设，省、市两级政府要共同给予政策倾斜，采取土地供给、税收优惠等优先支持政策积极吸引企业入驻。

5. 政策扶持是一体化的助推器

政府在一体化过程中起着政策引导、资金支持、市场培育和监督管理等重要作用，其中，政府政策扶持引导是推进一体化的重要力量。

一是赋予先行先试权。赋予昌九一体化地区部分省级管理权限，只要是国家法律政策没有禁止的，只要是符合发展规律的，只要是对昌九一体化发展有利的，能放的权力尽可能放，允许和支持试验一些重大的、更具突破性的改革措施。尤其是，对国家安排在江西省的一些政策试点，可先行先试。

二是加大关键要素调配力度。将昌九一体化建设的用地指标纳入省级土地调控计划，由省政府统一调剂，予以优先安排；在全省重大项目布局和财政金融扶持上给予倾斜，重点支持昌九共建区的重点产业项目、重大交通项目和城市基础设施项目建设。

三是设立昌九一体化专项基金。由省、南昌市、九江市三家财政共同出资，对一体化区域的各类项目予以补助、贴息和补偿，奖励积极主动落实一体化发展战略具体要求并取得良好成效的地方和单位。

6. 良好发展环境是一体化的前提条件

良好发展环境是两市由竞争转向竞合的基础和前提。有效抑制市场封锁和地方保护主义行为的滋生蔓延，消除依仗政策优惠而引发的过度竞争，减少重复建设而导致的资源浪费，都离不开良好发展环境。

一要完善基础设施建设。着力推进福银高速昌九段"四改八"、昌北机场和九江机场互动、九江长江二桥到南昌生米大桥一级公路等基础设施建设。统一编制广电、通信、网络建设规划，改变目前两市独立成网、相对封闭运行的格局，实现两市互联网信息、电视节目、电话网络共建共享、互联互通。

二要统一两市现有政策措施。从区域整体利益出发，对两市现有的地方性政策和法规进行梳理和整合，最大限度地缩小区域间差异。特别是在税收优惠、产业发展、招商引资、土地批租等方面，联合制定出台相关政策和措施，避免由政策措施不一致导致的无序竞争。

三要消除市场壁垒。取消各地对人才、资本、资源流动的限制和歧视性政策，联手培育区域性批发市场、专业市场，共同发展资本、土地、人才、技术、产权、信息、物流等各类生产要素市场，促进两市生产要素、生活要素乃至管理要素等发展要素配置上的全面协作。

四要降低市场交易成本。统一市场准入标准，实现市场主体登记信息共享。实行"一次审批"制度，一般性行政审批事项在一个城市审批后，另一城市即予以认可。确立双向认同的产品质量认证、技术监督和农副产品检测及产品检验等标准体系，实现产品的互认、互通、互监，避免重复认证、重复检验。

7. 利益协调是一体化的关键所在

一体化必然会牵扯到一些职能部门甚至省级部门的利益分配，不建立兼顾各方的利益分配机制很可能会导致推诿、扯皮现象发生，致使一体化进程陷入停滞，甚至发生逆转。抓紧构建科学合理的利益共享和补偿机制，充分考虑各方利益诉求，全面评估利益得失，找到利益平衡点，是昌九一体化进程中一个无法绕过的难题。

一要构建收益共享机制。对产业整合过程中实施产业转移的一方，给予一定的税收补偿，维护好相关各方的税收利益；对大型跨区域的营利性项目，采取联合共建、股份化运作的方式，共享项目经营收益。

二要构建成本分担机制。对因积极配合昌九一体化而导致短期利益减少的各利益主体，通过财政转移支付给予利益补偿；对大型跨区域的公益性项目，按不同行政区域受益程度的大小确定成本分摊比例。

三要做好利益得失评估。对一些重大项目和重大政策，在进行规划和可行性研究时，应先对两市的所得与所失进行评估，然后根据评估结果，收益、政绩共享，成本、损失共担。

8. 权威性组织协调机构是一体化的重要保障

决策力、执行力、监督力"三力合一"是推进昌九一体化的重要保障，直接影响一体化进程。加快推进昌九一体化取得实质性进展必须建立高层次、强有力的"决策—执行—监督"多层互动型组织协调机构，明确与完善决策层面、执行层面、监督层面的相应职能，着力协调和化解在具体的政策制定、利益分配、政策执行和协调配合等方面由于行政主体不同而产生的矛盾和障碍。

一是在决策层面成立省昌九一体化领导小组。主要负责对昌九一体化方向、原则、目标、主要任务等重大问题进行宏观决策。同时，在领导小组下，设立规划、财政、产业、基础设施、公共服务等协调管理专业办公室，统一协调跨行政区域的重大项目和两市层面无法解决的问题。

二是在执行层面建立健全省昌九一体化联席会议制度。主要负责抓好基础设施建设、城市规划、产业整合、公共服务对接、环境治理和生态保护等重大问题的规划设计、政策制定和实施推进。

三是在监督层面成立省昌九一体化监督委员会。主要负责对各方落实政策情况、项目实施效果等进行监督和考评，对两地政府的机会主义行为进行约束和惩戒，并打破单纯的以行政区为单位的政绩考核方法，将昌九一体化合作所带来的长期或潜在的绩效纳入考核范围。监督力度某种程度上决定着执行力度。

课题组组长：祝黄河　中央马克思主义理论研究与建设工程专家，江西省
　　　　　　　　　　社科联党组书记、主席
　　　成员：曹彩蓉　江西省社科联《内部论坛》主编
　　　　　　刘旭辉　江西省社科联《内部论坛》副主编、博士研究生
　　　　　　刘志飞　江西省社科联办公室副主任、博士研究生

江西进入 GDP "万亿元俱乐部"的思考与对策[*]

江西省社科联课题组

"十二五"开局之年,江西省国民生产总值达到 11583.8 亿元,首次突破 1 万亿元,成功跻身全国 GDP "万亿元俱乐部"行列。这是省委、省政府向全省人民递交的满意答卷,是全省广大干部群众共同奋斗的结晶,在江西省经济发展史上具有重要的里程碑意义。

一、江西进入 GDP "万亿元俱乐部"的重要意义

进入 GDP "万亿元俱乐部",对江西来讲:

1. 意味着经济发展进入了新阶段

国际经验表明,GDP 总量突破万亿元,人均 GDP 超过 3000 美元以后,是一个地区经济增长的积累已经达到一个质变的临界点,预示着经济发展正迎来一个质的飞跃。到了这个阶段,不仅消费结构向更为高级的形态迈进,而且经济发展将实现速度和质量双提升。2010 年,江西省人均 GDP 突破 3000 美元,2011 年达到 4226 美元,意味着江西省经济发展进入了转型升级的重要时期。与此同时,江西省投资、消费、出口协调拉动经济增长的格局基本形成,经济结构调整取得重大进展,工业主导地位进一步强化,农业基础地位进一步巩固,战略性新兴产业和优势主导产业加速成长,发展质量明显提升。

2. 意味着经济发展驶入了快车道

根据经济规律,万亿元是一个坎,达到第一个万亿元需要很长时间,

---

[*] 本文刊发于《内部论坛》2012 年第 19 期(总第 872 期),获 5 位省领导肯定性批示。

万亿元后，经济发展速度将进入一个较快发展区间，从第一个万亿元到第二个万亿元的过程将大大缩短。日本、韩国、新加坡以及我国香港GDP突破万亿后，经济都出现了持续10年以上的高速增长期。我国经济发达省份的GDP从1万亿元到2万亿元，广东、山东、江苏分别用了5年、4年、2年，均不超过5年。湖南、湖北2008年GDP过1万亿元，去年均接近2万亿元。万亿元带来的发展"惯性"为江西省积蓄了"势能"，意味着江西省经济将进入新一轮加速增长期。近年来，江西省加速发展的态势已初步显现，生产总值、固定资产投资总额、社会消费品零售总额、规模以上工业增加值等主要经济指标增幅均高于全国平均水平，多项指标在全国位次前移。特别是近几年3万多亿元固定资产的投入，为经济发展积聚了巨大发展能量和动力。尤为重要的是，江西省投资需求内生机制已基本形成，全省经济自主增长的活力日益旺盛，将成为经济持续增长的原动力。

3. 意味着经济社会发展拥有了一定的物质基础

GDP"万亿元俱乐部"也被称为"财富俱乐部"。2011年，江西省实现了生产总值、固定资产投资、城乡居民储蓄存款余额、金融机构贷款余额"四个超万亿"，意味着财富积累步入了一个新的快速增长区间。这既为江西今后又好又快发展奠定了坚实基础，又为我们采取更多的措施解决发展中的问题提供了物质保障。一是转变经济发展方式具有更大的腾挪空间，可以把主要精力集中在创新发展模式、增强发展动力上。二是可以投入更多的财力解决民生问题与公共事业，解决关系民众切身利益的教育、医疗卫生、养老保险、保障性住房等问题，使社会更加和谐，百姓生活更加美好。近年来，江西省始终坚持把改善民生放在突出位置，大力实施民生工程，全省城乡居民收入、城镇新增就业、社会保障等多组数据显示了民生的切实改善。

面对成绩，我们仍要清醒地看到，江西经济欠发达的状况尚未根本改变，经济总量偏小、人均水平低、发展不足仍是我们面临的主要矛盾，加快发展、做大总量仍是我们的主要任务。

1. GDP 总量和均量仍然偏低

从总量看，2011年，我国2/3的省份进入GDP"万亿元俱乐部"，江西在23个成员中排名第19位。其中，广东GDP超过5万亿元，江苏、山东超过 4 万亿元，分别位列全国一、二、三名，处于遥遥领先地位。中部六省，河南在 2005 年突破万亿元，2011 年达 2.7 万亿元，排名全国第五，居中部地区之首；湖南、湖北和安徽正向 2 万～3 万亿元迈进。新晋成员山西和江西同时跨进 GDP "万亿元俱乐部"，居中部六省最后，但两者 GDP 总量相差不大。从均量看，2011 年，在 31 个省（自治区、直辖市）中，共有 25 个省份人均 GDP 超过 4000 美元，江西排第 24 位。天津、上海、北京人均 GDP 均超过 1 万美元。江西省与全国平均水平和经济大省相比都有相当大的差距，不管总量还是均量，两项指标在全国各省市中排名都比较靠后，处于中略偏下游水平。

2. GDP 质量相对较低

近年来，江西省立足基本省情，坚持以科学发展为主题，着力做大经济总量，GDP 大幅快速增长，江西经济实力显著提高。但是，在追求 GDP 总量和增速的同时，江西省 GDP 质量相对较低。2011 年，中国科学院首次发布了中国各地区 "GDP 质量指数"，北京、上海、浙江、天津和江苏位列中国各地区 GDP 质量排行前五。江西排第 22 位，在中部六省中仅排在湖南、山西之前。究其原因，首先，江西省经济发展基本上以要素增加为主要推动力，经济增长主要靠高投入支撑。随着投资规模扩张，投资率持续上升，2010 年投资率为 51.4%，不仅高于全国平均水平 2.8 个百分点，而且大大高于世界投资率（19.9%）。其次，高耗能行业比重较大的工业仍是推动江西省经济增长的主导力量，工业结构中重型化特征十分明显，传统高耗能产业占相当大的比重，导致对能源的过度消耗和环境的污染。2010 年，全省工业增加值占 GDP 比重为 46.2%，工业能源消耗量占能源消费总量的 74.6%，远高于经济发达省份。工业企业 "三废" 排放量均大大高于发达国家标准。

3. 保持 GDP 持续较高增速难度加大

一方面，我们要继续加快发展，做大经济总量。另一方面，当前，国际金融危机的影响在短期内难以消除，贸易和投资保护主义明显抬头，世界经济复苏的不稳定性和不确定性因素增多。国内经济发展中不平衡、不协调、不可持续的矛盾和问题仍然比较突出，实现江西省经济平稳较快发展的难度加大。围绕转变发展方式，国家陆续出台了一系列政策措施，这些措施将使高投入、高消耗的粗放型增长受到限制。与此相对的是,"十一五"期间,江西省大量基础建设投资拉动了高耗能产业的增长。工业化、城镇化的快速发展,出口的快速增长,较高的经济增长预期目标,这些因素仍将驱动着江西省能源消耗的增长。在现有产业结构下,如果没有新的技术突破和机制创新,要实现江西省"十二五"期间经济年均增速达11%以上,难度较大。

进入了 GDP "万亿元俱乐部",一则以喜,一则以忧。逼人的形势容不得半点懈怠。我们绝不能沾沾自喜,更不能止步不前。全省上下要有不进则退、慢进也是退的危机意识,要有如履薄冰、如临深渊的谨慎态度,要有时不我待的紧迫感,以更加深远的眼光看待问题,直面差距,破解难题。

二、江西进入 GDP "万亿元俱乐部" 后面临的挑战与机遇

当前,江西省正处于经济社会加速发展的关键时期,经济形势更加复杂多变,发展任务更加艰巨繁重,要继续保持江西省经济又好又快发展,面临着许多困难和挑战。

1. 面临国内外经济增长下行与保持江西省经济平稳较快增长的双重压力

从国际看,世界经济保持复苏态势,增长前景有所改善,但经济运行中的不稳定、不确定因素依然突出,国际金融危机、欧洲主权债务危机影响尚未完全化解,主要经济体增长乏力,全球总需求依然不足,国际贸易增速明显回落,贸易保护主义抬头,大宗商品价格高位波动,通胀形势不容乐观。从国内看,影响和制约我国经济社会进一步发展的一些深层次矛盾和问题还没有得到根本解决,可以预见和难以预见的经济风险依然存在。投资、消费、净出口增幅下降,房地产市场、投融资平台、民间借贷等领域还潜藏风险,部分行业产能过剩,部分企业特别是小型微型企业经营困难增多,农业稳定发展、农民持续增收难度加大。与全国相比,江西省经济形势相对乐观,基本保持了平稳较快增长态势,投资、消费、出口同比增速略高于全国平均水平,但同样面临经济增长下行压力,继续保持经济平稳较快增长还要付出艰苦努力。

2. 面临做大经济总量与加快转变经济发展方式的双重任务

2011 年以来,面对国内外复杂严峻的经济运行环境,全省上下牢牢把握 "稳中求进" 总基调,着力抓好稳增长、控物价、调结构、转方式、惠民生各项措施落实。2011 年,江西省实现 "四个超万亿",标志着全省综合实力迈上了新台阶,已形成了一定基础和规模。但也应看到,发展不足、发展不平衡、经济总量小、人均水平低的现状仍然没有根本改变,做大经济总量仍是江西省当前及今后很长一段时期的核心任务。当前,江西省中心城市辐射带动能力仍然不强,县域经济规模仍然偏小,产业结构不太合理、产业集中度低、技术水平不高等问题仍然存在,经济规模扩大的同时,资源约束压力也正逐步增大,劳动力、土地、能源和原材料等成本持续攀升。要进一步做大总量,保持全省经济平稳较快增长态势,传统模式难以为继,加快转变经济发展方式的任务十分紧迫。

3. 面临加快发展与保护生态的双重责任

江西省最大优势是生态优势,最主要任务是加快发展。当前,江西省正处于工业化、城镇化的快速发展时期,保护生态环境的压力正逐步显现。然而,江西省资源节约型、环境友好型产业体系还没有完全形成,承接产业转移过程中带来的污染转移风险仍然很大,市场化生态补偿模式尚处于探索阶段,"五河一湖" 及东江源头治理工作尚未结束,矿山、工业园区、冶炼化工产业等重点地区,特别是重金属污染土地的综合治理任务依然很重。如何正确认识和妥善处理经济与生态之间的关系,促进经济与生态的协调发展,也是经济仍然欠发达的江西始终要破解的一道难题。

4. 面临经济社会持续发展与创新型人才紧缺的双重困境

人才在经济社会发展全局中日益发挥出关键性作用,在区域竞争格局中日益成为决定性力量。近年来,省委着眼江西崛起选良才,积极实施人才强省战略与科教兴赣战略,人才总量不断扩大、结构不断优化、素质不断提升、效能不断增强,为全省经济社会又好又快发展提供了重要的人才保证与智力支持。但与经济社会发展和产业转型升级的巨大人才需求相比,江西省高层次创新型科技人才、创业型人才、优秀企业家人才总量偏少,战略性新兴产业、高新技术产业和支撑鄱阳湖生态经济区建设的领军人物较为短缺,已成为影响与制约江西省经济社会持续发展的主要 "瓶颈"之一。建设高素质的人才队伍，为经济发展和产业转型升级提供人才支撑，显得尤为紧迫。

5. 面临发展经济与保障改善民生的双重使命

改善民生是党委、政府最大的政治、最大的责任。近年来，江西省委、省政府始终坚持富民为先、民生为本的理念，在加快经济发展的同时，不断加大保障和改善民生力度，在全省财力并不宽裕的情况下，始终坚持新增财力向社会事业倾斜，解决了一大批带普遍性的民生问题并取得显著成效，从"光明·微笑"工程、儿童"两病"免费救治工程到2011年的尿毒症免费血透救治工程；从保障性住房建设到社会保障"四个全覆盖"，再到小额担保贷款扶持创业等，造福于广大人民群众。但受自身经济发展水平和财力限制，全省城乡居民的收入仍然不高，保障性安居工程的覆盖面仍然偏窄，社会救助的标准仍然偏低，医疗保障和教育等民生事业的投入仍然不足，社会事业发展与全省人民的新期望、新要求相比，还存在一定的差距。如何着力改变江西省城乡居民收入增长与经济发展不同步的状况，努力使全省人民的"钱袋子"伴随江西崛起的进程鼓起来，任重而道远。

站在新的历史起点上，我们既要看到面临的严峻挑战，也要看到江西省经济发展中面临的难得机遇与有利条件。一是江西省经济发展仍处于重要战略机遇期。当前，世界经济持续复苏，经济发展总体向好的基本面没有改变。同时，世界经济正面临新一轮的产业布局和产业分工调整，在许多新兴领域，江西省尚未涉及或正处于起步阶段，与发达地区相比，既有更大的发展空间又没有老产业带来的历史负担，存在更大的发展潜力。二是区域合作不断深化为江西省扩大开放提供了有利的发展条件。江西省区位优势明显，是国家实施中部崛起战略的重要省份之一，与湖北、湖南两省正努力构建以武汉、长沙、南昌为核心的"中三角"经济区，这将进一步促进江西省扩大开放、提高开放型经济发展水平。三是鄱阳湖生态经济区建设成为驱动江西省加快发展的强劲引擎。鄱阳湖生态经济区建设是个宏大的系统工程，包含了一大批重大发展项目，涉及生态、经济、社会等领域，是江西省吸纳资金、技术、人才及争取各方面支持的"金字招牌"，推进鄱阳湖生态经济区建设将促进江西省加快形成光电、生物医药、铜冶炼及精深加工、汽车及零部件生产等产业基地。四是赣南等原中央苏区发展振兴规划上升为国家战略为江西省发展提供了新契机。6 月 29 日,《国务院关于支持赣南等原中央苏区振兴发展的若干意见》正式出台。随着中央苏区振兴这一重大战略的实施,苏区发展缺钱、少项目、无政策支撑的局面将得到极大改善;赣州等地将因此获得更多的财税支持、投资倾斜、金融服务、产业扶持、人才保障等优惠。同时,苏区振兴也将带动全省加快基础设施建设,加快发展红色旅游,推动产业结构升级,巩固提升生态优势,提高人民群众的生活水平,中央苏区将带动全省整体实现跨越式发展。

纵观江西的发展大势,机遇与挑战并存,机遇大于挑战。在坚定不移地贯彻中央"稳中求进"的总体思路下,从江西省的实际出发,在经济发展的具体过程中,也要有"以进求稳"的思考,努力走出一条欠发达地区抢抓机遇,攻坚克难,实现进位赶超的新路子。

三、江西进入 GDP "万亿元俱乐部"后的对策

GDP 过万亿元后,江西经济发展站在了一个更高的起点。要实现省"十二五"规划提出的到 2015 年全省生产总值达 2 万亿元、财政收入 3000 亿元、人均生产总值 6000 美元的经济发展目标,我们必须主动顺应发展新趋势,牢牢把握经济发展主动权,加快转变经济发展方式,积极调整产业结构,努力做大经济总量和提升发展质量。我们认为,当前及今后一个时期,要努力做到九个"坚定不移"。

1. 坚定不移地解放思想

解放思想是建设中国特色社会主义的一大法宝。思想解放的程度,决定改革的深度、开放的力度、崛起的速度。联系江西的实际,我们更要始终高举解放思想的旗帜,努力破除一切不合时宜束缚科学发展的思想观念。一要通过解放思想,进一步消除"小富即安、小进则满"的观念。当前,省内一些干部群众"居安"有余,"思危"不足,看不到周边地区和全国各地的竞争势头,对加快发展、转型发展的艰巨性、紧迫性和复杂性缺乏必要的思想准备。要让广大干部群众既看到自己的发展优势和发展成

果，也要正视自身存在的差距，奋发有为，砥砺不息，加快科学发展的步伐。二要通过解放思想，进一步克服"患得患失、畏难怕险"的观念。如果畏难怕险，"没有一点闯的精神，没有一点'冒'的精神"，机遇就会稍纵即逝。要鼓励和支持敢闯敢试、敢为人先，大胆探索科学发展的有效措施、谋划绿色崛起的跨越路径。三要通过解放思想，进一步树立世界眼光和战略思维。要放眼全球，敏锐判断国内外经济发展大势，自觉把江西发展融入经济全球化的大格局中去审视和把握，看到江西在世界经济大格局、大趋势中的机遇、潜力、实力。同时，要用战略思维谋发展，坚决破除原有的思维模式，从习惯于在本行政区域配置资源的思维定式中解放出来，多角度、多层面分析和思考本部门本地区优势何在、如何作为、从何突破等问题，适时做出有针对性、灵活性、前瞻性的政策安排，抢占新一轮发展的制高点。

2. 坚定不移地深化改革

改革是经济发展和社会进步的永恒动力。在新的发展阶段，新情况、新问题层出不穷，特别是一些深层次矛盾和困难不断涌现，必须进一步加大改革攻坚力度，坚决革除一切不适应科学发展的体制机制，着力构建充满活力、富有效率、更加开放、有利于科学发展的新体制新机制。一要继国有工业企业和非工口七个系统国有企业改革完成后，继续完善集体林权制度配套改革，深化医药卫生体制改革，推进财税体制改革，加快金融体制改革等重点领域和关键环节的改革，力求取得新进展，实现新突破。二要进一步深化文化体制改革，重点要在明确文化投入方向、完善投入保障机制、加强和改善管理等方面着力开展工作，建立文化投入稳定增长机制，推动江西省文化事业和文化产业发展迈上新台阶。三要以更大的勇气和决心，进一步深化行政审批制度改革，减少和规范行政审批，提高行政审批效率，进一步优化发展环境。深化改革要坚持科学的改革观，要从江西实际出发，循序渐进，妥善处理好各方面的利益关系，把握好改革的节奏、时机、力度和社会承受程度，平稳有序推进各项改革。

3. 坚定不移地扩大开放

扩大开放是推动经济社会发展的强大动力。GDP 过万亿元后，江西省正处于跨越发展的关键时期，单纯依靠并不十分强大的自身力量去实现跨越发展的难度比较大，以大开放促大发展的要求比以往更加迫切。一要进一步增强扩大开放的主动性，自觉把江西放在全国乃至世界发展的大格局中去定位，放在世界先进生产力发展的大趋势上去谋划，坚持"引进来""走出去"相结合，引资、引技和引智并重，最大限度地利用好"两个市场"，最优化地配置好"两种资源"。二要加快推进与沿海地区、相邻省份、长江中游城市群的产业对接、市场对接、基础设施对接，主动接受长三角、珠三角、海西经济区的经济辐射和资金、技术、产业、人才转移。三要研究中央企业、国外跨国公司的经营战略调整和投资目标变化，积极主动做好对接工作，争取引进更多的中央企业、国外跨国公司来赣投资兴业，带动本地企业做大做强，在更大范围、更广领域、更高层次参与国内外经贸交流与合作。

4. 坚定不移地抓项目

抓项目就是抓发展。GDP 跨万亿元后，江西省在一个较长时期内主要依靠投资拉动经济增长的格局不会改变，紧紧扭住抓项目、扩投资，仍然是当前及今后一个时期江西省经济工作的首要任务。要继续坚持以重大项目建设为抓手，加快经济发展方式转变，切实发挥重大项目建设在做大总量、增加就业、优化结构、提升质量中的"经济引擎"作用。一要紧紧抓住国际和沿海发达地区产业转移、结构调整步伐加快的重大机遇，进一步加大招商引资力度，围绕打造主导产业，着力引进一批投资规模大、技术含量高、产业带动强的大项目、好项目。二要坚持有所为有所不为的原则，围绕国家产业政策和投资导向，立足江西省资源禀赋和产业基础，重点抓好战略性新兴产业、传统优势产业的改造升级、生态环境保护与建设、基础设施的配套和完善、民生事业等项目。三要处理好大项目与小项目的关系。既要超前谋划一批对地方经济和社会发展有深远影响和重大战略意义的大项目，也要抓好投资少、见效快的中小项目。

5. 坚定不移地推进鄱阳湖生态经济区建设

建设鄱阳湖生态经济区是引领江西长远发展的大战略。当前，鄱阳湖生态经济区建设已进入加快推进的关键时期，要举全省之力，集全省之智，精心组织实施《鄱阳湖生态经济区规划》，采取更加有力的措施，全面加快推进鄱阳湖生态经济区建设，实现"五年见成效，十年大跨越"的发展目标。一要充分利用鄱阳湖生态经济区的品牌优势,继续下大力气争取国家部委和央企更多的项目、资金和政策支持,尤其要在重大项目建设上取得新突破,使鄱阳湖生态经济区成为江西省项目建设的主战场,特别要引导有实力的央企入赣,推进产业转型升级,带动鄱阳湖生态经济区建设快速发展。二要突出抓好战略性新兴产业,把加快发展战略性新兴产业作为鄱阳湖生态经济区建设重点发展产业领域,做大做强战略性新兴产业,引领鄱阳湖生态经济区未来经济发展。三要充分利用国家赋予鄱阳湖生态经济区的政策,积极开展先行先试,创新生态建设和环境保护长效机制,创新生态经济发展模式,创新生态文明建设路径,走出一条生态与经济协调发展的路子。

6. 坚定不移地推进工业化和城镇化

新型工业化是转变经济发展方式、调整经济结构的主战场,新型城镇化是扩大内需的最大潜力所在和做大经济总量的主动力。当前和今后一个时期,尤其要坚定不移地促进新型工业化和新型城镇化"双轮驱动"。一要以打造优势产业、培育产业集群和强优企业为重点推动工业快速发展。大力发展园区经济,主攻支柱优势产业、特色资源产业和战略性新兴产业,鼓励和扶持自主创新,努力打造一批拥有自主知识产权和知名品牌、具有国际竞争力的大企业大集团。二要以发展大中城市为重点全面提高城镇化水平。着力做大做强各级中心城市,支持和鼓励部分有条件的设区市发展为大城市、特大城市,着眼长远优化和调整部分行政区划;促进工业向园区集中,产业向城镇集聚,打造一批强市强镇。三要在加快推进工业化、城镇化的过程中高度重视农业现代化。提高农业综合生产能力和产业化水平,千方百计促进农业增效、农民增收,继续推进新农村建设,认真实施和谐秀美乡村工程,使工业化、城镇化建立在更加坚实的基础上。

7. 坚定不移地加快构筑区域发展新格局

区域发展格局是经济社会发展重大战略部署在空间布局上的集中体现。加快构筑"龙头昂起、两翼齐飞、苏区振兴、绿色崛起"区域发展新格局是江西省解决区域经济发展中存在的突出矛盾和问题的必然选择。一要增强核心区域的龙头带动作用。加快打造由南昌核心增长极、九江沿江产业带、昌九工业走廊构成的核心增长区,通过局部的率先发展带动区域协调发展。二要把握机遇加快苏区振兴发展。以中央苏区振兴发展上升为国家区域发展战略为契机，在省级层面对有关政策加以有效整合，用活用好中央在财税、金融、投资、产业等方面给予赣南等原中央苏区的政策支持，抓好项目申报和基础设施建设，发展好特色农业、红色旅游业和优势矿产业，实现政策效益最大化。三要不断深化区域合作。积极主动与长江中游省份加强合作，联手打造长江中游城市集群，在培育全国区域发展新的增长极中有大担当、大作为。

8. 坚定不移地实施人才强省战略

人才资源是第一资源，人才是一个地方发展的核心竞争力。江西要保持经济持续快速发展，必须努力构建具有一定影响力和特色鲜明的区域性人才高地，这是提升江西省人才竞争力、赢得发展主动权的有效途径。一要以"赣鄱英才 555 工程"等八大人才工程为龙头，以区域、行业人才培养工程为支撑，依托省重大科技成果转化、优势学科建设等科研、工程、产业项目，在创新创业实践中加快培养一批高层次创新型科技人才。二要紧紧围绕江西省新兴产业倍增、服务业提速、传统产业升级"三大计划"，坚持"请进来"与"走出去"相结合，大力引进一批海内外高层次创新创业人才，加快建设高层次人才创新创业基地。三要积极实施"企业家培育工程"，积极推广"创新在高校，创业在园区"模式，加大企业家培训力度，着力提升他们的管理创新能力和国际化素质，大力打造一批有强烈开拓精神、有丰富管理经验与强烈社会责任感的优秀企业家。

9. 坚定不移地抓好民生稳定工作

经济发展是社会发展的基础，社会发展是经济发展的目的。进一步创新社会管理，坚持把保障与改善民生作为经济发展的根本出发点和落脚点，切实维护社会稳定，这是保持江西省经济持续快速发展的必然选择。一要继续实施更加积极的就业政策，千方百计扩大就业，重点扶持就业容量大的现代服务业、创新型科技企业和小型微型企业，创造更多就业岗位；同时，鼓励以创业带动就业。二要进一步完善社会保障制度，提高城乡最低生活保障标准，提高企业退休人员基本养老金水平，增强教育、医疗、文化、体育等基本公共服务能力，让人民群众享受更多的公共服务。三要大力推进安居工程建设，充分利用国家大规模实施保障性安居工程的有利时机,积极改善人民群众居住条件,使真正需要帮助的中低收入住房困难群众受益,着力解决事关人民群众最关心最直接最现实的利益问题,切实维护社会和谐稳定,实现经济社会持续发展。

回眸成绩,催人奋进;展望未来,重任在肩。我们所做的工作可以概括为一句话,就是科学发展观在江西的认识和实践;所达到的目标也可以概括为一句话,就是全心全意为江西人民谋福祉。我们相信,在省委、省政府的正确领导下,一个富裕和谐秀美的江西一定会早日到来。

课题组组长:祝黄河　中央马克思主义理论研究与建设工程专家,江西省社科联党组书记、主席

　　　成员:黄万林　江西省社科联党组成员、副主席

　　　　　　吴永明　江西省社科联党组成员、副主席

　　　　　　胡春晓　江西省社科联党组成员、副主席

　　　　　　曹彩蓉　江西省社科联《内部论坛》编辑部主编

　　　　　　刘志飞　江西省社科联办公室副主任

　　　　　　刘旭辉　江西省社科联《内部论坛》编辑部助理研究员

　　　　　　姚　婷　江西省社科联《内部论坛》编辑部助理研究员

　　　　　　刘忠林　江西省社科联《老区建设》杂志社研究实习员

全面启动新一轮港口建设
全力推进以港聚业、以港兴区*

蔡雪芳

　　港口是推动区域经济、城市建设、产业升级的重要引擎，也是地区参与世界经济的有效通道。以港聚业、以港兴区是国内外许多沿江沿海地区加快发展的成功经验。相关资料显示，全球 3/4 的大城市、70% 的工业资本和人口，集聚在离海、江、河岸线 100 公里以内的地区；全国近一半的 GDP 主要由沿海 200 公里内的城市创造，并吸引了 80% 以上的外资，带动了全国 90% 以上的出口。

　　江西省水运资源非常丰富，赣江、抚河、信江、饶河、修水五河汇入鄱阳湖，再经湖口注入长江，形成了以鄱阳湖为中心的可出江入海的天然水运网络，全省拥有 19 个年吞吐量超过百万吨的码头，其中九江港年吞吐量超过 4000 万吨。充分发挥江西水运优势，以九江、南昌两个国家内河主要港口和赣江中游港口群为重点，全面启动新一轮港口建设，全力推进以港聚业、以港兴区，是实现江西科学发展、绿色崛起的战略选择。

一、进一步突出九江、南昌两大枢纽港的重要战略地位

　　长期以来，由于江西省水港口岸配套设施建设较为滞后，铁路、公路、水路和管道的立体集疏运体系建设不够完善，水、陆、空未能有效衔接，铁、江、海联运没有真正形成，京九线通货能力不足，九江—南昌内河航道不畅，致使江西省水运优势和潜能难以发挥，大量货源被沿海港口抢走。如九江集装箱码头 30 万标箱设计能力，到 2011 年年底只走了 14 万

　　*　本文刊发于《内部论坛》2013 年第 6 期（总第 895 期），获 1 位省领导肯定性批示。

多标箱。由于货运量不足，吸引不了大型船舶，从九江港出去的货物需到上海外高桥滞港中转，既延长了运输时间，又增加了上下装卸换船费用。据了解，目前江西省园区产品出口大多是通过公路零散发货到沿海港口或直接从港口拉空箱过来装货，再运到港口上船。这两种方式都有缺陷。汽车零散运输到沿海港口，外地装箱无法监控，货损、货差严重，上下装卸、换箱费用较高；从港口拉空集装箱过来，往返都要收费，费用更高。如龙南一家企业反映，原料从海外进口，货柜从广州拉过来7000～8000元/个，而在广州本地只要2000多元/个，运输成本至少是广州的一倍，而且受季节影响，货柜价格上下波动很大。全南县盛达建材有限公司反映，与沿海港口城市相比，从原料进来到产品出去，一进一出，每吨要贵100元。因此，江西省不少企业原料和产品，特别是时效性较强的加工贸易进出口仍以深圳、厦门、上海、宁波四大出海口为主。

九江港、南昌港是江西省最大的两个港口，两个港口的货物吞吐量占全省总量的87%，在江西水运中的地位举足轻重。九江港是江西省唯一通江达海的对外开放国家一类口岸，是一个水陆联运的国家级主枢纽港和长江中下游重要港口。沿江港口岸线全长152公里，服务范围辐射江西全省及鄂、皖、湘部分地区，成为众多企业原材料进口和产成品出口的战略通道。江西省每年近50%的铁矿石、41%的原油、60%的原煤均从九江口岸进口，94%以上的集装箱经由九江水路中转到上海港运往世界各地。九江港在长江流域和江西外向型经济以及全省交通大格局中具有不可替代的地位和作用。南昌港地处赣江下游，是全国28个重要内河港口之一，赣江穿城而过，形成"一江两岸"的港口格局。2010年开始的南昌新港规划，以第一期工程龙头岗综合码头项目为核心，围绕打造互联互通的水路、公路、铁路、航空立体交通大格局，吸引铁路物流、民航物流和水路物流、公路物流相互衔接集聚，力争把南昌市建成水、公、铁、空四种运输方式有机衔接的现代化交通物流基地和承东启西的综合运输枢纽，进一步强化南昌作为中西部地区承接长三角、珠三角、海西经济区辐射桥头堡的作用。

因此，要高度重视九江港、南昌港在打造江西核心增长极中的战略地位，充分依托和发挥两大港口临江达海的独特优势和良好产业基础，进一步强化"以港兴市"、"以港兴区"理念，按照"依港建城、港城一体、互动发展"的思路，以建设大港口、推动大物流、催生大工业为抓手，以优化产业布局和推进产业集聚为重点，以强化基础设施建设和生态环境保护为保障，加快搭建承接产业转移的大平台，着力提升承接产业转移的能力和效率，吸引国内外更多的大产业、大资金、大项目聚集，使之成为重大项目建设的密集区和主阵地，带动经济腹地成为率先发展的新增长极，成为国家中部崛起战略和鄱阳湖生态经济区建设的重要支点和先导区。

二、着力推动九江港与南昌港一体化建设

加强港口资源整合是做大做强江西省港口经济的必由之路。要以实施九江港、南昌港一体化建设为突破口，带动其他港口一体化发展，充分发挥组合效率和整体优势。

一是统一九江港、南昌港和鄱阳湖水系的规划布局。以九江港为龙头，围绕"百吨船汇鄱阳、千吨船由南昌港集并九江港、万吨船由九江港浩荡入长江"的思路，重点加强长江九江段、赣江中下游、鄱阳湖湖区的港口码头建设，加快九江、南昌等港口综合枢纽建设，强化枢纽的辐射、集聚和带动作用。要强化腹地大宗散杂货的组织配置功能，重点建设长江（江西段）、赣江、信江"两横一纵"高等级航道和鄱阳湖湖区高等级航道，同步建设区域性、地区性航道，构建层次分明、干支相连、通江达海的航道网络；加快重要枢纽节点建设，重点建设进出港航道和大型专业化码头泊位，实现枢纽节点和通道的紧密衔接。

二是搭建完整的物流产业链。重视铁路、公路对水运口岸物流的集疏运作用，加快与港口物流业发展相配套的公路主枢纽系统建设，构建航运、水运、铁路、公路多式联运的口岸物流服务网络。大力发展以集装箱为主的现代物流业，对水路集装箱进出口运输给予与铁海联运同等的奖励政策，对集装箱货运公司给予一定补贴，对省内外向水运口岸集疏运的集装箱车辆路桥通行费降低收费标准。积极加强与公路、铁路、航空领域的横向合作，以及与海关、商检、银行、保险的纵向合作，拓展物流配送中心、仓储中心等功能，重点扶持交通、仓储、船代货代等专业服务为主的

第三方物流企业，保证物流链的畅通、高效运行。大力促进代理商、生产力中心、技术信息中心、质量检测控制中心、开放性行业技术中心等集聚发展，以特色产业为依托，建设零部件配套、成品批发等专业化市场，重视建设生产要素市场、产权交易市场。以产业集聚为基础，吸引产业链中的各行业包括船运公司、仓储、贸易、制造企业、第三方物流、货代、中介、金融等共同建设完整流畅的物流运营平台。

三是科学培育喂给港。发挥九江港、南昌港对周边特别是对省内港口的带动作用，将赣江、信江等内河港口群作为九江、南昌的喂给港，畅通航道及集疏运体系，搞好分工协作。注重港口经济腹地的扩张，重视省内及周边集装箱生成量大的地区，通过战略合作或企业联盟、合资合作等形式，吸引周边地区货源向九江港集聚。引导省内"无水港"建设，优先利用九江港口岸发展铁、江、海多式联运，出台优惠政策，吸引周边地区的货物经九江港进出。加强九江港—南昌港以及九江港至长江中上游港口的集装箱班轮小支线建设，增强九江港口岸向上海港口岸的喂给能力，积极为上海港口岸的国际集装箱服务配套，带动九江港集装箱业务的发展。加强九江港与上海口岸船公司的合作力度，引进更多的船东到九江设立机构，加密九江—上海支线航班，加大九江港—洋山港直达航班的财政补贴额度。

四是提升港口物流发展的信息化水平。对现有信息资源进行统一整合，建立面向货主，与经贸、口岸、航运、海关、商检、政府等联网的开放式物流信息系统，建立 EDI 信息平台，大力推广电子口岸，实现物流全过程的可视化、自动化、智能化，以信息化提升港口产业化，增强港口竞争力。

三、加强港口产业集群规划

港口经济的发展离不开产业集聚。要通过与港口周边地区产业基地的联动发展寻求产业支撑，按照"大项目—产业链—产业基地"的方向，引进规模大、技术含量高、附加值高、带动能力强的大项目，把单一产业变成产业群，推动企业向特定生产区域集聚，形成若干主业突出、产业链完整、特色鲜明的产业密集区。如法国福斯港，在进口原油、铁矿石、煤炭的基础上，形成了炼油—石油化工、钢铁—金属加工为主体的工业体系，其产量占到全国的1/4；在我国，凡是临港工业发展较快较好的地方，都呈现产业集群态势。

一是科学布局临港产业。全力推进以港聚业、以港兴区，关键是要依托沿江独特优势，科学规划临港产业布局，加强港口产业集群规划。港口产业集群规划是城市规划的一部分。要以城市的总体规划和布局为基础，进一步完善相关规划与港口总体规划衔接，优先满足港口发展。土地规划应优先保障港口岸线、码头后方堆场、库房等港口设施的建设用地，满足港口未来发展的需要。在临港产业规划布局时，应科学区分不同功能区域，严格控制港口后陆域，留足港口物流、临港工业、港口经济产业未来发展的空间。规划配置好港口的集疏运网络和港区基础设施，使港区能作为城区的一个有机整体。港城一体，以人为本，充分彰显港口城市特色，注重港口、山水、城市相和谐，景观、休闲、商务为一体，推进沿江由工业为主的产业开发向区港城联动综合开发转变，把沿江建成集港口、航运、仓储物流、商务贸易、人居休闲、观光会展、生态环境为一体的临港新城。

二是科学编制港区控制性详规。坚持资源开发与效能提升相结合，合理开发利用岸线资源，加强港口岸线管理，严把项目审批关，防止高污染性企业对港口岸线资源的破坏。根据区域资源总量和环境承载能力，按照深水深用、浅水浅用和集中集聚集约的原则，提高工业用地和岸线使用的投资强度及产出效率，优先发展低消耗、高产出的产业，合理发展高耗能、高产出的产业，确保高效益开发。以港口大型化、深水化、集约化为导向，强化装卸仓储、中转换装、运输组织、现代物流、综合服务等港口主体功能，构建以公用码头为主、专业（业主）码头为支撑的多功能、多类型沿江港口群，使九江、南昌两大港口成为全国名列前茅的内河主要港口、江西通江达海的交通枢纽和水路运输基地。

作者：蔡雪芳系江西省政府决策咨询委信息处处长

优化江西发展环境的调查与思考[*]

江西省社科联课题组

发展环境是经济社会发展的核心要素，决定着一个区域的吸引力、竞争力、生产力。实践表明，哪个地方能够在发展环境上占有优势，哪个地方就能在不进则退的大潮中获得强劲的发展动力，就能在日趋激烈的区域竞争中抢占先机、赢得主动。

当前及今后一段时期，加快发展仍是江西省的主要任务，而良好的发展环境是加快发展的重要条件。对于正处于科学发展、绿色崛起关键阶段的江西来说，迫切需要从全局和战略的高度进一步优化发展环境，奋力打造"环境高地"和"投资洼地"，以良好的发展环境吸引资金、技术、人才等生产要素的加速聚集，以良好的发展环境带动大开放，带来大项目，以大项目引领大发展。

一、江西发展环境现状

发展环境包括硬环境和软环境。随着硬环境的日趋完善，各地区环境建设的竞争主要表现为软环境的竞争，故本次调研重点围绕软环境进行，后文中提到的发展环境均指软环境。为全面、客观了解江西省发展环境的实际状况，2012 年 9 月至 11 月，课题组采取召开座谈会研讨、实地重点走访调查、开展问卷调查等方式进行了专门调研。课题组先后多次深入新余市高新区、分宜县工业园区、南昌市高新区等地的若干企业进行实地调研，同时，向省、市、县、乡各级机关工作人员、各类企业负责人和员工发放调查问卷 400 份，回收有效问卷 371 份，回收率为 92.8%。调查结果

---

* 本文刊发于《内部论坛》（2012 年第 36 期，总第 889 期），获 4 位省领导肯定性批示。

在一定程度上反映了江西省发展环境的实际状况。

1. 江西省发展环境日趋变好

近年来，江西省积极推进行政审批制度改革，全面推行政务公开，开展行风评议工作，着力优化发展环境，收到了良好效果。先后6轮开展行政审批项目全面清理，取消调整审批项目745项，占原有总数的66%。各设区市本级取消调整审批项目6238项，精简比率达73.8%。2009年出台的《关于创建最优发展环境的决定》进一步提高了机关效能；出台的《关于加强干部作风建设进一步优化发展环境若干问题的决定》集中整治当前干部工作作风中的"庸、懒、散"，领导作风中的"假、浮、蛮"，为政不廉的"私、奢、贪"，行政审批中的低效率，中介机构及从业人员乱作为等突出问题。在一系列举措的有力推动下，江西省发展环境日渐趋好。"三难""三乱"及不作为、乱作为问题明显改善，门难进、脸难看以及吃、拿、卡、要现象明显减少，办事扯皮、故意刁难、推诿拖拉等情况大有好转，各级党政机关的办事效率和服务质量有较大提升。调查问卷结果显示，受调查人中，27.2%的人认为江西的发展环境"有明显改善"，64.2%的人认为"有所改善，但仍不令人满意"（见表1）。

表1　江西省发展环境变化趋势

变化趋势	人数（人）	占受调查人比重（%）
有明显改善	101	27.2
有所改善，但仍不令人满意	238	64.2
没什么变化	16	4.3
有变坏的趋势	16	4.3
总　计	371	100

2. 周边省份不断优化发展环境带来压力

近年，周边省份优化发展环境的力度很大，经济保持了良好的发展态势。如，湖南省发布了全国首部地方性行政程序规定，从法制层面上为优化发展环境提供保障；精简行政审批项目203项，成为全国审批事项最少的5个省份之一；查处影响机关效能、损害经济发展环境案件1000多件。

又如，浙江省在全国率先启动并先后实施了 3 轮行政审批制度改革，在原有 3000 多项审批事项的基础上，减少 3/4 以上。大量审批事项的取消，为浙江经济发展松了绑、加了油。与周边省份不断优化的发展环境相比，江西省发展环境处于相对劣势状态。调研中，新余市不少企业反映当地存在物流成本偏高、产业配套不完善和融资难等突出问题。问卷调查结果也显示，受调查人中，43.1% 的人认为江西省投资环境与周边省份"有差距"，39.1% 的人认为江西省投资成本比周边省份"高"或"较高"，18.6% 的人认为江西省政策"没有周边其他省份优惠"，9.4% 的人认为行政收费项目比周边省份"更多"（见表 2）。

表 2 江西省投资环境与周边省份投资环境的比较

	比较内容	人数（人）	占受调查人比重（%）
总体比较	好	66	17.8
	略好	145	39.1
	有差距	160	43.1
投资成本	高	21	5.7
	较高	124	33.4
	差不多	196	52.8
	较低	30	8.1
现行优惠政策	有一定吸引力	99	26.7
	与周边其他省份差不多	203	54.7
	没有周边其他省份优惠	69	18.6
行政收费项目	更多	35	9.4
	差不多	308	83.1
	更少	28	7.5

3. 企业对发展环境要求越来越高

通过实地调研中与企业的接触，课题组感觉到，企业对发展环境的要求越来越高。企业不仅要求有便利的交通、完善的基地、园区建设等硬环境设施，而且要求有政策、政务、法律、税收等软环境条件；不仅期盼有公平公正的市场环境、文明和谐的人文环境，而且期盼有宽松自由的创新创业环境、安全便捷的金融服务环境；不仅期盼像过去那样得到政府在土地优惠、税费减免等方面的大力扶持，而且希望政府的扶持扩展到对企业发展起促进作用的各个层面。调查问卷结果显示，企业在自主创新过程中，59.3%的受调查人希望政府"提供财政、税收、贷款优惠政策"，50.9%的受调查人希望政府"创造公平竞争的市场环境"，49.1%的受调查人希望政府"搭建科技合作平台"（见表3）。在分宜县工业园区的调研中，有中小企业负责人反映"不愁订单，就愁钱"，希望政府创新金融产品和服务，破解中小企业融资难题。

表3　政府对提高企业自主创新能力的作用

作用	选择人数（人）	占受调查人比重（%）
提供财政、税收、贷款优惠政策	222	59.3
创造公平竞争的市场环境	189	50.9
搭建科技合作平台	182	49.1
提供科技信息	133	35.8
设立科技孵化器（创业服务中心）	167	45
帮助引进人才	189	50.9
政府采购支持	93	25.1
其他	5	1.3

4. 部分优惠政策不能完全落实到位

近年来，江西省制定和出台了一系列优惠政策，力度越来越大，含金量越来越高。但在具体执行过程中，往往出现传递到相关部门开始淡化，到了基层部门已经变冷的情况；有些地方和部门选择性落实优惠政策，尤其是含金量高的政策难以兑现。调研中了解到，江西省目前有国家创新型企业7家，国家创新型试点企业5家，申报第5批试点企业2家。这14家企业近3年享受了研发费用加计扣除政策和高新技术企业政策减免税收约26.52亿元，但都没有享受科研仪器设备加速折旧的优惠政策。

问卷调查结果也显示，65.5%的受调查人认为江西省优惠政策"部分能"兑现，7.3%的受调查人认为江西省优惠政策"不能"兑现。此外，有38.2%的受调查人认为政策的连续性"一般"，42.5%的受调查人认为政策的透明度"一般"，21.6%的受调查人认为对待各类企业在土地使用、投融资、税收和对外贸易等方面"基本不是"一视同仁，很难享受同等待遇（见表4）。

表4　江西省政策环境状况调查

内容		人数（人）	占受调查人比重（%）
优惠政策兑现情况	能	101	27.2
	部分能	243	65.5
	不能	27	7.3
政策的连续性	好	37	10
	较好	192	51.8
	一般	142	38.2
政策的透明性	好	41	11.1
	较好	172	46.4
	一般	158	42.5
对待各类企业是否做到一视同仁	是	36	9.7
	基本是	255	68.7
	基本不是	80	21.6

5. 行政效能有待进一步提升

近年来，在各级党委、政府高度重视下，江西省行政效能有了明显改善，但仍存在一些不尽如人意的地方。有的部门工作作风拖拉疲沓，不按承诺的时限和标准办事，涉及两个以上部门的审批事项更是存在推诿、扯皮现象。调查问卷结果显示，47.7%的受调查人在与各级政府部门交往中遇到过"推诿扯皮，效率低下"的情况，70.1%的受调查人在与各级政府部门交往中遇到过"办事程序复杂，工作流程不清，不履行一次性告知义务"的情况（见表5）。课题组在调研中还了解到，服务态度呈领导重视、工作人员难缠的"金字塔"形，部门领导表了态，下面办事拖拉，"中梗阻"现象依然存在。如表5显示，38.3%的受调查人在与各级政府部门交往中遇到过"工作人员仗权谋私，托关系找门路，请客送礼才能办成事"的情况，20.5%的受调查人在与各级政府部门交往中遇到过"离岗现象比较多，上班时间找不到人"的现象。

表5　受调查人与各级政府部门交往中遇到的主要情况

与各级政府部门交往遇到的主要情况	选择人数（人）	占受调查人比重（%）
政务不公开，搞暗箱操作	81	21.8
办事程序复杂，工作流程不清，不履行一次性告知义务	260	70.1
推诿扯皮，效率低下	177	47.7
工作人员仗权谋私，托关系找门路，请客送礼才能办成事	142	38.3
以部门名义要求赞助	54	14.6
离岗现象比较多，上班时间找不到人	76	20.5
其他	30	8.1

6. 部门利益化倾向不同程度存在

政府权力部门化、部门权力利益化、部门利益个人化等现象是当前江西省优化发展环境的主要障碍之一。调研中课题组了解到，现在实行的"罚缴分离"、"收缴分离"制度还没有从根本上解决部门利益化倾向问题。一些部门考虑局部利益多，考虑整体利益少，对上级部署的工作，只要有利的就争，麻烦的就推，合口味的就办，不合口味的就拖；有些部门利用行政资源，向企业或个体工商户征缴会费、管理费、活动费，数额由几十到几千元不等；有些部门将罚没款指标的完成情况与单位利益和工作人员福利待遇挂钩。如表5所示，14.6%的受调查人遇到过"以部门名义要求赞助"的情况。

二、营造江西更好发展环境的对策建议

纵向看，江西省的发展环境有了明显改善；但横向比，与发达地区乃至周边省份还存在一定的差距。发展环境仍然是制约江西省又好又快发展的重要因素。要把江西省的比较优势转化为科学发展、绿色崛起的新优势，就必须继续在努力营造更好发展环境上下功夫、上水平。

1. 进一步深化发展环境重要性的认识

优化发展环境必须从思想上不断深化认识。一要解放思想、更新观念。思想保守、观念陈旧是经济发展的最大障碍，也是影响发展环境的根本问题。要增强抓发展环境的责任感、紧迫感和使命感，按照"三个有利

于"的标准，树立"环境就是生产力、竞争力""抓环境就是抓机遇、抓发展""人人都是发展环境的参与者、推动者、受益者"的观念，为优化发展环境扫除思想障碍。二要充分认识到优化发展环境是江西加快科学发展、绿色崛起的必然要求和必由之路。江西省正处于加快发展的黄金期、政策叠加的机遇期、跨越崛起的爬坡期。省委、省政府围绕科学发展、绿色崛起提出了一系列工作任务和举措。而发展环境是决定资金、人才等重要资源流向的主要因素。落实这些举措，实现这些目标，迫切需要营造一个宽松、透明、稳定、高效的发展环境。三要努力克服临时思想、短期行为。优化发展环境不能一蹴而就，更不能一劳永逸。应把优化发展环境作为一项具有战略性、全局性和长期性的重要任务，坚持不懈、一以贯之地抓下去，经常抓、反复抓、长期抓。四要加大对发展环境建设的宣传力度。广泛宣传省委、省政府治理发展环境的决心和优化发展环境的重要意义、政策措施、典型经验，深入开展"优化发展环境大讨论"活动，真正形成一个"人人关心环境，人人参与环境，人人营造环境"的良好氛围。

2. 进一步健全优化发展环境的长效机制

制度带有根本性、全局性、稳定性和长期性。长效机制建设是优化发展环境的支撑和保障。一要健全保障机制。建议根据有关法律、行政法规，在《关于创建最优发展环境的决定》的基础上出台《江西省优化发展环境条例》，平等保护各类市场主体的合法权益，规范行政行为，促进司法公正，以法律规范来保障发展环境。二要健全日常工作机制。成立省优化发展环境领导小组，下设办公室，作为组织、协调和推动全省优化发展环境工作的常设领导机构，并赋予监察、督办、处置建议和综合协调等职能，定期通报发展环境情况。三要健全考核评价机制。把优化发展环境作为绩效考核的重点内容，把公众满意度作为优化发展环境考核评价的根本尺度；对在优化发展环境工作中做出突出贡献的单位和个人进行表彰和奖励，并将绩效评估的结果与领导干部的实绩考核、公务员年度考核、选拔任用、评先晋级挂钩。四要健全监督机制。充分发挥好人大的法律监督、政协的民主监督、组织部门的组织监督、纪检部门的党风行风监督、新闻媒体的舆论监督、人民群众的举报监督等多种监督手段的作用，建设全天候、多层次、多方位的立体式优化发展环境监督网络。

3. 进一步简政放权

继续简政放权，破除部门利益固化格局，是优化发展环境最直接有效的措施。一要继续深化行政审批制度改革，以新一轮行政审批制度改革引领政府职能转变，形成推动科学发展的持久动力。按照"审批项目最少、审批时限最短、审批收费最低"标准，下决心全面清理投资、社会管理和非行政许可审批等领域的审批事项，减少审批项目和环节，简化审批手续，规范行政审批行为。二要全面清理各类收费罚款项目。对未经国务院和省财政厅、省物价局批准的收费项目，一律作为乱收费予以取消；对浮动幅度较大的收费项目，一律取下限；对收费偏高的项目，能降低标准的一律降低标准。对企业在生产经营中不符合规定的行为，可罚可不罚的，一律不罚，以帮助纠正为主；对不可免除性罚款，一律按规定标准下限执行，努力为企业发展创造宽松条件。在深入彻底清理检查的基础上，将保留的收费罚款项目、标准、征收依据等信息编印成册，向社会公布、发放。三要加快创新和强化审批事项调整后的政府监管机制，变"重审批轻监管"为"宽准入严监管"，变"事前审批为主"为"事中、事后监管为主"，消除以批代管现象。

4. 进一步梳理和完善现有优惠政策

规范、透明和可预见的政策环境对于吸引投资者投资创业具有重要的促进作用。一要集中梳理散落在各个文件、各个部门中的现有优惠政策。对行之有效的政策，一以贯之地全力执行，保持政策的连续性；对现实需要但操作性不强的政策，抓紧制定切实可行的实施细则；对不适应国际和国内经济发展形势，与创建统一开放竞争有序的市场经济环境相抵触的政策，在学习借鉴外地先进做法的基础上重新修订；对确实无法落实的政策尽快取消；对一些涉及垂直管理部门的政策，充分尊重和吸纳部门意见，避免执行时发生条块矛盾，发生扯皮现象。二要加强政策创新。充分利用好鄱阳湖生态经济区、苏区振兴等国家战略带来的政策资源，制定一些有利于实现经济社会科学发展、绿色崛起的前瞻性政策措施。三要加大政策的宣传力度。通过分发《政策汇编》、媒体宣传、培训宣讲等多种方式，全方位宣传各类优惠政策，帮助企业充分理解掌握并用足用好现有政策。四要切实抓好政策的落实与兑现，促使各级政府带头讲诚信，做到有诺必

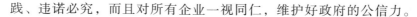

践、违诺必究，而且对所有企业一视同仁，维护好政府的公信力。

5. 进一步提升行政效能

推动行政效能"提速、提质、提效"，全方位为企业和群众提供优质服务，是优化发展环境的重中之重。一要全面推进政务公开。主动拓展政务公开的广度和深度，凡不涉及国家秘密和个人隐私的政府信息，都要通过设置政务公开栏、完善门户网站内容以及在广播、电视上发布公告等形式向社会公开；重点推进财政预算、公共资源配置、重大项目批准和实施、社会公益事业建设等领域的政府信息公开；由广大群众对公开的内容、时间、程序进行评议。二要严格规范行政执法行为。实行联合执法，减少到企业检查的次数，着力解决职能交叉、多头执法等问题。三要加强行政效能监察。继续深入开展政务环境评议评价和民主评议机关作风活动，不断完善评议机制和办法，用制度约束和规范工作人员认真履行职责。四要继续加强干部作风建设。应继续把干部作风建设放在优化发展环境的关键位置，努力打造一支作风过硬、素质较高、责任心较强的干部队伍，选拔和培养一批群众信得过、有真才实学、能够驾驭复杂局面、推动科学发展的管理人才，让想干事、能干事、干成事的人有施展才华的更大舞台，为优化发展环境提供坚强的人力和组织保障。

6. 进一步加大对损害发展环境行为的惩处力度

从严查处损害发展环境案件是优化发展环境的有效手段。一要严厉惩处损害发展环境的行为。建议制定和出台《江西省关于损害发展环境行为的责任追究办法》，严查行政不作为、慢作为、乱作为等不履责、不尽责问题，严查设置行政壁垒、排斥外地产品和服务等妨碍统一市场形成的行为，严查黑恶势力犯罪、严重暴力犯罪和影响投资者安全感的盗窃、抢夺、敲诈等多发性犯罪，严查强买强卖、强揽工程、围标串标、行业恶性竞争、制假造假、不按时履行合同、拖欠货款等干扰破坏企业正常生产经营和市场秩序的不法行为。二要建立损害发展环境举报投诉机制。认真受理对损害发展环境行为的投诉和举报，做到"有报必接、接报必查、快查重处"，"事事有着落、件件有回音"，同时，对利用职权打击报复举报投诉人的行为，从严从重处理。三要坚持惩防并举，注重预防。通过召开新闻发布会、印发文件等形式，及时通报典型案件，运用"身边人、身边事"教育广大干部群众，增强查办损害发展环境典型案件工作的影响力和震慑力。

总之，优化发展环境直接关系到江西省经济社会发展得快与慢、成与败，关系到全省人民最直接、最现实、最根本的利益。对于仍属于欠发达省份的江西来说，唯有最大限度地消除思想观念的障碍，破除部门利益固化的藩篱，强力优化发展环境，努力解决制约江西省的发展环境问题，方能抓住机遇，实现科学发展、跨越赶超。

课题组组长：祝黄河　江西省社科联党组书记、主席、教授
　　　成员：胡春晓　江西省社科联党组成员、副主席、教授
　　　　　　曹彩蓉　江西省社科联《内部论坛》编辑部主编
　　　　　　刘志飞　江西省社科联办公室副主任、博士研究生
　　　　　　刘旭辉　江西省社科联《内部论坛》编辑部副主编、博士研
　　　　　　　　　　究生

坚持"三个并重" 建设"三个江西"*

——2012 年经济工作建议

陈新华　甘峰明　吴伟军　周晨宇　黄　慧

一、2011 年江西省经济总体运行状况及特点

2011 年，在国内外复杂经济形势严峻考验下，江西全省上下坚持以鄱阳湖生态经济区建设为龙头，以转变经济发展方式为主线，以项目建设为抓手，努力推进"科学发展、进位赶超、绿色崛起"，经济社会整体保持平稳较快的发展势头。全年经济运行情况可概括为八个字：符合大势、超出预期。

"符合大势"指全省经济运行状况与全球经济运行的大周期相协调，与国家宏观调控的主基调相同步，与省委、省政府促进发展的大战略相吻合。

一是经济增长态势周期性回落。受全球经济低迷与国家宏调政策的影响，江西省经济增长出现放缓趋势。从 2010 年开始，各季度经济增速呈现逐季回落态势。2011 年前三季度，全省实现生产总值 8086.8 亿元，增长 12.8%，增幅环比下降 0.2 个百分点，同比下降 1.5 个百分点。与此同时，投资、消费、出口都有不同程度放缓。2011 年 1～10 月，固定资产投资增长 28.8%，同比回落 4.4 个百分点；社会消费品零售总额增长 17.7%，同比回落 1.5 个百分点；出口总额增长 59%，同比下降 22.9 个百分点。

二是国家宏观调控政策得到较好落实。国家出台的财政、货币、价格等宏观调控措施在江西省得到较好落实，达到了预期目标。财政方面：

---

*　本文刊发于《内部论坛》2012 年第 1 期（总第 854 期），获 1 位省领导肯定性批示。

2011 年 1～10 月，全省财政总支出 1728.6 亿元，增长 36.3%，支出增幅高于收入增幅，其中用于民生领域的支出占财政总支出的 53% 以上。金融方面：2011 年 11 月末，全省金融机构本外币存款余额增长 16.5%，贷款余额增长 17.7%，增幅分别比 2010 年同期减少 8.2 个和 4.1 个百分点。物价方面：CPI 涨幅在 2011 年 7 月份达到 6.7% 的高点后，呈现逐月放缓态势，1～11 月累计同比上涨 4.2%，低于全国平均水平 0.1 个百分点。房地产方面：房价过快上涨得到遏制，保障性住房建设基本达到了全面开工的要求。

"超出预期"指全省经济运行状况要明显好于全球经济运行情况，好于全国经济发展的平均水平，好于江西省 2011 年年初制定的各项经济工作目标。

一是经济发展扬长避短，各项重大发展战略取得实效。鄱阳湖生态经济区建设扎实推进。2011 年前三季度，鄱阳湖生态经济区生产总值、固定资产投资、实际利用外资、进出口总额分别占全省的 57.8%、56.6%、59.9%、70.1%，比重比 2011 年年初有所提高，成为全省经济增长的龙头。战略性新兴产业加快发展。2011 年前三季度，全省十六战略性新兴产业实现主营业务收入 5953.4 亿元，占全省工业比重的 46.8%，同比增长 44.4%，对全省工业收入增长的贡献率达 47%；产业增加值占全省工业增加值比重的 40.6%，占同期 GDP 比重的 14%，比 2010 年年末上升 1.3 个百分点。与此同时，改革开放、民生工程等重大发展战略深入实施，发展的体制机制进一步完善，社会总体保持和谐稳定。

二是经济增长稳中求快，在全国进位赶超的态势较为明显。从主要经济指标看，2011 年前三季度，全省生产总值增幅高于全国平均水平 3.4 个百分点，财政收入高于全国平均水平 7.2 个百分点，固定资产投资高于全国平均水平 3 个百分点，社会消费品零售总额高于全国平均水平 0.7 个百分点，出口高于全国平均水平 38.7 个百分点。

三是超额完成了省委、省政府 2011 年年初设定的发展目标。2011 年年初制订的全年发展计划中，除物价以外，其余指标增幅均可超量完成。其中 2011 年前三季度，生产总值超出预期目标 1.8 个百分点，全年生产总值将如期达到万亿目标；固定资产投资超出目标 2.9 个百分点；社会消费品零售总额超出预期目标 1.7 个百分点；实际利用外资超出预期目标 13.7 个百分点；外贸出口超出预期目标 41.4 个百分点。

总体看，全省经济运行呈现以下几个特点：

一是增长动力从政策刺激型向自主增长型转变。国际金融危机发生后，国家出台的财政金融"双松"政策对江西省的经济增长产生了非常重要的刺激作用。2011 年以来，随着刺激政策的淡化，江西省的经济增长动力由政策刺激型向自主增长型转变明显，主要表现为民间投资快速增长。2011 年 1～10 月，民间投资完成 4982.2 亿元，占全省投资比重为 70.3%，增长 36.3%，增幅高于全省投资 7.5 个百分点，对投资增长的贡献率达 83.8%。

二是发展方式从数量规模型向质量效益型转变。突出表现在财政收入和工业发展两大领域。从财政收入看，2011 年 1～10 月，全省财政总收入 1368.3 亿元，增长了 35.2%。从工业看，2011 年前三季度规模以上工业增加值增长 19.1%，主营业务收入增长 43.8%，利税总额增长 49.5%，企业利润增长 63.7%，亏损企业下降 2.3%。

三是经济发展从快速增长型向和谐发展型转变。主要表现在城乡居民收入和生态环境建设等方面。城乡居民收入方面，2011 年前三季度，城镇居民人均可支配收入 11450 元，增长 12.9%，增幅比 2010 年同期提高 3 个百分点；农民人均纯收入 4208 元，增长 21.3%，增幅提高 9.7 个百分点。生态环境建设方面，2011 年前三季度，造林绿化"一大四小"工程完成了造林 350 万亩，大面积启动了工业园区污水处理设施建设，在 30000 个村点和 500 个集镇开展了农村清洁工程试点，等等。

二、对 2012 年宏观经济走势的分析与判断

2012 年，经济发展的各种不确定因素极有可能还会增加，国内需求也存在放缓压力，经济发展的难度有所增加。2012 年国内外宏观经济发展趋势预计也可概括为八个字：更为复杂，负重前行。

"更为复杂"，主要指全球性问题与各国自身存在的独特问题相互交错，尚未解决的老难问题与新近产生的棘手问题相互交加，经济上的问题

与政治、社会、生态上的问题相互交融，经济运行的风险明显增加。

从全球看，金融危机爆发以来，能够引领全球走出危机的结构调整未取得实质性进展，科技进步也没有重大突破，发达经济体短期的刺激政策效果不明显，全球经济的基本面难言有实质性改善。今后较长的一个时期，这些问题尤其是结构性问题将会继续困扰全球经济发展。同时，2012年世界经济格局又将有一些新变化：一是政治周期与商业周期叠加。美、德、法、俄等多个主要经济体将面临政府选举。面对经济下滑、债务高企、失业增加等问题，政治家为了迎合选民需要，可能不顾客观经济现实，对现行经济政策做出不合时宜的调整。二是国际协调与合作难度增加。发达经济体与新兴经济体面临的短期挑战不同，政策取向也存在明显差异，政策协调与国际合作变得更加困难。同时，发达国家转嫁危机，可能加深与新兴经济体之间的矛盾。三是结构调整与短期目标冲突。国际金融危机是过去几十年积累的结构性问题的总爆发，需要重大结构调整才能出现转机。但是，当前经济面临"二次探底"的短期风险，为应对经济下滑，可能无法实施真正有利于经济长期增长的结构性调整。以上种种整体与局部性矛盾、长期与短期性矛盾、综合与分化性矛盾以及新老矛盾掺和在一起，使得世界经济增长前景堪忧。

从国内看，我国经济虽然按照宏观调控的预期目标发展，成为全球经济发展中的"一枝独秀"，但影响和制约经济社会进一步发展的一些深层次矛盾和问题并没有得到根本解决，同时也面临着一些新的短期的现实问题，主要体现为"三个长期挑战、三个短期压力"。"三个长期挑战"，一是内外需求结构问题。全球性经济结构的调整使得我国过去依靠的"世界工厂"发展模式受到严峻挑战，净出口对我国经济增长的贡献必然逐步下降，如何用内需替代外需是保持我国经济平稳较快发展的关键所在。二是收入分配制度问题。扩大内需绕不过消费需求，而消费需求的扩大与居民收入、社会保障等密切相关，这些都不可避免地涉及收入分配制度改革问题。三是经济发展与资源环境关系问题。这一问题日趋严重。需指出的是，与改革开放30多年举世瞩目的成就相比，与应对国际金融危机当年见效相比，谈了多年的转变经济发展方式进展缓慢。"三个短期压力"，一是总需求增速放缓压力。2011年投资、消费、净出口增幅下降已成定局，预计 2012 年还会进一步下降，保持经济平稳较快发展的压力非常大。二是综合成本上升压力。土地、资金、劳动力成本上升，给企业的生产经营产生较大影响，尤其是中小企业的生存发展更加困难，也给稳定物价带来压力。三是一些领域潜在风险加大。房地产市场、投融资平台、民间借贷等领域潜在风险增大。

"负重前行"，主要指国内外经济发展仍然存在着诸多积极因素，尤其是影响发展的本质性问题基本暴露出来，各国会相应地采取更为有力的措施，"利空出尽"预示着 2012 年的经济表现不会过于悲观。

从全球看，其一，全球最大经济体美国近期呈现缓慢扩张势头，虽然美国的失业率依然居高不下，固定资产投资、房地产市场依旧表现不佳，但居民消费持续回暖，就业市场有所改善，长期通胀预期保持稳定，且近期出现的美元强势回流也将对美国经济起到支持作用，美国经济的企稳和缓慢回升为全球经济发展创造了良好条件。其二，欧债危机虽愈演愈烈，使欧元区经济遭受重大打击，但欧盟救援进程有提速迹象。2011 年 10 月底，第二轮欧盟峰会就希腊债务减记、欧洲金融稳定基金扩容、银行业资本状况等方面达成共识，这些措施虽未能根本解决欧债危机的深层次问题，也不能改变欧盟经济中长期低迷的基本走势，但已使欧债危机存在转机的可能。其三，新兴经济体仍然保持较高的增长水平。2011 年前三季度，尽管中国、俄罗斯、印度、巴西、南非等新兴经济体经济增长先扬后抑，但总体增长水平仍然保持在高位，新兴经济体仍将是世界经济增长的主要引擎。其四，科技创新活动还在深入，新能源、新材料、生物产业等继续活跃，科技因素对世界经济复苏与发展将起到更为重要的作用。最为重要的是，各国已经意识到问题的严重性并有所准备，在这种情况下，信心不会像未卜因素影响的那样瓦解，经济再往下行的可能性大大减少。

从国内看，我国正处在工业化、城市化快速发展阶段，巨大的内需市场将是拉动经济持续平稳较快增长的关键。此外，还有几个因素不容忽视：一是我国经济的基本面依然较好。投资、消费、出口仍然保持较高的增长水平，物价上涨也基本得到控制。二是宏观调控的空间很大。与发达国家相比，我国政府债务处于合理水平，财政收入大幅增加，积极的财政政策还有一定的空间；存款准备金率、利率水平仍处高位，货币政策的空间较大。三是换届工作基本完成，地方发展的动力较大。刚刚结束的中央经济工作会议，确定了今年"稳中求进"的宏观经济政策取向，预示着今后的宏观政策会有一些微调，比较期待的是存款准备金率的低频率下调、财政金融对中小企业的支持、结构性减税、收入分配改革启动等，这对缓解当前趋紧的宏观经济形势、保持经济平稳较快发展具有重大的现实意义。

三、保持经济平稳较快发展的思路与对策建议

面对更为复杂和不确定的内外部环境，继续保持江西省经济平稳较快发展，扎实推进建设富裕和谐秀美江西目标的实现，是摆在全省经济工作者面前的重要课题。为此，建议坚持"三个并重"，加快"三个江西"建设。

（一）坚持稳定供给与扩大有效需求并重，着力做大经济总量，加快建设富裕江西

1. **大力推动实体经济发展**

实体经济直接创造物质财富，是国民经济的基础，只有壮大实体经济，才能筑牢经济社会发展的根基，在转变发展方式上取得更大进展。一是要切实减轻实体经济负担，改善和健全政府服务，进一步放开市场准入，拓宽投资空间，引导人才、资金等生产要素向实体领域集聚，为实体经济发展创造更好的环境，增强实体经济的吸引力。二是要充分利用财政、税收等调节手段，使收入分配更多地向劳动者倾斜，让做实业的人感到有奔头、能致富，营造实业致富的良好社会氛围。三是要兴起新一轮全民创业热潮，对创业活动给予更多的金融政策支持和人才培育支持。当然，强调发展实体经济不是弱化虚拟经济，而是要处理好二者之间的关系。江西虚拟经济总量不大，对实体经济的支撑不够，还需进一步发展壮大。

2. **强化项目对经济的支撑**

项目是扩大需求与增加供给的有效结合点，有项目就有需求。要根据

发展阶段的规律、发展形势的变化，有针对性地寻求一批新项目、大项目。一是在推进经济平稳较快发展中谋求新项目。进一步推进交通、能源、水利、信息等基础设施建设，完善基础设施网络；加快重大产业项目建设。二是在顺应结构调整大潮中寻找新项目。更加注重战略性新兴产业的发展，加快传统产业的转型升级步伐，积极稳妥地推进产业生产力布局调整，大力承接沿海发达地区的产业转移，努力促使产业结构调整取得突破性进展。三是在适应群众需求变化中挖掘新项目。大力建设绿色安全食品、药品项目，加快推进教育、医疗、卫生等社会事业项目建设，积极推进养老服务等新兴服务业项目建设；积极抓住国家加大扶贫开发力度机遇，推进革命老区、贫困地区发展，重点做好中央苏区发展振兴规划工作。同时，要进一步完善重大项目库建设，对全省产业项目进行统筹规划，合理配置。

3. 加强生产要素的基本保障

2011 年江西省及全国已出现了煤荒、电荒、油荒等现象，土地、资金、劳动力也出现供求矛盾，很多都带有长期性、全局性，未来一段时期表现可能更为突出，需要切实采取措施，避免经济运行产生负面影响。一是要加大统调力度，着力解决煤、电、油、运供应趋紧问题，保障正常生产生活。二是要提高生产要素使用效率，着力提高土地集约利用程度，加大职业技术培训，提高劳动生产率，引导企业更新设备，改进生产工艺，改善金融生态，缓解中小企业融资难问题。

4. 提高消费对经济增长的贡献

省委提出的今后经济工作的四个重大问题中，第一个就是扩大内需，而扩大内需的重点是扩大消费需求。消费需求才是最终需求，对投资需求的持续增长和国民经济的稳定发展起着决定性作用。一要完善社会保障体系，以扩大养老保险覆盖面为重点，统筹推进失业、医疗、工伤等保险，提高社会保障水平。二要着力提高居民收入水平，积极推进收入分配制度改革，实施收入倍增计划，特别要增加农民和中低收入者的收入，积极培育中等收入阶层，扩大消费群体，增强消费拉动力。三要积极培育消费热点，重点培育汽车、旅游、文化、养老、家政等新兴消费热点，努力扩大最终消费。

5. 积极推进城市更好更快发展

城市化是扩大内需、改善民生、调整结构的重要抓手，在目前的发展环境下，城市化在工业化和城市化"双轮"中的作用将更加凸显。一是要推进省会城市和设区市所在地城市行政区划调整，将新建、湖口、赣县等撤县建区，分别并入南昌、九江、赣州中心城区，扩大城市范围。二是调整城市网络结构，建设以南昌为龙头的鄱阳湖城市群和以赣州为龙头的赣南城市群，形成南北两个一级增长中心。三是提高城市功能，进一步完善城市基础设施，南昌重点要加快内环高架的规划与建设，同时打通断头路，着力解决交通拥堵问题。

（二）坚持改善民生与加强社会管理并重，稳步增进民生幸福，加快建设和谐江西

1. 进一步保障和改善民生

民生问题关系经济社会发展目标，关系政府在群众心目中的形象，关系我党执政兴国的根基。要在大力推进民生工程的基础上，着力做好以下几个方面工作：一是进一步加大扶贫开发力度。落实中央扶贫开发工作会议精神，努力改变贫困地区的生产、生活条件，特别要注重开展技术扶贫、就业扶贫、创业扶贫，有效防止返贫现象。二是要继续大力推进保障性住房建设。切实解决好保障性安居工程用地、资金等难点问题，把握好保障性住房的建设、管理及运营等各个环节，确保建设进度和公平效率。三是要高度重视食品安全。民以食为天，食品安全是最基本的安全，是最大的民生。要切实加强原料采购、生产过程、产品标准等全过程跟踪检查监测力度，加重违法违规处罚力度，保障群众生命安全。

2. 妥善化解主要社会矛盾

当前，社会矛盾已在部分领域表现突出，在今后经济增长降缓的情况下，可能更加凸显，给社会管理提出了更高要求。因此，以下几个方面需特别注意。一是土地、拆迁引起的纠纷。要坚持群众利益高于一切，规范操作，依法拆迁征收，该补偿的及时足额地补偿到位，绝不暴征暴拆，绝不苛刻对待群众。同时要善于沟通交流，最大限度地争取群众的理解和支持。二是民间金融犯罪引起的社会矛盾。我国一些地方已出现非法集资、

高息揽储、金融诈骗等行为，这类行为诱惑大、危害大，牵涉的人多、钱多，不仅影响正常经济金融秩序，也给当事人造成重大损失，需要高度重视，有效防范。三是医患关系紧张问题。近年来出现的医患关系非常紧张，医院出现"逢死必闹"的异常情况，诚信缺乏、少数医生医德败坏、医疗制度的不健全等都是重要原因，要加以重视。

（三）坚持结构调整与保护生态环境并重，扎实推进绿色崛起，加快建设秀美江西

1. 大力发展战略性新兴产业

发展战略性新兴产业是扩大有效投入、调整产业结构、促进经济平稳较快发展、实现绿色崛起的重要举措。要从新兴产业的特点和发展规律出发，采取有效措施促进产业的健康快速发展。一是要重视政策的导向作用，在项目审批、土地出让、规费减免、税收优惠、金融服务等方面给予更大优惠。二是要注重科技的引领作用，引导企业加大研发投入，加强核心技术、关键技术的科技攻关，努力抢占产业发展的制高点。三是要重视人才的支撑作用，做好人才的培养引进工作，重视发挥人才的积极性、创造性。四是要重视市场的"沃土"作用，采取政府采购、财政补贴、示范工程建设等措施，努力壮大产品终端应用市场。

2. 加快鄱阳湖生态经济区建设

要努力将鄱阳湖生态经济区建设成为经济文明、社会文明、生态文明高度统一的示范区。一是要着力加强生态建设。积极推进造林绿化、污水处理、垃圾无害化处理、峡江水利枢纽、天然气管网等重点生态工程建设，全力做好鄱阳湖水利枢纽工程的立项工作。二是要大力推进基础设施建设，加快构建便捷高效的交通网络、清洁安全的现代能源体系和开放畅通的信息传输网络。三是要加快产业经济发展。加快打造由南昌核心增长极、九江沿江产业带、昌九工业走廊构成的核心增长区，各地要根据自身的特点和优势，实施错位发展，加快形成各具特色的产业体系；大力发展高效生态农业，深入推进农产品精深加工，实施品牌战略，提高产品附加值；加快发展服务业，大力发展现代物流、电子商务、信息咨询、文化创意、技术服务、旅游等现代服务业。

3. 高度关注生态环境保护

生态环境是江西的名片，是建设秀美江西的关键，要更加注重生态环境的保护与发展。一是要按照可持续发展，"谁污染谁付费、谁破坏谁补偿"，政府主导、公众参与，突出重点、分类推进的原则，灵活应用法律法规，采取行政处罚、市场交易等手段，加快建立生态补偿制度。二是要继续深入开展"五河一湖"及东江源头治理，着力增强环竟的承载力。三是要大力推进节能减排工作，通过改进生产工艺、安装处理设施等手段，推广环境友好型生产方式；突出抓好工业园区、冶炼化工产业等重点地区、重点领域的节能减排。

作者单位：江西省政府发展研究中心

大数据时代的江西应对策略研究与思考 [*]

江西省社科联课题组

大数据来势汹涌，各色媒体、论坛、专家铺天盖地宣传，无论是政府机构、企业还是个人，无时无刻不在受到大数据的影响和改变。曾在哈佛、牛津、耶鲁等大学任教、被誉为"大数据商业应用第一人"的舍恩伯格惊呼，一个大规模生产、分享、应用大数据的时代正在开启。谁拥有了大数据以及对大数据的发掘能力，谁就将占领新一轮科技竞争和产业竞争的战略制高点。大数据在带动许多新产业大发展的同时，也会改变许多领域的发展方式，为经济转型升级提供新的机遇，为科学发展提供新的动力。

一、走近大数据

1. 大数据的概念

所谓大数据，是指以新数据处理技术为手段，在海量、结构复杂、内容多样的数据集里，以较快速度解析出规律性或根本性的判断、趋势或预见。与传统数据相比，大数据具有体量大、快速化、类型杂、价值大四个基本特征。一天之中，互联网产生的全部内容可以刻满 1.68 亿张 DVD，发出的邮件相当于美国两年的纸质信件数量，发出的社区帖子相当于《时代》杂志 770 年的文字量。大数据不仅"大"，而且数据总量呈指数增长，全球过去 3 年产生的数据量超过以往总和，到 2020 年，全世界所产生的数据规模将达到目前的 44 倍。大数据不是大数"字"，它不同于传统的存在于我们生活、工作中的许许多多的数字，也不是数字的简单叠加，电子邮

---

　　*　本文刊发于《内部论坛》2013 年第 18 期（总第 907 期），获 1 位省领导肯定性批示。

件、文档、网页、图像、声音、视频、位置信息等都是大数据。

2. 大数据无处不在

每天,数以百亿计的手机、电脑、智能电视、传感器、卫星定位系统等终端设备,随时随地都在产生数据;工业、金融、研究、办公、媒体以及我们的日常生活,产生的数据都是大数据。具体而言,政府部门、企业掌握的数据库,微博、微信、社交网络上的各种信息,虚拟互联网中发送的每一张照片、上传的每一份文件、进行的每一次搜索,现实生活中打电话、医院挂号、超市购买物品等行为均可成为大数据的一部分。人们不知不觉被大数据包裹着、渗透着,每个人都在产生数据,既是数据的创造者和传播者,也是数据的接收者和分享者。

3. 大数据的核心是预测

从纷繁复杂的海量数据里获得洞察力和价值是大数据的最终意义。通过收集、整理生活中方方面面的数据,并对其进行分析、处理和集成,大数据能够找出那些原本看来毫无关系的数据的关联性,把似乎没有用的数据变成有用的信息,以支持我们做出准确的预测。2009 年谷歌公司通过观察每天接收到的来自全球超过 30 亿条的搜索指令,关注特定检索词条的使用频率与流感在时间和空间上的传播之间的联系,在甲型 H1N1 流感爆发几周前,就做出了范围具体到特定地区和州的流感传播预测。它比美国疾病控制与预防中心提供的报告迅速及时,预测的精确率达到 97%。目前,大数据已经在医疗、教育、零售、交通运输等行业得到应用,它的预测功能将深刻改变传统行业的运作方式并大幅提高行业运作效率。

二、大数据对经济社会发展的重大影响

1. 对经济增长的重大影响

数据正在像土地、石油和资本一样成为经济运行中的根本性资源,发展大数据正成为推动经济增长的重要途径。

——催生大数据产业。大数据将形成规模庞大的数据技术产业、数据采集业、数据加工业和数据应用业等系列产业。根据国际数据公司预测,未来五年内,大数据产业本身将以平均每年 46.8% 的复合增长率高速发展。2012 年大数据产业的市场规模在 51 亿美元左右，而到 2017 年，预计会上升至 530 亿美元。例如，在印度，大数据产业正蓬勃发展，无论是小企业，还是外包行业巨头都在涉足大数据市场。据预测，印度大数据行业规模在 3 年内将达到 12 亿美元，是当前规模的 6 倍。

——带动就业增长。大数据产业的兴起将带来不少极具吸引力的工作机会。据有关预测，到 2015 年，大数据将为全球带来 440 万个 IT 岗位，而且，每个大数据相关的岗位将催生 3 个非 IT 的就业机会，市场需求非常大。例如，麦肯锡研究报告显示，预计到 2018 年美国需要深度数据分析人才 44 万 ~ 49 万名，以及熟悉本单位需求又了解大数据技术与应用的管理者 150 万名。

——引领产业转型升级。大数据是产业升级的"助推器"，大数据的发展会带动许多产业的转型升级。例如，山东省提出要整合公安、交通运输等有关政府部门涉及旅游的数据，同时与百度、谷歌、淘宝等主要网络搜索引擎和旅游电子运营商合作，建立旅游大数据资源，应用大数据推动旅游业转型升级。通过大数据应用，酒店可以更加精准地根据顾客特征和偏好推荐有吸引力的旅游产品和服务，旅游景区可以更好地进行客流疏导和调控，旅行社可以更方便地整合信息资源，开发出更有针对性和个性化的适销对路旅游产品。

2. 对行业发展的重大影响

大数据正在成为行业提高核心竞争力、生产效率、创新能力的关键要素。

——提高销售收入。大数据可以应用到市场营销方面，通过对海量数据的实时分析，掌握市场动态，帮助企业准确把握市场需求变动，并迅速做出应对，实现个性化精准营销，增加营业收入。据麦肯锡估计，如果把大数据用于美国的医疗保健，能够为美国的医疗服务业获得的潜在价值超过 3000 亿美元。

——提升生产效率。大数据可以应用到产品研发设计、生产运营管理、供应链管理等环节，帮助企业提高产品设计与生产效率，提高供应链的敏捷性和准确性。例如，在制造业，通过整合来自研发、工程和制造部门的数据，实行并行工程，可以显著缩短产品上市时间并提高质量。麦肯锡研究报告指出，通过大数据应用，可以帮助制造业在产品开发、组装等环节节省 50% 的成本。又如，在医疗卫生行业，通过大数据应用，能够避免过度治疗、减少错误治疗和重复治疗，从而降低系统成本、提高工作效率，改进和提升治疗质量。

——推动企业创新。对于企业而言，大数据的运用将成为未来竞争和增长的基础。通过大数据技术，企业能够从已发生的事实中找到企业需要的、有脉络可寻的数据，然后针对商业与市场的特定需求，进行商业创新。如从产品开发、生产和销售的历史大数据中找到创新的源泉，从客户和消费者的大数据中寻找新的合作伙伴，以及从售后反馈的大数据中发现额外的增值服务等。以阿里信用贷款为例，阿里巴巴通过掌握的企业交易数据，借助大数据技术自动分析判定是否给予企业贷款，全程不会出现人工干预。目前阿里巴巴已经放贷 300 多亿元，坏账率约 0.3%，大大低于商业银行。

3. 对社会管理的重大影响

大数据可以从多方面拓展民众生活空间，在社会管理领域应用前景广阔、价值巨大。

——节省政府部门运行成本。大数据使用可以大大优化政府部门的日常运行和刺激公共机构的生产力。例如，英国政府通过合理、高效使用大数据技术，每年可节省约 330 亿英镑，相当于英国每人每年节省约 500 英镑。具体而言，降低行政成本为英国政府节省 130 亿～220 亿英镑，减少福利系统中的诈骗行为和错误数量将为英国政府节省 10 亿～30 亿英镑，有效地追收逃税漏税将为英国政府节省 20 亿～80 亿英镑。

——增强公共突发事件的预判能力。大数据可以通过监控社会情绪变化，对公共突发事件做出预判，实现未雨绸缪、防患于未然。例如，在美国，中央情报局通过对短信、微博、微信和搜索引擎等大数据的分析，能够了解多少人和哪些人正在从温和立场变得更为激进，并"算出"谁可能会采取对某些人有害的行动。以纽约市为首的警方部门正在使用计算机化的地图以及对历史性逮捕模式、发薪日、体育项目、降雨天气和假日等变量进行分析，从而对最可能发生罪案的"热点"地区做出预测，并预先在这些地区部署警力。

——提升政府公共服务水平。大数据应用到交通等公共服务领域，能够带来效率提升、响应速度加快、服务水平提高、管理成本下降等诸多效益。比如，在交通系统，随着交通堵塞、事故增多、能源浪费和环境污染等问题的恶化，通过对历史及现在的车辆情况、路网情况的实时大数据分析，能够制订更为优化的系统方案，使车辆行驶在最佳路径上，提高路网通行能力和服务质量，缩小行车时间、节省燃料、减少环境污染。新加坡采用了一种利用卫星遥感和录像识别相结合的技术，分析实时交通客流信息及拥堵情况，进行动态拥堵费收取，同时动态让车主选择避开拥堵路段。

三、省外的大数据战略

大数据是未来的重要战略资源，如何发展大数据，已成为一个国家或地区的重大抉择。当前，美国、日本等发达国家已将大数据战略上升为国家战略，国内部分省市、地区也在加紧布局大数据产业。

1. 美国：以国家战略推动大数据产业发展

美国是引领信息技术发展与应用的科技大国。美国政府认为大数据将成为未来国际竞争的制高点，并把大数据战略上升为国家战略，以推进大数据产业发展。

一是资助大数据技术研发与应用。2012年3月，美国发布了《大数据研究和发展计划》，同时组建大数据高级指导小组，并向国家科学基金、国家卫生研究院、国防部、能源部等联邦政府部门投入超过2亿美元的资金，用于研发从海量数据信息中获取知识所必需的工具和技能，并推动它们的实际应用。

二是建立政府数据共享平台。美国政府颁发法令，要求联邦政府部门通过政府数据网站向社会公开各类非保密的数据库，不断提高数据采集的精度和上报的频度。目前，该网站有超过40万种各类原始数据文件，涵盖了农业、气象、金融、就业、人口等近50个门类，汇集了数千个应用程序和软件工具。

三是搭建社会组织参与平台。为加快各类社会组织之间的交流、互动与合作，美国政府相关部门成立了与大数据相关的论坛。通过该平台，数据无边界组织实现了为非营利性组织提供数据收集、分析及可视化的帮助服务；鼓励美国公司向大学提供研究资助，并赞助与大数据有关的比赛。

2. 广东：多角度全方位推动大数据产业发展

2012年，广东省提出了大数据战略，着手研究制定大数据发展中长期规划，制定出台《广东省实施大数据战略的意见》，全面助推大数据产业发展。

一是组建大数据组织机构。广东省成立了大数据战略工作领导小组，计划组建省政府层面的大数据局，并提出组建省大数据专家委员会和省大数据技术产业联盟等组织机构，同时支持省内高等院校、科研院所和企业等成立大数据研究机构。

二是完善数据收集与共享机制。为拓展数据资源规模，广东省通过行政收集、网络搜取、自愿提供、有偿购买等多种方式拓宽数据收集渠道，并计划在年内成立政务数据中心，在财政、环保、招投标等领域开展数据开放试点，充分挖掘数据价值，实现社会效益。

三是加快信息化建设步伐。广东省通过加快推进三网融合工程，建设和完善全省网上办事大厅、政府数据档案、企业信用信息网等骨干网络系统，把广州、深圳、东莞、佛山、茂名等城市打造成大数据、云计算和物联网的产业基地，实施"无线城市"、光纤入户工程等一系列举措，全面提升网络信息化水平。

3. 陕西：以大数据产业园助力大数据产业发展

作为西部省份的陕西省，敏锐地感知到大数据带来的机遇，宣布全面布局大数据产业，打造中国最大的数据集散地。

一是制定大数据产业园区发展规划。陕西省制定了《沣西大数据产业园发展规划》，在西咸新区沣西新城规划了5平方公里的专业产业园区。园区以大数据处理与服务为特色，着力解决数据的存储、分析、应用、增值等关键环节。

二是制定专项扶持措施。制定产业园区投资优惠政策，对入园企业给予财政税收、土地厂房、融资担保等优惠；设立专项产业引导基金、园区发展基金、产业孵化基金和人才引进基金，孵化企业成长；降低大数据企

业运行成本，明确所有入园企业用电性质按大工业用户认定，享受大工业
电价优惠。

三是完善产业园区基础设施。加快园区交通管网设施建设，多条地铁
线路都已规划至园区；加快园区网络化、信息化建设，预留国家骨干网接
口和 10T 以上带宽，以满足园区未来信息发展需要；加快数据资源、标准
化厂房与保障房等园区配套设施建设。

4. 中关村：构建产业生态环境助推大数据产业发展

中关村作为中国"硅谷"，是国内高新技术企业的大本营，拥有全国
最大规模和最有价值的数据资产，具备发展大数据产业的先决条件。中关
村主要通过优化发展环境推动大数据产业发展。

一是成立大数据产业联盟。大数据产业联盟由百度、用友软件、中国
联通、联想、北京大学、阿里巴巴等共同发起。联盟落户在中关村，由中
关村管委会领导，职能包括成立中关村大数据工程中心，发布大数据年度
发展报告，策划一系列业界交流活动等。

二是设立产业投资基金。中关村成立了云天使基金、中云融汇基金、
大数据实验室孵化基金三只产业投资基金。基金主要面向大数据、云计算
等领域早中期创业企业，发现、培育和扶持具有创造性思想、创新性技术
和创业的团队。仅中云融汇基金就募资 2.5 亿元，并配合地方政府引导扶
持政策，吸引社会力量扶持大数据企业成长。

三是完善产业发展扶持政策。中关村将大数据产业纳入《战略性新兴
产业集群创新引领工程（2013～2015 年）》，开展大数据示范应用与云计
算，支持开展海量数据存储、挖掘和分析等技术的行业应用及大规模云运
营服务和大数据挖掘服务。

四、几点建议

大数据产业具有起点高、可跨越、能持续、绿色无污染、对现有产业
基础要求不高等优势，当前正处于快速起步阶段，市场尚待进一步扩大，
其标准和产业格局尚未形成，发展空间和前景不可限量。作为欠发达地区
的江西，必须紧紧抓住这一难得的发展机遇，早谋划，早动手，早布局，

早发展。

1. 务必树立大数据意识

从国外的重视程度和应用经验来看，大数据正在成为下一个创新前沿，广东、陕西等省也纷纷加紧布局大数据产业。江西省各级政府必须深刻理解和认识大数据，强化大数据意识，树立"数据是一种重要生产资料、一种新财富，大数据是生产力、竞争力"的理念，以开放的心态、创新的勇气拥抱大数据，从认识上、思想上、战略上高度重视数据的价值，高度重视大数据时代到来所带来的利好和冲击，高度重视大数据为经济结构调整和发展方式转变带来的机遇和挑战，将大数据产业当成一个前景无比广阔的新兴产业领域来进行前瞻性的研究和布局，坚持"科学规划、合理布局、重点突破、创新驱动、龙头引领、集聚发展、市场培育"方针，充分利用大数据来服务经济社会发展。

同时，政府部门也要引导企业逐渐认识到数据是一种关系企业发展潜力的核心资产，增强数据的搜集保存和开发利用意识，提高通过收集和分析大数据来获取竞争优势的能力。

2. 加紧布局大数据产业

尽快制定大数据产业发展规划。要把大数据产业放到江西省新型工业化、信息化、城镇化、农业现代化的"四化"之中通盘考虑和谋划，确定科学、现实的发展目标和任务，并出台相应的扶持政策和具体措施。

抓紧谋划建设大数据产业基地。根据大数据产业的特征和江西省的产业基础、资源优势，重点围绕数据服务业、数据内容业和数据的软硬件研发业建设在全国具有特色和影响力的大数据产业基地，全力推进大数据产业项目招商工作，特别是要引进数据中心、数据加工中心、职业教育等支撑性项目。

科学制定大数据技术发展路线图。深入分析大数据技术国内外发展现状和趋势，抓住核心环节和关键领域加以突破，避免核心技术受制于人。对符合江西实际、有一定基础的工作加速推进，对条件尚不成熟的工作，先跟踪研究，在条件具备时再加以启动。

3. 加速推进大数据示范应用

确定一些重点应用领域。根据国外应用经验，政府部门、公用事业、旅游、医疗、教育、能源、交通、智慧城市建设等领域，可率先加速大数据技术的应用，并总结示范经验予以推广，带动社会其他领域的大数据应用。

指导重点企业进行大数据建设。要抓紧出台有关措施，帮助省内一些重点企业培养整合数据的能力、探索数据背后价值和制定精确行动纲领的能力、进行精确快速实时行动的能力，以提高在未来市场上的核心竞争力。

推动行业数据的深加工服务。鼓励江西省拥有原始数据的企业和机构把数据变成产品，大力开发经过深度加工的行业数据，大力发展数据监测、商业决策、数据分析、横向扩展存储等软硬件一体化的行业应用解决方案。

4. 着力优化大数据发展环境

从政策层面上，加大对大数据产业的扶持力度。研究制定包括财政、土地、税收、政府采购、融资等方面的大数据产业扶持政策。设立大数据产业发展专项资金，对企业购置、租赁、自建办公场地予以补贴，对企业资质认定、人员培训给予资助。优先保障大数据企业的土地供给，确保大数据产业发展用地需求。在切实抓好现行国家税收优惠政策落实的基础上，对符合条件的大数据企业在所得税、营业税、房产税、城镇土地使用税和水利建设专项资金等方面进一步实行减免优惠。将大数据服务列入政府采购目录，鼓励企业加强数据服务能力建设、发展数据服务项目、研发数据应用软件和开展重要领域关键技术研发。鼓励金融机构为符合条件的大数据企业提供贷款，支持信用担保机构对大数据企业提供贷款担保。

从产业基础层面上，把握推动大数据在行业中应用的关键环节。大力实施"光进铜退"改造工程，加快推进江西宽带网络建设发展，突破宽带网络速度滞后瓶颈；通过体制机制改革，推进数据资源共建共享，尤其是政府信息资源共享，构建全省统一的电子政务数据中心，打破数据割据与封锁，整合分割的、分散的信息"数据孤岛"，唤醒各行业已积累大量的数据资产；建设一个竞争有序的大数据交易市场，为数据可以像商品和货币一样互相交换流通提供平台。

从制度层面上，抓紧就有关数据产生、收集、开发、处理、利用等做出相应的明确安排。既鼓励信息挖掘，又要有效防止权益侵害；既强调信息公开，又要明确保护个人隐私；既提倡信息共享，又要注意保障数据安全，防止数据滥用、篡改、损坏、窃取、失泄密等一系列问题，应对好大数据应用可能带来或面临的信息安全风险。

5. 加快大数据人才的引进和培养

鼓励有条件的省内高校根据市场需求开设研究大数据技术的课程或设立大数据学院，培养和储备下一代数据科学家。加大力度从各行业中培养熟悉本行业的大数据人才，教会他们从行业数据中挖掘价值，避免懂数据分析的没有数据，不懂数据分析的却拥有大量数据。

采取多种激励方式鼓励和引导有关企业大规模招聘数据深度分析人才，并对企业管理者进行数据分析技术培训。支持企业与高等院校、科研院所、培训机构合作，对大数据研发、市场推广、服务咨询等方面的人才进行岗位培训与职业教育。鼓励企业采取股权、期权等方式激励高层次研发人员和管理人员。

严格落实江西省关于高层次人才的各项优惠和奖励政策措施，对引进或培养的大数据专业人才，在创新创业启动资金、住房优惠、医疗保健、子女入学等方面继续创造富有竞争力的条件；对发展大数据产业做出突出贡献的集体和个人给予表彰和奖励。

课题组组长：黄万林　江西省社科联党组成员、副主席
　　成员：曹彩蓉　江西省社科联《内部论坛》编辑部主编
　　　　　刘旭辉　江西省社科联《内部论坛》编辑部副主编
　　　　　姚　婷　江西省社科联《内部论坛》编辑部助理研究员
　　　　　曹高明　江西省社科联《内部论坛》编辑部研究实习员

赣南脐橙产业转型升级关口的忧与思[*]

江西师范大学课题组

　　江西省委十三届七次全会提出"发展升级、小康提速、绿色崛起、实干兴赣"总体思路之后，赣州市将其主导产业——脐橙产业作为产业升级的主要抓手，但在脐橙产业转型升级的关口，面临黄龙病、染色橙、农户增产不增收等许多困难，各种制约因素交织在一起。为了发现更多"真问题"，提出更有效建议，课题组于 2013 年 11 月、12 月对赣南脐橙产业进行了长达半个月的实地调研。课题组分赴赣州市、寻乌县、信丰县等脐橙主产区，深入果农家中和果园基地展开调查，又分别对合作社成员、销售商、初加工和深加工企业代表、行业协会负责人、果业局领导、地方政府分管领导等进行访谈，获得大量一手资料。在此基础上，深入分析了赣南脐橙产业转型升级面临的问题及成因，提出了赣南脐橙产业转型升级的思路与对策。

一、脐橙产业已成为赣南经济的一张"名片"

　　20 世纪六七十年代，以寻乌园艺场的创办和信丰等地初次试种脐橙为标志，开启了赣南发展柑橘业的探索。90 年代，赣州市以实施"兴果富民"战略为标志，掀起第一轮发展高潮。2002 年以后，赣南脐橙种植面积以年均近 20 万亩的速度迅速扩张。2005 年底，脐橙总面积迅速增加到 115 万亩，产量猛增到 36 万吨。2012 年，赣南脐橙种植面积 178 万亩，脐橙总产量 125 万吨。赣南脐橙产业不仅成为当地农民致富和区域经济发展的重要力量，而且成为赣南经济发展的一张重要"名片"，主要表现在：

---

　　*　　本文刊发于《内部论坛》2014 年第 1 期（总第 928 期），获 1 位省领导肯定性批示。

1. 种植规模世界第一

赣南脐橙单一区域种植面积位居世界第一，年产量居世界第三（次于西班牙和美国加州），居亚洲和全国第一。2013 年，赣南脐橙种植总面积达 183 万亩，总产量预计达 150 万吨。

2. 果品品质世界一流

赣南脐橙果大皮薄，橙红色艳，肉质脆嫩，酸甜适中，清香爽口，荣获"国优产品"、农业部"优质农产品""优质果品"等称号。国内外专家认为其外观和品质均已超过美国新奇士脐橙。

3. 国内柑橘行业第一品牌

2011 年，赣南脐橙地理标志证明商标被国家工商总局商标局认定为中国驰名商标，居柑橘类品牌第一。入世十多年来，赣南脐橙不但成功把"新奇士"挤出了中国绝大部分市场，而且远销港、澳、东南亚、中东以及俄罗斯、蒙古、印度等 20 多个国家和地区。赣南脐橙产业成为响当当的民族品牌。

4. 致富农民的第一产业

2012 年，脐橙产业集群总产值 80 亿元，其中鲜果产值 40 亿元，25 万种植户直接受益，户均增收 2 万多元。脐橙产业的发展还带动了养殖、农资、采后处理、包装、贮藏、物流运输、机械制造、休闲旅游等关联产业发展，共吸纳 100 万农村劳动力就业。

5. 产学研模式的第一"先锋"

赣南利用丘陵山地，推广"五统一分""三大一篓""三保一防""猪—沼—果"生态开发模式，这些模式代表了南方山区果园管理的最高水平。柑橘溃疡病、黄龙病等防控技术成为全世界各柑橘产区参照的样板。2013 年，赣南"国家脐橙工程技术研究中心"在科技部获批立项，该中心将成为人才培养中心及科技成果集聚、转化、辐射基地。

二、赣南脐橙产业转型升级面临的问题及原因分析

虽然赣南脐橙产业发展取得了一些成绩，但在高速发展之后，面临着转型升级的诸多困难，主要表现在：

1. 产业安全面临严峻挑战

黄龙病号称柑橘生产中的"癌症"，是一种毁灭性病害。黄龙病通过柑橘木虱和带病毒种苗传播，可导致幼龄树 1～2 年内死亡，成年树 3～5 年内枯死或丧失结果能力，病毒大范围流行可导致果园大面积感染、毁灭。据调查，目前赣州市有病树 500 万株，面积 10 万亩左右，约 2.5 万户果农受到影响，最严重区域的果园病树率超过 30%，且有蔓延爆发之势。当前，虽然黄龙病处于可防可控范围，但如果不尽早采取务实有效措施，赣南脐橙产业 3～5 年内将面临毁灭性打击。

赣州农业结构比较单一。粮食和脐橙是两大主要农作物品种，信丰、寻乌更是以脐橙为主，一旦脐橙产业难以为继，将严重影响广大农民生存。因此，黄龙病等传染性病害的防治既是当前工作的重点，也是确保赣南脐橙产业长期安全、健康发展的基础。

2. 产业利润空间不断被压缩

由于脐橙不是生活刚性需求产品，其需求弹性较大，但供给弹性却非常小。根据经济学蛛网模型，当农产品需求价格弹性大于供给价格弹性时，农产品价格会随着时间推移不断收敛。课题组对果农调查发现，近三年来，加工企业对果农优质脐橙的收购价基本保持在每斤 1 元的水平。虽然脐橙收购价相对稳定，但人工成本和农资成本却不断上升，扣除劳动力成本和各项农资开支后，果农每斤脐橙利润约 0.3 元。如果算上自身劳动力成本及前期资金利息成本，则脐橙利润每斤不足 0.2 元。如果品相较差的脐橙不能销售变现，则果农脐橙利润每斤不足 0.1 元。个别果农因果园管理不善，甚至陷入亏损困境。

调查表明，人工成本和农资成本的上升是导致赣南脐橙生产成本持续上升的关键因素。近两年劳动力成本大约提高 30%，农资成本大约上升 10%，造成赣南脐橙生产成本大幅上升，经济效益明显下降，丰产不丰收。

此外，赣南脐橙果园建设标准低，水、电、路等果园配套设施不全。98% 的果园建于山地丘陵地带，基础设施不配套，很多果园不通路、不通电；有灌溉系统的果园只有 32 万亩，仅占全市总面积的 18%，大部分果园灌溉水源依赖自然降雨蓄水，不具备基本的抗寒防冻、抗旱能力。果园机械化水平低，用工量大。

3. 产品销售压力大幅凸显

进入 21 世纪以来，规模开发的果园陆续进入丰产期，加之广大果农果园管理水平不断提高，初步估计，未来几年，脐橙产量将增加 60 万吨，即产量规模增加 40%，总产量达到 210 万吨左右，销售压力将大幅凸显。主要原因如下：

一是保鲜能力不足。赣州现有大型贮藏库库容 20 万吨，56 万吨简易贮藏库。2013 年脐橙产量约 150 万吨，按总产量的 2/3 贮藏至春节期间和春节后销售的目标计算，则还有 30 万吨的缺口。随着脐橙产量的递增，缺口将进一步扩大。尤其是 56 万吨简易贮藏库，其设施简陋、贮藏期短、腐烂率高，脐橙保鲜效果将大打折扣。

二是精深加工能力不足。目前，赣南脐橙精深加工产品种类不多、规模不大，导致残次果等不符合标准的果品无法进入加工转化环节，不得不直接进入鲜果销售市场，从而拉低并冲击了优质鲜果的价格。

三是市场营销体系不全。市场开拓深度不够，二线以下城市没有形成稳定的营销渠道；国外市场渠道不畅，尤其是自营出口没有形成体系；脐橙果品的交易方式和手段比较单一，固定销售渠道少，过多依靠"上门收购、入市推销"，直销、配送等快速、便捷的现代营销模式没有形成。营销队伍建设滞后，物流体系不发达，订单农业、农超对接、直采直供、网络销售等营销平台还不完善。

4. 品牌管理缺乏系统性

2011 年，赣南脐橙区域公用品牌价值达 43.22 亿元，居柑橘类品牌第一。可以说，赣南脐橙品牌构建已经取得可喜成绩。但是，由于没有成立相应的品牌管理机构，导致其品牌管理缺乏系统性。主要体现在如下几个方面：

一是品牌维护难度大。据业内专家估算，每年全国市场上销售的脐橙中，假冒赣南脐橙品牌或品名的占到总量的大约一半。由于假冒伪劣、以次充好现象严重，赣南脐橙品牌声誉、产业健康发展受到严重影响。由于赣南脐橙销售市场遍布全国各地，品牌维护的难度十分大。

二是品牌危机管理能力不足。随着赣南脐橙产量增加，加之近年其他脐橙产区发展快，行业竞争加剧，特别是受脐橙"催熟""染色"负面消息报道，赣南脐橙在消费者心中的形象受到严重影响。"催熟""染色"等问题出现之后，虽然赣州市政府及其相关部门果断采取措施，通过扎实工作及媒体正面宣传，不断消除危机，但是，由于农产品危机层出不穷，瞬间触发，如何预防危机、发现危机、疏导危机、消除危机、转化危机，赣州市政府亟待构建一套反应迅速的品牌危机管控体系，提升赣南脐橙品牌危机管理能力。

三是品牌价值有待提升。随着消费者生活水平的提升，人们不仅追求产品口感、色泽等基本要素，而且越来越关心产品是否有农药残留，是否有微量元素，这些微量元素是否有利于健康，甚至是否抗癌等问题。目前为止，赣南脐橙尚未赋予更深的品牌内涵。如果能将稀土与脐橙之间的联系打通，就能将赣南两张"名片"紧密联系在一起。赣南稀土的稀缺性，世人皆知。如果稀土微量元素可增强人体免疫能力，而且为消费者知悉，稀土的稀缺性就会引致脐橙的独特性，脐橙品牌价值将立即提高。

5. 产业集中度和组织化程度较低

目前，赣州市有加工销售企业212家。以寻乌县为例，杨氏集团是最大的加工企业，年加工脐橙约5万吨。圣维、春之光等年加工能力约2万吨的大型企业有5个，千吨级别的中型加工企业约20个，小型加工企业40多个。排名前三位的加工企业行业集中度（CR_3）不足15%。由于加工营销企业规模不大，数量众多，实力不强，辐射带动能力有限，赣州市没有形成在国内外市场上真正具有影响力和话语权的龙头企业。

当前赣南脐橙种植点多面广，单体规模小，共有30万户果农，是典型的原子型生产结构。虽然成立了覆盖市、县、乡、基地四级的果业协会，但没有真正形成"利益共享、风险共担"的现代产业组织体系。以寻乌县为例，虽然全县有40多家脐橙合作组织，但由于农业合作组织合作功能缺失，"公司＋农户"模式仍是农业产业化经营的主体，这使得农户的利益难以得到充分保障。

6. 产业附加值偏低

调查发现，目前赣南脐橙产品链包含：脐橙鲜果—初加工脐橙；脐橙鲜果—鲜脐橙汁；脐橙鲜果—脐橙糕。赣南脐橙产业价值集中在脐橙鲜果—初加工脐橙产业链中。脐橙鲜果以每斤1.0元计算，初加工后，脐橙市场售价每斤约 2.0 元，扣除运费 0.7 元，其附加值约为 0.3 元。发达国家农产品与深加工产品价值比例约为 1：5。以此计算，如果当前赣南脐橙 50% 用于深加工，则脐橙产业价值将增加 80 亿元。然而，事实是，当前赣南鲜脐橙汁、脐橙糕等延伸产品产值不足 2 亿元。这表明赣南脐橙产业链非常短，尤其缺乏脐橙浓缩汁的生产。为改善这种窘况，赣州市着力引进了中果果业等 3 家企业，致力于脐橙浓缩汁生产，但到目前为止，投入不甚理想。究其原因，主要有两点：其一，脐橙本身不适合搞浓缩汁，其苦味难去。虽然经过赣南脐橙工程中心试验探索，终于可以去除苦味，但成本过高。其二，脐橙生产具有季节性。就算深加工企业脐橙浓缩汁得以生产，但由于脐橙季节性供应，将导致生产企业上半年因原料缺乏而陷入停产状态。设备闲置，影响企业收益。

7. 产业集群效应还不明显

按照美国脐橙产业集群产值分配模式，果农占 1/4，批发和零售占 1/4，物流占 1/4，其他占 1/4。以 2012 年为例，赣南脐橙鲜果产值 40 亿元，按照上述分配模式，赣南脐橙产业集群总产值应达 160 亿元，然而，目前统计数据只有 80 亿元。其主要原因是，当前赣南脐橙产业集群仍处于初级阶段，更多的是生产集群，赣南脐橙交易市场功能未及时跟上。为提升集群功能，赣州市政府大力支持赣南脐橙市场建设。通过不懈努力，赣南脐橙交易市场终于在 2012 年成功升格为国家级批发市场。

一个功能完善、集群效应明显的脐橙产业集群，既是脐橙生产中心、加工中心、交易中心，也是脐橙信息交流中心、科技研发中心、产品创新中心、物流集散中心、资本流动中心和会展贸易中心等。与此对照，赣南脐橙产业集群差距还相当大，任务艰巨。

三、赣南脐橙产业转型升级的思路与对策

1. 产业安全升级的思路与对策

——集中力量防控黄龙病害，逐步建立危险性病虫害监测与防控机制

当前要集中力量，深入开展黄龙病普查和病树清理工作。加强果树苗木繁育监管，加大植物检疫力度，杜绝危险性有害生物的传入蔓延。

从长远来看，要健全市、县、乡、村（基地）四级果树植保网络，建立危险性病虫害远程自动监测系统，使危险性病虫害监测、检疫、信息发布、预测预警和应急处理工作正常化、科学化，实现危险性病虫害群防群治可控。

——积极争取资金，扩大脐橙保险范围和强度

农业保险政策是国家扶持农业发展的一项重要政策，赣州市正在积极推行脐橙保险业务试点。但目前试点的范围还不够大，脐橙保险额度还不够高，每亩保额只有 2000 元，不能实现果农规避风险的目的。赣州市可依据《国务院关于支持赣南等原中央苏区振兴发展的若干意见》，争取扶贫资金及特色农业贷款贴息，争取设立脐橙产业风险基金和发展基金，将脐橙保险政策纳入国家农业保险框架内，与多家保险机构合作，开发和设计适合赣南脐橙产业可持续发展的保险业务，构建脐橙生产风险补贴机制，增强行业整体抗风险能力。

——加速无公害或绿色脐橙生产基地建设，逐步建立脐橙生产质量可追溯体系

积极从农业和环保管理部门争取资金，加速无公害或绿色脐橙标准化生产基地建设。加强果园基地水、电、路等基础设施建设，解决果园不通路、不通电、生产缺水等突出问题，改善和提高脐橙生产条件和环境质量。要加强与农业工程机械研究部门、高等院校及相关农业工程企业合作，研发和引进适合赣南丘陵山地果园特点的施肥、修剪、喷药、运输机械和水肥一体化灌溉设施等，加快推广普及果园机械化。

积极争取农业部和商务部关于农产品质量追溯体系试点建设政策和资金，鼓励更多的合作社和加工销售商成为农产品质量追溯体系试点单位，逐步建立赣南脐橙生产质量可追溯体系。明确各级政府质量安全监管第一责任人责任。对生产基地、果品分级包装企业和流通交易市场的果品开展质量监测和监督抽查。严厉打击脐橙早采、染色等行为。大力开展农资市场整治，加强农药、肥料、保鲜剂、蜡液等投入品的管理，严防假冒伪劣、违禁投入品流入脐橙产业各生产环节。

2. 品牌升级的思路与对策

——为赣南脐橙品牌注入新内涵

第一，打通稀土与脐橙之间的联系，强化赣南脐橙的独特性和稀缺

性。将赣南两张"名片"紧密联系在一起，是提升赣南脐橙品牌价值的当务之急。大量研究表明，土壤稀土含量较高，有利于脐橙根基吸附和脐橙果肉糖分集聚，故赣南脐橙产量和含糖量较高。集美大学生物工程学院余江、黄志勇研究证明，赣南脐橙中稀土微量元素丰富，其含量高于厦门脐橙，但果肉中稀土含量对人体健康无害。即使赣南矿区果园产的脐橙，其果肉中稀土元素含量也只有 0.215mg/kg，远低于 2005 年颁布的食品中污染物限量标准（GB 2762 - 2005）中规定的水果类稀土氧化物限量值（≤0.7mg/kg）。

研究者普遍认为，少量的稀土元素对人体健康所必需的蛋白质、脂肪、碳水化合物、维生素和无机盐的形成都有促进作用，能使血液中硒含量增高，增强人体免疫能力，抑制癌细胞 DNA 的合成，调节机体代谢。因此，建议加大对国家脐橙工程技术研究中心的投入与政策扶持力度，致力于赣南脐橙品牌的提升问题研究，重点研究不同地区脐橙营养成分、微量元素的差异及其对人体健康的影响，在脐橙稀土微量元素有益于人体健康等方面取得令人信服的研究成果，得出权威性的结论。

第二，树立绿色安全脐橙品牌概念。树立绿色安全脐橙品牌概念是赣南脐橙可持续发展不可规避的路径选择。农药与土肥是脐橙绿色化生产的关键。因此，建议国家脐橙工程技术研究中心联合国内外研究机构攻克绿色农药研发和有机肥研发难题，探索制约"猪—沼—果"发展模式的关键因素。在实际工作中，进一步强化扶持政策，在脐橙全行业、全产业链推行绿色经营管理。

——加强品牌维护建设力度

在赣南脐橙网上建立"举报箱"，运用网路平台，发挥群众监督力量，构建一支由政府引导、行业协会领衔、核心企业参与的赣南脐橙品牌宣传与维护队伍。积极联系与配合国家质检总局，开展全国性赣南脐橙地理标志产品专项执法检查行动，维护赣南脐橙品牌形象，不断提高赣南脐橙品牌的市场美誉度。

——建立赣南脐橙品牌管理机构

考虑到赣南脐橙对于赣南发展的重要性与特殊性，建议突破编制限制，在果业局下设立赣南脐橙品牌管理机构。该机构职责主要体现在以下两个方面：一方面，专门负责对赣南脐橙品牌的日常监控。通过加强赣南脐橙果业协会与政府及其相关部门的协调合作，建立系统定期联席工作机制，整合传播资源，增强应对突发事件能力。做到在关键时候事前预警，危机来临时有应急机制，提升公共关系处理能力。另一方面，专门做好品牌价值提升策划和宣传工作。品牌策划是一项系统工程，运用公共关系营销原理，可以"导演"一个个跌宕起伏的故事。通过策划，不断为赣南脐橙注入品牌新内涵、新价值。要善于驾驭媒体，立体宣传，形成合力。依托赣南脐橙节活动，充实其体验环节及内容。具体工作可以委托相关公司进行策划。

赣南既是稀土王国，也是客家摇篮，可通过养生文化、客家文化吸引更多人参与赣南脐橙节活动，将稀土、客家、脐橙融为一体，培育独具特色的赣南脐橙文化。

3. 产业集群升级的思路与对策

——以国家级脐橙交易市场建设为契机，谋划脐橙产业集群升级

首先，规划先行。国家级脐橙交易市场建设要规划好批发及零售商铺数量，设立准入标准，鼓励商铺积极配合农产品质量追溯制度建设，为今后脐橙产业安全发展奠定基础。

其次，建立脐橙产品会展及贸易中心，不断丰富脐橙产品种类，鼓励大量脐橙创意产品参展，利用赣南国际脐橙节时机进行贸易洽谈。引导商户开展线下、线上交易。设立电子商务网络创业区，鼓励商家和创业者进行网络创业，重视创业者运用速卖通等电子交易平台从事赣南脐橙的国际贸易。

再次，建立金融及投资中心，创新机制，协调好驻市场中金融机构关系，降低结算费用，提高融资能力。积极探索建立脐橙期货和现货交易平台，及时通报价格信息，及时通告供给方与需求方信息。

最后，高起点规划建设物流集散中心，加强酒店服务、市场监管等其他配套设施建设，进一步完善国家级脐橙交易市场功能。

——构建脐橙深加工产业园和脐橙创意园，通过"反弹琵琶"的方式强力推动产业集群升级发展

赣南脐橙产业升级必须发展深加工产品。为此，一方面要整合力量，

积极与上级发改、工信、国土等相关职能部门联系，规划建设赣南脐橙深加工产业园和脐橙创意产业园，为产业升级提供空间。另一方面，要积极引进国内外果汁生产销售龙头企业，投资赣南脐橙深加工项目，增强产业升级的推动力量。发展脐橙深加工产品的重点：一是脐橙非浓缩还原汁（NFC）。主要消费群为广东等沿海发达地区的高端消费群体。二是脐橙创意产品。将脐橙元素与相关食品、日用品融合，如脐橙糕、脐橙巧克力、脐橙牛奶、脐橙香料香精产品、脐橙牙膏、脐橙卡通、脐橙面包、脐橙混合果汁等。脐橙创意产品种类多，既丰富脐橙产品内容，也产生脐橙浓缩汁需求，有利于消化脐橙残次果，拉长产业链，提升产业价值。

由于脐橙季节性供应因素，脐橙浓缩汁生产也具有季节性，造成加工设备处于闲置状态，企业投资的积极性受到影响。为此，课题组建议，在无法解决鲜果季节性供应问题的情况下，先不将脐橙浓缩汁作为深加工的重点，而是将脐橙非浓缩还原汁和脐橙创意产品作为发展重点。其原因是，后两者要求的设备相对简单，前期投入少，准入门槛低，容易产生效益。而且，如此一来，引致出对脐橙浓缩汁的需求，通过"反弹琵琶"的方式，最终促进脐橙浓缩汁的发展。

脐橙创意园的构建。要出台优惠政策，侧重优先引进在沿海地区有现成食品销售网络的企业落户，尤其重视引进客家和返乡食品销售企业、商人入驻。

——建设脐橙产业信息交流中心，强化脐橙产业氛围，增强脐橙产业的根植性

脐橙产业集群的发展，需要培养一批专业的产业和技术人才。建议建立脐橙产业人才数据库和人才交流市场，不断加大脐橙销售经纪人的培训力度，办好脐橙产业学术交流会，确立赣南在脐橙技术行业的领先地位，形成脐橙产业技术人才积聚、交流和知识传播的场所，强亿脐橙产业的浓厚氛围，进一步加强赣南脐橙产业的根植性。

4. 产业融合和整合升级的思路与对策

——积极促进脐橙产业与休闲、旅游等产业融合

产业融合已经成为产业发展的一种趋势，赣南脐橙产业发展应顺应这种趋势。在赣南，脐橙产业发展与休闲、旅游、养老、养生产业互为

关联。

课题组成员在去寻乌和信丰调研的路上，看到满山挂果的橙园，非常兴奋，这是一道独有风景。如果赣南旅游将橙果采摘、温泉、围屋居住体验、客家寻根、庙宇等元素有效整合，通过支持与客家相关的影视作品及电视节目的制播，吸引大量海内外客家人回归赣南，必将促进旅游与赣南脐橙等农业共赢。因此，建议大力发展开心果园、农家乐、家庭农场等经营组织形式，加速其与休闲、旅游等产业的对接、融合。

——鼓励加工企业之间兼并重组，提高产业集中度

当前，赣南脐橙主产区脐橙加工业集中度不足15%，提高该产业集中度是重要环节。一方面，积极培育壮大龙头企业，每个县扶持发展1~2家年加工销售果品4万吨以上的龙头企业。另一方面，鼓励同类企业之间兼并重组。为此，可以适当提高初加工产业技术和资本门槛，采取优惠措施，鼓励亏损企业退出赣南脐橙加工业。

——扶持和规范合作社，鼓励发展合作联社

一方面，积极争取农业部门合作社支持资金；另一方面，加强合作社自身建设。通过学习优秀合作社管理经验，进一步规范专业合作社。鼓励在县一级成立合作社联社机构，加强合作社应对农业龙头企业的议价能力和合作能力；在市一级可尝试建立合作社联社协会，进一步增强其市场主体地位。

5. 营销与贸易升级的思路与对策

脐橙需求弹性小，但需求潜力非常大。以中国人均9公斤（国际标准）计算，脐橙需求量可达1300万吨。因此，加强营销与贸易是赣南脐橙产业发展的关键要素。赣州市要抓住《中央国家机关及有关单位对口支援赣南等原中央苏区实施方案》出台的机遇，充分利用52个支援单位的特点，积极争取政策，主攻内贸，促进外贸发展，以"政府对接搭台＋企业跟进"模式积极拓展新消费群体。

——拓展新的营销网络

在精心分析现有营销网络的同时，不断拓宽新营销网络渠道，以县（市、区）为单位，完善覆盖全国各省、市、县三级市场营销网络，建立超市有专柜、批发市场有专区、社区有直销点的全方位立体营销网络，做

到"精耕细作"。此外，还要利用商务部政策，大力发展"农超对接""基地直采"直销模式。

——加大冷链物流和冷库建设

充分发挥农业部、能源局支援信丰县，财政部、银监会支援瑞金市的优势，重点帮助与扶持瑞金、信丰、寻乌建设仓储、加工、冷链物流运输系统。

——大力促进电子商务和网络营销

利用工业与信息化部对口支援优势，建立以政府为主导的赣南脐橙电子商务和网络营销平台，积极构建脐橙网络创业园，推动网上销售，减少流通环节，降低流通成本。

6. 产业结构升级的思路与对策

——调整与升级脐橙品种结构

一要调整早、中、晚脐橙品种结构。大力开展优良品种的大田群体选优工作，加强优良单株的发掘、开发和利用，加大对早熟、晚熟、抗逆性强优良单株的选育改良，培育具有自主知识产权的主栽品种。重点发展早熟、晚熟品种，适度发展中熟品种。

二要大力发展"绿色"脐橙。引导农业龙头企业和合作社积极申报绿色农产品标志，采取生产成本补贴、税收减免、技术培训等方式，引导种植户使用生物制剂防治病虫害等，破除"猪—沼—果"模式中的制约因素，使农民尽量使用农家肥、绿肥、非化学合成的商品肥等。示范推广无公害、绿色种植技术，切实提升赣南脐橙的果品品质，大力发展绿色脐橙。

——调整果业品种结构

按照"因地制宜、发挥优势"的原则，坚持以脐橙等鲜食橙类柑橘为主栽品种，加大杂交柑橘（不知火、默科特、秋辉、甜春橘柚等品种）、柚类（强德勒红心柚、HB柚等品种）、柠檬和其他特色水果的引种、试验、示范力度，形成以脐橙等橙类鲜果为主、其他特色水果为辅的品种格局。

——调整农业产业结构

赣南山区气候独特，除了适合果业发展，还可以大力发展实用菌产业和中药产业。为了降低脐橙产业风险，赣南地区可以探索发展果业以外的经济作物，发展林下经济。借鉴福建省实用菌产业发展经验及辽宁省林下种植人参经验，出台扶持政策，寻找适合赣南经济发展的中草药品种，从而拓宽赣南农林发展的道路。

7. 技术升级的思路与对策

——明确国家脐橙工程技术研究中心主攻方向

国家脐橙工程技术研究中心要立足解决产业发展存在的共性技术难题，为脐橙产业发展提供强有力的科技支撑。课题组认为，当前的主攻方向为：一是绿色脐橙发展的关键技术体系建设；二是赣南脐橙中稀土含量及对人体健康的影响；三是脐橙深加工关键技术体系，重点是脐橙浓缩汁的加工技术。

国家脐橙工程技术研究中心要通过加大产业科技研发和技术攻关力度，大力整合资源，形成开放式的协同创新平台。

——创新果业科技推广和服务机制

当前赣州市已形成市、县、乡、村（基地）四级果业科技推广机制，对果业实用技术的推广普及发挥了重要作用。这种科技推广和服务机制以政府行政为主导，运行成本高。

赣南果业基础好，具有建设合作社和合作联社的基础。赣州市可创新机制，构建以合作社或合作联社为需求主体、以市场为导向的社会化服务运行机制。积极引导合作社构建包括种苗、农药、化肥、销售为一体的专业化分工与合作社会服务体系，实现科技推广与市场需求对接，降低社会服务运行成本。

课题组组长：张明林　江西师范大学商学院副院长，教授、博士
　　　　　　　　　　江西师范大学江西经济发展研究中心副主任
　　　成员：刘善庆　江西师范大学商学院工商系主任，教授、博士
　　　　　　任艳胜　江西师范大学城市建设学院，博士
　　　　　　杨　鑫　江西师范大学商学院，博士

大力发展农产品加工业
加快建设现代农业强省[*]

赖金生

发展农产品加工业，是农业结构调整和农业产业化经营的核心环节，是实现传统农业向现代农业转变的必由之路，是破解农产品卖难、农业增效难和农民增收难的战略举措。近年来，作为农业大省，江西省采取了许多有力措施促进农产品加工业发展，取得了较大的成效。全省农产品加工业呈加速发展态势，农产品加工业总量不断扩大，龙头企业快速成长，品牌效应初步显现，产品竞争力持续增强。2012 年全省规模以上农业加工企业实现销售收入 2320 多亿元，同比增长 16%；工业产值占全省规模以上工业总产值的 17.9%。其中，粮食加工业完成产值 774 亿元，林业加工业完成产值 560 亿元，畜禽加工业完成产值 350 亿元。2012 年全省新增规模以上农业加工企业 202 家，累计达 3002 家，实现销售收入 2320 多亿元，增长 16%。但是，江西省农产品加工业发展水平与发达国家和国内其他省份相比，与现代农业建设的要求相比，与建设现代农业强省的目标相比，都还存在一定差距。如何加快发展农产品加工业，是摆在江西省面前的一个重要且紧迫的课题。

一、农产品加工业是江西建设现代农业强省的最大短板

江西省农产品加工业虽然这些年有了长足的发展，但总体上还处在初级发展阶段，其发展水平与作为一个农业大省的地位还不相称。

1. 与发达国家相比，江西省农产品加工业水平相当落后

在欧美发达国家中，农产品加工业产值一般达到农业总产值的 3～5

---

* 本文刊发于《内部论坛》2013 年第 16 期（总第 905 期），获 1 位省领导肯定性批示。

倍,而江西省只到 0.91 倍;农产品加工业中的食品工业产值占全部 GDP 的比重达 20% 以上,远远高于电子、钢铁、汽车等产业,而江西省食品工业产值占全部 GDP 的比重仅为 8.7%;农产品精深加工率一般在 70% 以上,江西省只有 30%。比如,赣南脐橙年产量 140 万吨,精深加工的只有 5 万吨,仅占 3.57%。

2. 与国内其他省份相比,江西省农产品加工业处于下游水平

2011 年,江西省农产品加工业产值仅 2000 亿元,在中部六省排名倒数第二,略高于山西省,而山东省农产品加工业产值达 11570 亿元,相当于江西省当年 GDP 总量(11583.8 亿元)。2011 年,江西省农产品加工业产值与农业总产值之比为 0.91:1,大大落后于全国 1.7:1 的平均水平,远低于山东的 1.87:1,也低于同属中部省份的河南(1.74:1)、湖北(1.6:1)、安徽(1.2:1)、湖南(1:1)。江苏省有产值超百亿元的农产品加工企业 13 家,江西省仅 3 家。

3. 与现代农业建设的要求相比,江西省农产品加工业有较大差距

一是农业产业链条短,农产品附加值不高。山东省有 89 家国家级龙头企业,江西省国家级龙头企业将近山东的一半,而农产品加工业产值不及山东的 1/6。二是农业产业化水平不高,龙头企业带动能力不强。江西省现有国家级龙头企业 40 家,在中部省份排名第 5,低于湖南的 60 家、安徽的 49 家、湖北的 48 家、湖南的 47 家。农业龙头企业年销售收入亿元以上的 259 家,远少于山东的 2100 多家。三是农民组织化程度低,利益联结机制不完善。到 2012 年底,全省有农民专业合作户 1.9 万户,涉及农产品加工的只有 1776 户,仅占总户数的 9.35%。不少龙头企业与农户的关系松散,省级龙头企业通过合作社与农户对接的比例只有 40% 左右。四是农产品加工增值能力低,农产品加工转化率不高。发达国家农产品加工转化率为 95%,发展中国家为 50%,我国为 35%,江西仅为 30%。江西省毛竹产量居全国第二,但 2011 年竹产业产值仅 100 亿元,还不及浙江安吉县竹产业的产值(112 亿元)。五是农产品加工企业管理水平不高。如 1986 年,江西省上饶市肉联厂与河南漯河市肉联厂(河南双汇的前身)从同一厂商购进火腿肠加工设备,时至今日,河南双汇集团年销售收入已突破 600 亿元,而上饶市肉联厂已经破产。

4. 与建设现代农业强省的目标相比，江西省农产品加工业亟待加强

江西省以占全国 3.3% 的人口、2.3% 的耕地面积，生产了占全国 3.6% 的粮食，有 10 多种农产品产量位居全国前 10 名。2011 年江西省农业总产值占全国的 2.71%，但农产品加工业产值仅占全国的 1.3%。江西省农产品加工业严重滞后，没有出现如河南双汇、山东鲁花、内蒙古伊利、蒙牛、鄂尔多斯等在全国叫得响的知名企业和著名品牌，这是江西农业大而不强的主要原因。技术、人才、资金等问题普遍困扰农产品加工企业发展。全省加工产值超亿元的龙头企业中，建立研发机构的仅占 28%，远低于山东的 70%，创新能力不强，发展后劲不足；龙头企业职工拥有大学本科以上学历的不到 10%，缺乏人才支撑。

二、加快江西省农产品加工业发展面临难得机遇、具有良好条件

从国际国内产业发展趋势来看，农产品加工业是最具成长力和生命力的产业之一；从江西省的发展实际来看，农产品加工业具有巨大的发展潜力。

1. 面临难得机遇

——政策环境更加有利。国家促进中部地区崛起发展战略、鄱阳湖生态经济区战略、赣南等原中央苏区振兴发展战略的实施，为江西省农产品加工业的发展提供了历史性机遇。国家实施的一系列支持农产品加工业发展的政策，也为江西省农产品加工业的发展提供了政策保障。比如，2013 年 1 月国务院办公厅下发的《关于促进农产品加工业发展的意见》，为江西省农产品加工业的发展指明了方向。

——市场前景更加广阔。目前我国人均 GDP 已超过 5000 美元，这一时期正是食物消费转型升级、消费结构快速变化、需求拉动最为强劲的阶段。预计到 2015 年，全国人口将超过 14 亿，而且随着工业化、城镇化进程的加快，城镇人口不断增加，城乡居民收入水平的稳步提高，将为农产品加工业提供巨大的发展空间。

2. 具有良好条件

——农产品资源丰富。江西省加快发展农产品加工业的首要优势在于

资源。江西省每年外销粮食 100 亿斤、外调生猪 1000 万头、外调水产品 100 万吨以上，是长三角、珠三角和港澳等重要的农产品供应基地。粮食产量居全国第 12 位，其中稻谷产量居全国第 3 位，人均稻谷产量居全国第 2 位；肉类总产量居全国第 13 位，生猪出栏位居全国第 11 位；油料产量位居全国第 10 位；柑橘产量居全国第 7 位，其中橙类产量居全国第 1 位；水产品总量位居全国第 9 位，出口居内陆省份第 1 位；各类林木总蓄积量 4.45 亿立方米，居全国第 9 位；毛竹蓄积量 23.21 亿株，居全国第 2 位。这些都为加快农产品加工业发展奠定了雄厚的原料基础。

——生态环境良好。江西省生态环境和植被保护良好，竹林面积占全国的 26%，森林覆盖率达 63.1%，居全国前列；境内有大小河流 2400 余条，淡水面积 2500 万亩，水资源总量和人均水资源量均居全国第 7 位，地表水监测断面水质达标率达到 80.6%。基于良好的自然条件，江西省生产的大多数农产品，只要经过技术改造和进一步加工，均可成为绿色农产品。

——科技支撑有力。江西省农业科研院所较多，农产品加工业教学、科研、开发技术力量雄厚，为加快江西省农产品加工业发展提供了强有力的科技支撑。比如，近三年，南昌大学生命科学与食品工程学院承担省部级以上科研项目 300 余项，获各类科技奖励 37 项；江西农业大学食品科学与工程学院先后承担了国家、省级重点课题 30 余项，已获得 12 项国家自然科学基金资助；江西省农科院拥有包括 1 名中国工程院院士、41 名享受国务院特殊津贴专家在内的一批专业技术人才。

三、把发展农产品加工业放在更加突出的战略地位

当前，无论是工业发达的省市，还是农业份额比重大的省市，都加快了抢占农产品加工业市场份额的步伐。"十二五"规划中，全国有 20 多个省市将食品工业作为重点发展的产业，有 10 多个省市列为支柱产业。当前江西省农产品加工业正处在爬坡攻坚阶段，要加快发展、做大做强，必须加大扶持力度，把发展农产品加工业放在更加突出的战略地位。

1. 确立培植"三个一批"发展战略

——建设一批特色农产品生产基地。扶持建设一批资源优势和地域特

色明显的农产品生产基地，促进优势产品向优势产业集中，优势产业向优势产区积聚。积极引导龙头企业参与农产品生产基地建设，大力支持农民专业合作组织、家庭农场、专业大户、农业经纪人等各类市场主体投资建设优质、特色农产品生产基地。着力发展粮食、畜禽、果蔬、油料、水产、茶叶、棉麻、中药、竹木加工九大主导产业，重点打造粮食、畜禽、果蔬、渔业、竹木、棉纺加工六大千亿元产业。

——培养一批领军企业。把培养农产品加工领军企业作为加快发展江西省农产品加工业的一项重要任务，支持江西省农业龙头企业通过兼并、重组、参股、联合等方式，整合资源要素，组建跨地区、跨行业的产业集团。力争在"十二五"期末形成年销售收入超 100 亿元、50 亿元、亿元的龙头企业分别达到 10 家、15 家、500 家以上；培育 10 个年产值超 50 亿元的农业产业化示范区。

——培育一批知名品牌。充分发挥江西省的生态优势，实施以"生态鄱阳湖、绿色农产品"为主题的品牌发展战略，培育一批在国内外具有较强影响力的绿色农产品品牌。在着力推动正邦、双胞胎、煌上煌、鸭鸭等国产名牌向国际名牌发展的同时，应相对集中技术、资金、人才和政策倾斜，力争在"十二五"期末培育 50 个以上全国知名品牌，形成一个农产品名牌产业群，增强江西省农产品的市场竞争力。

2. 健全"三个体系"

——健全质量标准体系。抓紧制定江西省农产品生产标准、加工标准和产品标准，建立严格的责任追究制度，确保农产品质量安全。一方面，对加工原料的农产品生产，从种子的选育到耕种、管理和收获，都要实行规范化、标准化管理，控制和减少化肥、农药、兽药的施用量，确保原料产品的无害化、优质化、标准化。另一方面，在加工生产环节，实施农产品加工全程质量控制体系，并使之与国际接轨，从农产品产后的分级、加工到包装，都按统一的标准进行，实行农产品从生产到加工、储运、销售的全过程控制，提高江西省农产品的品质。

——健全农产品市场体系。建设多渠道流通、多方式经营、多元化竞争的农产品市场体系，构建江西省农产品交易平台。一要优化市场布局，在优势农产品主产区启动建设一批国家级、省级专业批发市场，加快批发市场升级改造，增强产地集散和销地供应保障能力。二要大力培育农产品经纪人等农产品市场经营主体。三要加快农产品电子商务发展，通过发展农产品连锁经营、电子交易、网上交易、期货等交易方式，降低成本，引导农产品生产。四要加强市场监管，积极推行市场准入制度，在质量、规格、包装等多方面实行标准化，健康农产品市场。

——健全社会化服务体系。一是技术创新服务。整合农产品加工业科研资源，实行产学研结合的机制，建立以企业为主体、院校和科研院所为支撑的农产品加工业技术创新平台，争取在关键设备和新技术、新工艺、新产品研发方面有所突破。努力建设江西省农产品加工研究中心。二是信息服务。健全完善江西省农产品加工信息网，构筑企业、县、市、省的农产品加工信息网络，建立农产品加工市场信息预警机制。三是人才培训服务。重点围绕江西省优势产业农产品加工的需求，开展多种形式的职业培训、加工创业培训和重点工种的职业技能培训与鉴定工作。四是加强中介组织体系建设。大力发展农民专业合作社和农村经纪人组织，成为上联加工龙头企业、下联广大农户的纽带。积极发展农产品行业协会，促进江西省农产品加工业的行业管理和服务逐步规范化。

3. 做到"三个加强"

——加强发展规划制定，明确农产品加工业主攻方向。根据《全国主要农产品加工业发展规划》和《全国优势农产品区域布局规划》等有关规划，结合江西实际情况，尽快制定江西省的农产品加工业发展规划并认真组织实施。发展规划要明确发展目标、产业发展重点和区域布局，以及主要推进措施。重点做好对市、县两级农产品加工业发展规划编制和实施的指导，进行合理布局，防止盲目发展和重复建设。通过规划引导，促进技术、人才、资金、资源等要素向相关农产品加工产业带集中。

——加强政策扶持，优化农产品加工业的发展环境。一要建立省、市、县农产品加工业扶持资金稳定增长机制。各级财政要重点扶持能带动农民致富的农产品加工企业。各市、县也要按照中央有关加快农业产业化发展的政策精神，加大扶持力度，建立地方财政配套投入机制。二要建立财政支农资金投入协调机制。将农业综合开发、国土整治、农业产业化、"一村一品"、农业、林业、扶贫开发等可用于农产品加工业发展的项目资金，按照资金来源渠道不变、集中捆绑使用的原则，整合起来集中扶持能带动农民致富的农产品加工重点产业、重点企业、重点项目。三要完善和落实优惠政策。抓紧对近年出台的扶持农产品加工业发展的优惠政策进行认真梳理和修订完善，组织农业、工商、银行、质监、税务、国土、电力、教育等部门制定落实优惠政策的实施细则，增强政策的可操作性，着力解决农产品加工企业人才缺、融资难、用地难、用电贵等问题。

——加强组织领导，形成合力推进的工作格局。各级党委和政府要进一步认识发展农产品加工业的重大战略意义，切实加强组织领导，要把发展农产品加工业摆到事关经济社会发展大局的重要位置，作为加快新型工业化、农业现代化进程的重要内容来推进。建议成立江西省振兴农产品加工业联席会议制度，建立统筹推进的工作机制，理顺部门职能，明确管理权限，扎实推进各项工作的落实。建立健全农产品加工业统计、考核指标体系，建立市、县领导及相关部门发展农产品加工业责任制及激励机制。尽快制定江西省促进农产品加工业发展的意见，指导全省农产品加工业快速发展。

作者：赖金生系中共江西省委农工部副部长、教授

促进矿业产业升级
助推江西工业经济腾飞[*]

张明林

在江西省委十三届七次全体（扩大）会议上，强卫书记提出了"发展升级、小康提速、绿色崛起、实干兴赣"十六字方针，同时指出，产业升级是发展升级的核心内涵，产业升级的关键在于工业产业升级。笔者认为，矿业产业在江西省具有一定的发展基础，是江西省优势和特色产业。推动江西省矿业产业升级，是实现工业强省战略的重要抓手，可助推江西省工业经济快速腾飞。

一、矿业经济对加快全省经济发展具有举足轻重的意义

本文所指矿业包括采矿、冶炼、延压、材料加工、材料应用等一系列产业。从这个角度，矿业产业链可延伸到新材料、机电产品、机械制造、金属及非金属制品等领域。

1. 矿业产业是工业化中后期经济发展的主要力量

国内外经济发展基本规律表明，工业化发展前期，轻工业所占比重高于重工业，而在工业化中后期，重工业是推动工业经济发展的主导力量。目前，我国已经进入到工业化中后期。从全国来看，矿业产业与我国工业基本上保持同步增长的态势。在一些矿产资源大省，如山西、陕西、内蒙古、河南等，矿业经济占 GDP 的比重在 50% 以上，矿业经济已成为资源大省推动工业化进程的主要力量。2011 年，我国轻工业、重工业占比分别为 28.1%、71.9%。江西分别为 33.2%、66.8%，重工业发展水平落后于

---

* 本文刊发于《内部论坛》2013 年第 20 期（总第 909 期），获 2 位省领导肯定性批示。

全国平均水平。江西省发展矿业产业，适应工业化中后期经济发展要求，符合工业结构演变基本规律。

2. 矿业经济占江西省工业经济的"半壁江山"

江西省地处华南成矿区的中心地带，矿产资源丰富，对国民经济建设有较大影响的 45 种主要矿产中，江西储有 36 种。2009 年，江西省矿业经济总产值 5246 亿元，占全省工业总产值的 54%。2010 年，规模以上工业总产值约 13000 亿元，矿业经济约为 5500 亿，占工业总产值"半壁江山"。2012 年，规模以上工业实现主营业务收入 22267.6 亿元，主营业务收入过千亿元的 6 个行业，与矿业经济相关的千亿产业占 3 个，分别为有色金属冶炼和压延加工业、非金属矿物制品业、黑色金属冶炼和压延加工业。2012 年，江西规模以上矿业企业及其延伸产业总产值、工业增加值、利税总额占全省工业企业的 60% 以上。

3. 矿业下游产业具备再造一个"江西经济"的潜力

矿业产业的上游为采矿，中游为冶炼和延压，下游为材料加工及应用。在整个矿业产业链体系中，下游产业处于高端环节，附加值高，利润丰厚，对经济拉动潜力巨大。江西铜业 1 吨粗铜约 5 万元，而深加工后约 20 万元。发达国家矿业产业冶炼和压延产值与下游产业产值比值为 1∶5。2012 年，江西省这一比值为 1∶0.52，远低于发达国家。如果达到发达国家比值，江西省有色金属、黑色金属冶炼和压延下游延伸产值可达到 3 万亿元，相当于再造一个"江西经济"。矿业下游产业潜力巨大，是江西省经济发展的希望所在。

此外，推动江西矿业产业升级，还会带来一系列经济、社会效益。包括增加江西税收收入、促进民间资本投资、促进基础设施建设、促进技术创新、促进就业等。

二、江西省矿业产业发展升级面临的困境

江西省矿业产业基础好，下游产业发展潜力大，矿业产业要发展升级，仍存在不少制约因素。

1. 企业经营层面：粗放式经营为主，生态环境破坏严重

20世纪90年代，为鼓励地方经济发展，省级政府采取"放水养鱼"的做法，各地依托自身资源发展矿业经济。在矿业产业上游，存在"国有大矿"和"乡镇小矿"的二元结构问题。"国有大矿"起点比较高，社会负担沉重，税费负担过高，体制改革落后，经济效益低下，可称为步履维艰。"乡镇小矿"起点比较低，采用粗放式经营方式，凭借劳动力对资本的极限式替代，使其在竞争中具有低成本优势。此外，由于矿产资源供给弹性非常小，供应量的增加导致价格快速下降，利润减少。十几年前赣南贱卖稀土导致量增利亏就是真实写照。无序竞争导致资源过度采掘，环境破坏严重。许多矿区植被破坏，水土流失严重，重金属、硫化物等严重侵蚀土壤，农业资源和地下水遭受污染。目前，江西省因采矿造成的土地破坏以每年约40平方公里的速度增加。

2. 技术结构层面：技术设备落后，矿产资源综合利用率不高

江西省采选、矿产品加工在内的矿业生产格局基本形成，但生产工艺和技术装备水平落后。相比国外采选冶工艺设备的高效智能化、机械化和节能化，由于资金、技术等多方面原因，江西省矿业企业许多新工艺和设备尚未全面推广应用。江西省贫矿多、富矿少，难选矿多、易选矿少，共生矿多、单一矿少。目前，许多矿业企业以单一矿种的利用为主，不少矿山采主矿，弃共（伴）生矿，尾矿缺乏合理的处理措施，资源的综合利用、优势矿产的深加工水平和资源二次利用水平总体不高，造成资源浪费。有色金属矿床中90%以上含有多种共（伴）生有用矿物和元素，综合回收利用的经济价值明显，但由于目前综合利用技术水平限制，综合利用难度大。一些矿产企业基本上还是以传统的加工分离技术为主，产品基本上属于初级产品和"原"字号产品，产品附加值小。

3. 产业链结构层面：下游产业偏弱，产品附加值偏低

2010年统计资料表明，采矿经济产值占比12%，冶炼和延压环节产值占比63%，材料加工和应用产值约占比25%。近五年来，中游环节产值占整个产业链产值60%以上。总体上，矿业中游环节强于上游和下游，材料深加工及应用发展缓慢，导致产品附加值不高。江西铜业具有优势，江西铜业的冶炼和延压能力在亚洲排名第一，而三大钢厂（新余、萍乡、洪都）与宝钢和鞍钢规模相比仍然较小。2012 年，江西省非金属矿物制品业主营业务收入为 1696.3 亿元，而金属矿物制成品不及 1000 亿元，与矿业产业下游 3 万亿元的发展潜力相距甚远。

4. 供需结构层面：产品供给同质化严重、需求增幅减缓、价格波动明显

我国正处于工业化中后期，精炼铜、电解铝、铅、锌等常用基本金属消费量"十一五"期间以 15% 左右的速度增长，"十二五"期间不同程度大幅放缓。从供给结构来看，许多企业产品同质化严重。这导致行业经营效益下降，部分产品产能过剩。近年来，我国有色金属行业收入和利润较 2010 年出现小幅下降。2012 年，我国有色金属行业共实现主营业务收入同比增长 4.5%，实现利润总额同比下降 27%。有色金属行业亏损企业数量为 1465 家，亏损面为 22%。2013 年上半年，有色金属行业行情好于 2012 年。随着"十二五"国家战略性新兴产业发展规划和节能产品惠民工程的出台落实，有色金属精深加工产品的消费需求进一步加大，铜产品价格上涨，有色金属行业经济效益有所提高。

5. 空间结构层面：空间布局不合理，重复建设严重

由于江西省矿产资源分布较为分散，各地对矿产资源的开发和利用存在严重的重复建设现象。以钨矿产品为例，在赣州地区的崇山峻岭中，存在"大跃进"式的无序滥采。目前，钨矿产品冶炼加工设备一半以上处于闲置状态，钨加工制成品也仍以初级产品出口为主，附加值低，作为储量世界第一的资源优势没有在经济上体现出来。许多工业园缺乏特色定位，不考虑产业区域布局合理性，为了 GDP，展开招商竞赛，导致矿业加工产业区域布局混乱。铜加工企业不仅分布于鹰潭铜业工业园，还星罗棋布地落户于江西许多地区工业园中，造成省内过度竞争。赣州市多县域同时争相发展稀土经济，也存在重复投资、过度竞争现象。

三、促进江西省矿业产业发展升级的对策

做大做强做优矿业产业，使之成为支撑江西省经济发展、引领未来的重点支柱产业，需要集中力量、集中资源、下大力气，打出组合拳。

1. 转变思路，以矿业产业升级为主线统领工业经济发展

矿业经济不是污染性、破坏性经济的代名词，其本身蕴含大量的新经济。《江西省十大战略性新兴产业发展规划》中的光伏、动力电池、金属新材料、非金属材料四大产业都属于矿业产业的下游延伸产业。2012 年，这四大产业产值占据江西省十大战略性新兴产业产值 60% 以上。笔者认为，今天矿业经济重点不是矿业采掘，而是矿业中下游环节。江西经济发展要围绕着优势矿业产业升级展开，突出有色金属与稀土等优势矿业产业，在未来 5～10 年，做大做强铜、硅材料、陶瓷、水泥等优势矿产业，做精做优钨、稀土、钽铌、氟化工、金、银、锡、钼等产业。要举全省之力，采用非均衡发展策略，通过落实系列扶持政策，促进矿业产业全面升级。

2. 统一规划，培育一批矿业下游特色产业集群

矿业产业下游产业具有范围经济效应，适合产业集群式发展。根据江西省矿产资源分布的特点，笔者认为，以资源为依托，可在江西省重点打造几个产业集群：赣州建设国家钨、稀土新材料产业集群，宜春建设亚洲锂产业集群，鹰潭建设铜产业集群等。此外，还应着力打造陶瓷、水泥、硅及光伏、机电、盐化工等几十个矿业延伸产业集群，从而成为支撑江西省工业发展的"脊梁"。

值得注意的是，许多地方工业园的产业定位具有同质化倾向。赣州市在打造稀土和钨产业集群，赣州下设县市也在打造雷同的产业集群，与铜加工和铜制品相类似的产业在全省许多工业园中落户。各地方在招商中相互竞争，重复建设严重。因此，要从全省视野，布局矿业下游产业集群。要创新制度，创建全省招商项目分类协调机制和区域利益分享机制。吸纳"飞地招商"有益成分，打破行政区划限制，把"飞出地"的资金和项目放到行政上互不隶属的"飞入地"的工业园区，通过规划、建设、管理和税收分配等合作机制，从而实现互利共赢。

3. 引导矿业企业上市，利用资本市场促进矿业产业升级

资本是产业升级中最稀缺的要素之一，矿业企业能否顺利地筹措到所需的巨额资本是产业升级能否顺利进行并成功的关键因素。省委、省政府要推动矿业企业上市，鼓励矿业企业通过资本运作获取产业升级所需的宝

贵资本。一要尊重采纳企业建议，出台进一步支持企业改制上市的措施，减少企业上市成本。如企业完成辅导期验收的，奖励50万元；企业挂牌上市的，奖励100万元，以降低企业上市成本。二要为矿业企业充分利用私募、债券等直接融资工具创造有利条件。如争取设立风险投资引导基金，支持创业投资企业来赣开展业务，引导社会资金投向创业领域，从源头上支持企业改制上市。三要推进上市公司规范运作，鼓励上市公司通过配股、增发新股、发行公司债等方式，加快形成一批知名度高、竞争力强的大型企业集团。同时，省政府金融办也要积极协调相关部门及时解决拟上市企业遇到的实际困难，减少企业上市障碍。

4. 整合矿产资源，鼓励矿业企业规模化集约化发展

按照"集约利用、合理布局、安全开采、保护环境"和"上大关小、控制总量"的原则，扎实开展矿产资源开发整合工作。在矿区整合的基础上，要进一步进行矿种整合，严控矿山总量，从严控制新设采矿权投放量。要遵循矿业产业发展规划，规范矿产资源秩序，引导优势资源向优势企业集中。针对企业数量众多、规模不一、恶性竞争等问题，一要鼓励大中型企业对已有的低水平开发企业、小型企业兼并，减少企业数量，提高行业集中度；二要发挥矿业协会作用，促进形成利益共同体、相互协作体、共赢发展体，集中力量共同抵御市场风险；三要提高矿山开采准入条件，限制低水平开发企业进入；四要促进企业之间探矿权和开采权交易，盘活现有矿业资源存量，使矿山企业规模化、集约化程度和市场竞争能力明显提高，实现资源与产业发展的优化配置。

5. 鼓励钢铁企业兼并重组，打造江西钢铁"航空母舰"

从江西省实际情况看，江西铜业具有明显优势，产值达1600亿元；三大钢铁企业中，新钢船板国内市场占有率第一，南钢弹簧钢市场占有率第一，萍钢产建筑用螺纹钢及长材十分走俏，但产值均不过1000亿元，与武钢、宝钢等国内大企业相差甚远，在全国钢铁行业中的地位非常低。而冶炼及延压环节具有非常明显的规模经济效应。江西钢铁行业急需培育像江铜这样的行业领导者。因此，政府应积极鼓励冶炼及延压企业兼并重组，提高产业集中度。从全国范围看，武钢、马钢、宝钢等大型企业集团正积极开展区域内和跨区域的联合重组，辽宁方大特钢受让南钢57.97%的股权，成为南钢的新东家，宝钢垂涎新钢由来已久。萍钢改制后，在九江建立生产基地，由于九江沿江区位带来运输成本的降低，因此其发展迅猛。

我们要研究本土企业之间兼并重组面临的问题、障碍及支持政策，从全省经济发展需要的角度，克服地区之间保护主义行为，探索企业与地方政府、地方政府与地方政府之间的协调机制，建立利润、税收、资源分享机制，如能打造一艘生产基地落户于九江的江西钢铁"航空母舰"，将促进江西工业水平大大提升。

6. 构建一批协同创新中心和产业技术联盟，积极引进和培养人才

要充分发挥江西铜业、赣州稀土矿业、江钨控股集团、章源钨业、虔东稀土等骨干企业和南昌大学、江西理工大学、有色冶金研究所、中国矿业大学等国内外科研院所的作用，建立一批国家级协同创新中心、技术创新实验中心、质检中心，通过加大技术改造，突破一批引领未来发展的关键技术。发挥江西铜业、赣州稀土矿业、江钨控股集团、章源钨业、虔东稀土等骨干企业的主导牵引作用和政府政策指导支持作用，联合上下游企业构建"稀土技术联盟""铜业技术联盟""钨业技术联盟"等产业技术联盟。

要提供良好的平台和待遇，吸引矿业高端人才，把高端矿业人才作为经济发展战略性人才对待。建议增加江西理工大学采矿工程和矿物加工工程两个专业的生源指标，加快矿业人才培养步伐。鼓励江西理工大学与中国矿业大学等国内外知名高校积极合作，联合培养矿业硕士、博士等优秀人才。要鼓励矿业科研人才利用协同创新平台积极投身矿业项目，紧紧围绕矿业开发难点，边研发边推广，边应用边修正，使研究成果日趋成熟。要鼓励矿业科研人员下基层、到现场，多与企业交流，积极研发企业急需的技术和工艺，使产、学、研有机结合起来。

作者：张明林系江西师范大学商学院副院长

打造"时尚创意江西"[*]

——关于发展服装创意产业，推动江西省服装产业转型升级的若干思考

喻　汇

服装产业是江西省的优势传统产业和民生产业，为江西省经济发展和就业安置做出了突出贡献。积极发展服装创意产业，主动推进江西省服装产业转型升级，是"十二五"期间我国实现由纺织工业大国向纺织工业强国转变的客观要求，也是充分发挥服装产业劳动密集型、科技密集型、资本密集型优势和拉动内需、改善民生、创造就业的必然选择。

一、形成创新型与创意型产业集群是服装产业转型升级的重要方向

目前，受全球复杂经济形势影响，我国服装企业正面临更加复杂的外贸形势，国际贸易摩擦的大幅增加和欧债危机的蔓延使我国纺织品服装出口形势更加严峻。与此同时，国内人均服装消费量还没有达到欧美国家平均水平的 1/3，但国内服装产业却出现了天量库存，主要是因为各服装企业之间的服装工艺设计、款式、质量、面料等各方面同质化严重。短期内服装企业面临的用工等生产成本持续提高、融资难等问题也恐难以彻底改善。此外，消费个性化与电子商务的广泛应用对服装企业经营模式的创新提出了更高的要求。这种趋紧的内外部环境，无疑将对服装企业形成市场倒逼机制，产业结构调整和转型升级迫在眉睫。

---

　　*　本文刊发于《内部论坛》2013 年第 8 期（总第 897 期），获 3 位省领导肯定性批示。

传统服装行业是靠资本和劳动力投入获得产出的资本密集型产业，但是作为时尚产业的服装设计又无处不闪现出创意的元素，服装产业的设计、生产、销售等一系列过程都是文化创意活动。服装卖的不只是生活必需品，更是设计、理念、精神、心理享受和增值服务，满足的是消费者物质和精神的双重需求。欧美服装强国将服装产业列入文化创意产业，以文化创意为主导，在本国形成一种服装品牌化、时尚化、潮流化、科技化、定制化的服装产业文化创意局面，而将生产加工环节转移到中国等发展中国家，其服装产品占据全球市场，产品售价高达数千数万甚至十几万、几十万元，单个品牌一年利润高达几十亿元，其获取的附加值是时下流行的IT数码等高科技产品的数倍之多。以服装王国意大利为例，其时尚之都米兰，聚集世界半数以上的服装著名品牌总部，云集世界绝大多数著名时装设计机构，而其将产品代工生产的60%放在中国，年获取附加值达到数千亿元，为米兰贡献1/4的生产总值。

在复杂多变的国内外环境下，我国服装产业积极应变、逆势上扬，创造了令人瞩目的成绩。特别是江苏、广东、浙江等服装强省都将服装创意产业作为推动服装产业转型升级的新驱动器。创意产业的蓬勃发展使这些地区的服装产业彻底摆脱了粗放式的经营模式，成为引领经济增长的新兴产业。例如，江苏省"十一五"期间创建了二十余个纺织服装创意园区，开启了由服装制造产业向时尚创意产业转变的崭新时代。2011年，该省纺织服装产值达到了11500亿元，成为我国第一个纺织服装产业产值过"万亿"的省份，其纺织产业的总产值甚至超过部分内地省份GDP。2008年，深圳市形成了《深圳市女装产业区域品牌2008~2012年发展总体规划》，规划提出抓住创意时尚产业到来的有利时机，做好时尚创意与传统产业的结合，用区域品牌来引导2300家服装企业实现产业转型和产品升级，并用区域品牌的影响力来不断提升深圳时尚女装的产品附加值和品牌含金量，打造"时尚之都"。可见，通过实现服装与文化创意的融合，充分发挥设计和创意的主导作用，使其成为产业链的有机环节，逐步形成创新型与创意型产业集群，已经成为服装产业转型升级的重要发展方向。

二、加快发展服装创意产业是实现江西省由"服装大省"向"服装强省"转变的客观需要

"十一五"时期，江西省纺织服装产业紧紧抓住国内产业转移的历史机遇，实现了持续快速增长，全行业产销总量及效益连创历史新高，在全国及中部地区同行业的排位迅速前移。2011年，规模以上企业完成纱产量62万吨，布7亿米，服装10亿件，化学纤维14万吨，其中苎麻布产量居全国同行业第一位。全省已形成以服装产业为龙头，带动棉纺、针织、化纤、麻纺、丝绸产业共同发展的格局，从北到南相继形成了六大纺织服装业集群区。例如，地处赣北的九江共青城开发区，吸引了近80户羽绒服装生产企业和20户其他制衣企业落户，拥有羽绒服装自主品牌42个，是名副其实的"品牌之城"，被中国纺织工业协会授予"中国羽绒服装名城"；南昌市青山湖区以出口针织服装为主，聚集了近千家针织服装企业，针织服装产量约占全国的60%，被中国纺织工业协会授予"中国针织服装名城"；地处赣南的南康市开发区集聚了362户西服及休闲服饰加工企业，年产服装能力达3亿件。同时，江西省拥有江西服装学院、江西工业职业技术学院等多所纺织服装职业院校，能够为江西省纺织工业发展培养各类专业人才，为产品设计开发提供技术支撑。江西省还是著名的商品棉、苎麻基地。由于靠近原料产地，供应链的缩短将带来生产成本的节约。在当前棉价居高不下的时期，供应链所创造的竞争优势是其他区域所无法比拟的。

但是，由于在服装创意、品牌设计、信息技术应用等方面基础薄弱，江西省服装产业一直存在产品附加值较低、品牌意识欠缺、信息化程度不高、对承接产业的转型升级缺乏前瞻性的产业规划等问题，仍然没有摆脱粗放型的增长模式。此外，区域经济发展水平的相对滞后也影响了江西省服装产业对高素质、高水平创意人才的吸引力。江西服装产业发展现状SWOT分析如图1所示。

从以上分析可以看出，江西省服装产业正处于由劳动密集型产业向知识、技术密集型产业过渡的关键时期，机遇与挑战并存。在此发展阶段，一方面，江西省应更加积极承接东南沿海的服装加工企业的产业转移。江

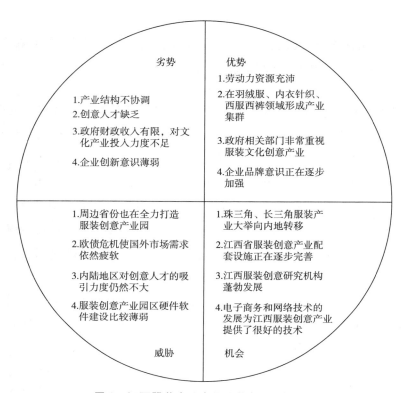

劣势

1.产业结构不协调
2.创意人才缺乏
3.政府财政收入有限,对文化产业投入力度不足
4.企业创新意识薄弱

优势

1.劳动力资源充沛
2.在羽绒服、内衣针织、西服西裤领域形成产业集群
3.政府相关部门非常重视服装文化创意产业
4.企业品牌意识正在逐步加强

威胁

1.周边省份也在全力打造服装创意产业园
2.欧债危机使国外市场需求依然疲软
3.内陆地区对创意人才的吸引力度仍然不大
4.服装创意产业园区硬件软件建设比较薄弱

机会

1.珠三角、长三角服装产业大举向内地转移
2.江西省服装创意产业配套设施正在逐步完善
3.江西服装创意研究机构蓬勃发展
4.电子商务和网络技术的发展为江西服装创意产业提供了很好的技术

图1 江西服装产业发展现状 SWOT 分析

苏、广东、浙江、福建是我国纺织服装产业竞争力排名前四位的省份,而江西省和其中三省相邻。在东南沿海服装产业向内地转移的进程中,江西省毫无疑问是承接沿海地区产业转移的首选地区。另一方面,在大力发展服装初加工的同时,江西省服装产业还应当积极培育企业的自主创新能力,尽力提升知识、技术、创意等生产要素对服装产业的贡献,摆脱对劳动力、土地、自然资源等初级生产要素的过度依赖。只有加快发展服装创意产业,才能从实质上促进江西省服装产业的转型升级,实现从"服装大省"向"服装强省"的华丽转身。

三、服装创意产业园建设是加快服装创意产业发展的关键所在

要推动服装产业转型升级,提升服装创意产业的市场竞争力,就要通过发展服装创意产业园来对服装创意产业价值链的各种创新要素进行高效

整合，使服装创意产业紧跟市场与科技的发展。

　　服装创意产业园区是在服装创意领域，由诸多相互联系的服装创意企业及相关协作部门或机构，依据专业化分工和价值链共享的原则建立起来的，并在一定区域集聚而形成的产业园区。推动服装创意产业园的建设与发展，对服装产业结构调整和转型升级具有重要的战略意义。首先，服装创意产业园是文化产业集群发展的创新载体，能为服装创意企业提供完备的基础设施、良好的创业环境和专业的信息共享平台。其次，服装创意产业园的健康发展，有利于构建科学高效、结构合理、分工有序的服装创意产业格局。最后，建设服装创意产业园还能集聚产业资源、提供创新平台、推动产业升级。

　　随着市场机制的逐步完善和企业创新意识的增强，我国服装创意产业园区开始迅速崛起。全国各地涌现了一批具有区域特色的服装创意产业园区。就园区经营模式而言，这些园区主要分为市场诱导型、政府主导型、高端服务型、创意与工业园区并重型等几类（见表1）。

表1　国内服装创意产业园区运营模式

园区类型	园区代表	经营模式	发展优势
市场诱导型	广州 TIT 纺织服饰创意园	以周边完善的服装产业为依托，以市场需求为导向，诱导创意企业入驻	天然的产业链优势、旺盛的市场需求将为创意园区提供持续发展的驱动力
政府主导型	绍兴中国轻纺城创意园	政府作为投资主体孵化服装创意企业	政府作为参与主体，能有效保障创意产业园的硬件设施和政策支持
高端服务型	上海名仕街时尚创意产业园	与高校、科研院所合作，提供高端设计创意、品牌策划	高校和科研院所能为创意园区提供充足的创意人才并保障创意服务的高品质和高端定位
创意与工业园区并重型	郑州女裤时尚创意产业园	以郑州女裤产业集群为依托，发展女裤的创意设计产业	以产业园区为依托，创意产业与市场需求紧密结合

相对于经济比较发达的沿海省份，江西省各级财政的支付能力相对有限，而且，江西服装产业集群的市场辐射能力和品牌影响力不强，因此，单纯依靠政府的财政支持或市场机制的诱导均无法促进服装创意产业链的形成。笔者认为，必须加快建设政府主导、市场诱导、学校和科研院所参与、产业集群支撑的服装创意产业园，并在园区构建由服装创意设计中心、信息资讯中心、产品发布中心、行政服务中心组成的创新平台（见图2）。园区以服饰、时尚、创意、文化、艺术为主题，以吸引国内外时尚界著名设计师、企业、大学、科研机构、咨询公司进园发展为目标，以新产品发布、时尚设计、信息咨询、专业培训等多功能服务为纽带，集创意、艺术、文化、商业、旅游体验于一体。而且，从表1服装创意产业园区的运营模式看，服装创意产业的发展与区域经济的发展水平、城市文化底蕴以及产业集聚状况密不可分。要打造具有品牌个性和核心竞争力的服装创意产业园，就必须结合当地的资源禀赋、文化底蕴、产业集群分布和经济发展水平进行综合评估，以选择具有区域特色的服装创意产业园发展路径。

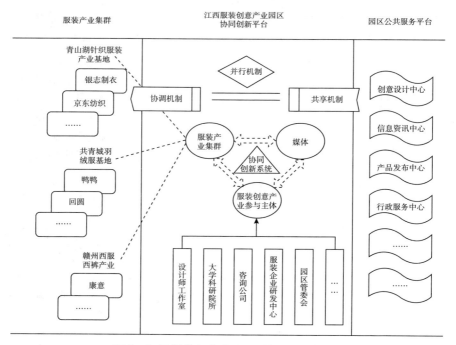

图 2　江西服装创意产业园区模拟运行模式

四、加快发展江西省服装创意产业的政策建议

江西省服装产业正面临着前所未有的发展机遇,牢牢抓住这个机遇,推动服装产业从"江西制造"向"江西创造"转变,是时代赋予我们的重任。

1. 打造具有区域特色的服装创意产业园区

应依托江西省的传统优势服装产业,培育具有区域特色的服装创意产业基地。坚持按照"有所为,有所不为"的原则进行服装创意园区定位,积极引进和鼓励国内外品牌服装生产企业和著名设计师到园区落户,设立总部、地区总部、研发设计中心、采购中心、营销中心、结算中心和投资办厂。对投资大、影响力强、科技含量高、创意文化特色突出的项目或企业,采取"一事一议"的办法予以重点支持。充分发挥江西省的区位优势、成本比较优势和交通物流优势,努力改善投资环境,完善配套政策,加快平台建设,创造有利条件,承接沿海发达地区纺织服装企业和项目转移。

2. 完善服装创意产业信息共享平台

依托数字化媒介,为企业、政府、科研机构提供涵盖创意产品设计制作信息、创意人才信息、创意产品交易信息、产业政策信息的综合信息管理平台。同时,强化信息平台的技术保障和网络安全工作,使产业园区形成信息流、知识流、资金流交互流动机制和迅捷反馈机制。

3. 拓宽服装创意企业的投融资渠道

鼓励各金融机构、中小企业信用担保公司积极为中小纺织服装企业提供融资担保服务,促成金融机构多向服装企业贷款。对重点企业技改项目、有潜力的中小企业和创业者给予贴息贷款或财政支持,支持和鼓励纺织服装企业通过强强联合或重组,组建大型服装企业集团,在境内外上市融资。建立服装企业专项发展基金,支持服饰文化宣传、举办展会、时装周、市场开拓、国际人才、品牌引进以及企业上市等,以扶持和培育行业的新生力量,形成良性的产业生态。

4. 加大服装创意人才的培养引进力度

服装设计师是服装企业的核心,服装业制版师被视为"把设计理念转

化为可操作实现的承上启下的灵魂人物", 这两类人才都是服装企业中最为紧缺的人才。要充分利用专业院校的实力和优势, 大力培养服装专业紧缺人才, 符合条件的享受就业、再就业培训及农村劳动力就业技能培训等相关优惠政策和资金补贴。广开渠道、搭建平台, 帮助行业、企业引进国内国际专业机构认定的服装设计大师, 符合条件的享受江西省引进人才的相关优惠政策。组织开展工程系列纺织专业技术人才职称评定和纺织服装人才的职业技能鉴定工作, 提高从业人员的职业荣誉感和归属感, 稳定优秀职业技能人才队伍。鼓励企业经营管理者、专业设计研发人员积极参加国内外的专业学习、培训和考察交流活动, 对经批准认定取得显著学习成果的, 给予学习培训、考察交流基本费用补贴。

作者: 喻江系江西服装学院服装设计与管理学院副院长、博士

"稀土问题"及江西稀土产业
科学发展的政策取向[*]

吴一丁　毛克贞

"稀土是宝贵的战略资源，稀土的应用价值尤其是在高新技术和军事领域的应用价值极高。中国稀土以占世界 30% 多的储量，却提供了世界 95% 以上的产量；中国稀土被大量廉价出口；国外的稀土资源不开发却囤积了大量的中国稀土；稀土生产加工会带来严重的环境问题。"这就是所谓的"稀土问题"。早在 2000 年"稀土问题"就引起了国家的高度重视，相继出台了一系列控制稀土的政策措施，试图使稀土产业能够良性发展，但并没有取得很大的效果。2010 年随着商务部对稀土出口配额的较大幅度减少，围绕着稀土的有关问题集中爆发。目前国内外普遍关心的稀土问题主要有中国的稀土出口价格为什么如此低廉、中国为什么要对稀土进行控制、对稀土控制为什么如此之难等。本文试图从这些疑问出发，探讨"稀土问题"的深层次原因，以求有针对性地解决江西省稀土产业存在的主要问题，推进江西省稀土产业转变发展方式，实现科学发展。

一、关于稀土的三个问题

（一）为什么稀土出口价格如此低廉

中国稀土不但出口价格低廉，国内供应价格也同样低廉。一般将稀土出口价格低廉的原因主要归结为行业集中度低、恶性竞争的结果。事实上，这只是原因之一，并不是根本原因。我们知道，商品价格高低主要受该商品供给成本和供求关系的影响。供给成本包括了生产成本、税收成本

*　本文刊发于《内部论坛》2011 年第 5 期（总第 813 期），获 3 位省领寻肯定性批示。

和社会成本，供求关系包括了供求总量和市场结构。通过分析稀土的供给成本和供求关系，我们以为，供给成本过低、供大于求是稀土价格低廉的本质原因。

1. 稀土的供给成本

我国生产并出口的主要是稀土产业链中的上游产品，这一层次稀土产品的生产成本主要受稀土开采难易程度、生产技术以及资金和劳动力成本的影响。与世界上其他国家相比，我国稀土资源开采相对容易，属于劳动密集型产业，资金进入的门槛较低，劳动力成本低廉。同时，我国稀土上游产品的生产技术是世界上最先进的。这些有利因素决定了我国稀土的生产成本较低。税收成本主要包括征收的资源税、生产环节的各种税收及出口关税。相对于国外资源型产品的税收成本，我国稀土产品的税收成本极低。另外，我国对于大多数稀土产品出口采取配额管理，这进一步降低了稀土出口产品的税收成本。对于稀土生产的社会成本主要是环境成本，在我国这一成本被外在化了，没有实质性地进入稀土的供给成本中。由此看来，我国稀土的供给成本具有明显的比较优势，这直接导致了过低的稀土出口价格可以被长期接受。如果供给成本很高，过低的价格压缩了利润空间，低价格至少不会长期维持。巨大的成本优势使中国的稀土产品占据了世界市场的绝大部分，其他国家稀土资源的开发成本与中国稀土产品相比，基本没有开采价值，这也是世界上其他国家放弃开发自己稀土资源的一个重要原因。

2. 稀土的供求关系

从稀土的供求总量来看，我国稀土生产成本较低导致生产能力的大幅扩张，稀土供给远远大于需求，稀土价格下降就成为必然。在稀土价格高于供给成本，并且供给能力过剩的情况下，生产企业就会通过降价竞争获取利益。在实行出口配额的条件下，甚至不排除出口企业和政府博弈，为保住或扩大出口配额权，在短期内把价格降到供给成本以下。从稀土的供求市场结构看，由于我国稀土生产的进入门槛较低，行业中存在大量的生产企业，行业集中度分散，形成不了卖方垄断市场；而我国稀土的出口对象极为集中，在买方市场中形成了买方垄断。完全竞争的卖方市场对应寡头垄断的买方市场，价格自然会被压低。通过行业集中形成卖方寡头垄断，稀土能否定一个高价，对此我们应该有一个清醒的认识。影响寡头之间博弈的因素很多，比如，产品种类的多少、需求弹性的大小、生产成本的高低、信息的对称程度等。寡头都是为自己的利益而选择策略，博弈的结果往往是定一个低价。因此，行业集中形成寡头垄断仅仅是为定高价提供了一种可能。

（二）为什么要对稀土进行控制

一般认为稀土的出口价格太低，通过对稀土的控制可以提高稀土的价格，拥有"稀土定价的话语权"。削减出口配额、开采量和加工量是为了减少供给量；限制原料出口、提高稀土附加值、提高出口关税、取消出口退税、增大环保成本等是为了提高稀土产品的供给成本；积极进行企业兼并、重组，组建大企业集团，提高行业集中度，是为了形成稀土的卖方寡头垄断。

如果对稀土进行控制的目的仅仅是为了提高稀土的出口价格，拥有所谓的"定价话语权"，那么我们对稀土的焦虑也未免太过度了。稀土的出口额每年不到10亿美元，即便是价格定得再高，出口额相对于中国的出口总额而言，也是极其微不足道的，根本不值得国家如此大动干戈地高调介入。对稀土资源进行控制，绝不应该是为一点点狭隘的经济利益，而应该有着更为深层次的战略意图。

1. 稀土巨大的应用价值需要国家去控制

稀土的真正价值在于稀土的应用价值。有关资料的统计显示，全球1/4的高科技产品与稀土有关，每5项发明专利中，就有1项与稀土有关。谁掌握了稀土应用的先进技术，谁就能占领高新技术产业的制高点。中国拥有相对丰富的稀土资源，为中国建立有强大竞争优势的高新技术产业提供了物质基础，但这绝不意味着拥有了稀土资源就一定能占领高新技术产业的制高点。目前让我们深深忧虑的是，稀土在国外的价值高于在国内的价值、未来的价值高于现在的价值，中国在稀土的应用方面与国外有很大的差距，在大量廉价出口稀土原料的同时，也在向国外高价购买稀土应用产品。贱卖稀土资源不但抑制了中国稀土应用技术和产业的发展，而且助推了国外稀土应用的优势。如果不对稀土进行控制，一旦资源枯竭，我们恐怕连发展稀土应用产业的机会都没有了。

2. 稀土的稀缺性需要国家去控制

有一种观点认为，"稀土并不稀缺，只是在地壳中稀散而已，稀土仅仅是作为一种添加剂使用，用量很少，所以不必对稀土严加控制"。这一观点也许有一定的道理，但稀土不稀缺是在一定条件下成立的。对于特定的时期，稀土是稀缺的；对于特定的国家和地区，稀土是稀缺的；有经济开采价值的稀土是稀缺的；至少中国所特有的南方离子型重稀土是稀缺的；稀土现在的使用量不大，并不等于将来的使用量也不大。以我们现有的认识能力，稀土的储量相对于稀土未来的需求量是极度稀缺的，我们对稀土的决策只能建立在我们现有的认识能力上，这也是唯一可行的。既然稀土稀缺，又具有巨大的应用价值，当然需要控制。

3. 稀土生产的环境代价需要国家去控制

稀土在采选、分离等生产过程中都会产生很大的污染。稀土焙烧排放大量含有精矿的粉尘和含有氢氟酸、二氧化硫、硫酸等的废气，排放酸性废水以及放射性废渣。稀土矿区植被破坏、水土流失严重，生产企业排放的"三废"中氨氮、硫、氟和 COD 超标。每年排放的氨氮、氟、放射性元素等污染物已对我国重要水域和地下水造成不同程度的污染，含硫、氟、氯等的废气对大气也造成了污染。放射性的尾矿和废渣不仅对环境造成污染，也对公众安全构成威胁。由于稀土生产过程中污染大、环境代价高，一些国家不愿去做，这是导致中国生产的稀土占全球较高比例的一个主要原因。因此，就稀土生产的环境代价来说，稀土已不是要不要控制的问题，而是必须要进行控制、怎样进行控制的问题。

4. 稀土对国家安全的影响需要国家去控制

稀土的一个重要应用领域是军事方面，由于其具有优良的光、电、磁等物理特性，能与其他材料组成性能各异、品种繁多的新型材料，可以大幅度提高用于制造坦克、飞机、导弹的钢材、铝合金、镁合金、钛合金的战术性能，稀土材料用于军事，会带来军事科技的跃升。从国家安全的角度来说，中国也需要对稀土进行控制。总之，稀土涉及重要的国家利益，不但对于中国来说需要对稀土进行控制，就是换成其他国家，当涉及这些利益时，也同样会对稀土进行严格控制。此次，中国政府主要从环保角度对稀土进行了一些控制，就引起了一些国家如此激烈的反应，充分说明了稀土的价值太大、稀土太重要了，我们付出的代价太沉重了，因此更应该加大对稀土的管理力度。

（三）为什么对稀土控制有巨大的阻力

中国对稀土的控制不但受到了来自国外的压力，就是在国内也遇到了巨大的阻力。从 2000 年起中国就开始实行稀土产品出口配额管理，并对稀土企业进行了调整、重组，力图减少稀土生产企业数量——2003 年，试图组建南北两大稀土集团；2005 年，取消稀土产品的出口退税；2006 年，停发稀土矿采矿许可证，控制稀土矿开采总量，对稀土氧化物、稀土盐类和部分稀土金属征收出口关税；2007 年，开始对稀土生产实行指令性规划，并开始减少稀土出口。虽然经过多方努力，但稀土生产能力仍过度增长，行业分散、滥采乱挖、环境破坏、低端产品供给过大、低价竞争问题依然没有根本改变，甚至围绕着 2009 年下半年制定的《稀土工业产业发展政策（征求意见稿）》，多方利益仍在激烈博弈。

1. **来自国外的压力**

国外对中国政府加强对稀土管理的指责，虽然不排除有很强的政治及战略意图，但的确也应该看到，中国稀土的长期低价供给，使得其他国家已经形成了对中国稀土低端产品的过度依赖，而这种依赖在短期内很难改变。如果短期内大幅度减少出口配额，来自国外的压力会更大，同时稀土走私以及稀土通过加工成合金变相流失的现象会更加严重。这次"稀土纷争"中，国外主要针对的是中国稀土出口配额的减少，并未针对中国稀土的出口价格，如果通过出口关税提高稀土出口价格，国外相关产业的应对手段可以更多一点，对中国的压力相应会减轻许多。另外，随着中国稀土供给的逐步减少和价格的提高，国外稀土资源也会得到相应的开发，从长期看，来自国外的压力会逐步减轻。

2. **来自地方政府的阻力**

经过对稀土产业的多年培育，很多地区的地方经济已经形成了对稀土生产特别是对稀土出口的依赖，国家对稀土产量和出口量的控制，无疑会直接影响地方的经济利益，而国家层面的稀土控制是需要来自地方政府的配合的，特别是需要地方政府的直接监控。当地方政府的监控导致地方经济受到严重影响时，当然得不到地方的全力支持，监控会大打折扣，地方政府对稀土的监管不力就是一种正常现象。另外，围绕着稀土的地方利益争夺也使国家对稀土控制难上加难。在国家对稀土生产和应用产业的空间布局没有明确指向时，拥有稀土资源的地区就会千方百计地做大稀土产业规模，以期在未来国家稀土产业发展的布局中占据有利的位置，在这场博弈中，做大稀土生产规模总是有利的。因此，单纯地控制稀土产量和出口量，而没有相应配套的补偿措施，地方政府不会有动力去主动控制稀土的生产规模，反而会千方百计绕开稀土的监管政策。

3. 来自稀土企业的阻力

国家对稀土进行控制，从国内来说，最直接受到冲击的就是稀土生产企业。由于国内稀土企业研发力量和开拓市场的能力不足，无法向稀土的高端应用领域延伸，企业命运大都集中在稀土原料型产品的生产和出口上，而国家直接控制稀土原料型产品的生产和出口量，对于稀土企业来说利益受到了很大的损失，稀土控制政策当然会受到企业的抵触。同时，不同稀土企业生产的稀土产品有很大的差异，不同稀土产品的储量、生产工艺、生产成本、产品价值等都不相同。国家对稀土控制采取相同的政策，对不同稀土企业的影响不同，这会增大企业的不公平感，从而也对国家的稀土控制政策产生强烈的抵触。如果只有来自国家层面对稀土的控制，而没有来自地方和企业的配合，对稀土很难形成长期的有效控制。即便是出台一个稀土控制方案，各利益方都很难达成一致，从而形成了国家想控制，但久拖不决，最终导致问题越来越难以解决。如果不顾地方和企业的利益，强行出台控制方案，也一定是一个非严格的控制方案，稀土目前的状况基本还会延续。

二、发展稀土产业的政策取向

加强对稀土的控制，并不是限制或不发展稀土产业了，而是通过控制使稀土产业更好地发展，使稀土发挥更大的作用，使稀土为国家产业竞争力的提升做出更大的贡献。但是，单一政策的实施并不能有效地管理好稀土，稀土控制需要更综合的、相互配套的政策，需要平衡各方利益的政策。行政手段控制在短期内可能有一定的效果，长期内需要更加依靠包括税收在内的市场调节手段。国家对稀土的管理控制需要超越狭义的经济利益，需要更富有远见的战略性思维。

（一）提高行业集中度

一般认为只要提高了行业集中度，形成了行业寡头，就可以提高稀土的出口价格，在国际上拥有"稀土定价话语权"。但是对于提高价格来说，形成寡头垄断只是提高价格的必要条件，并不是充分条件。在稀土供给成本很低的情况下，寡头博弈也很容易形成低价，当然形成行业寡头毕竟使提高价格有了可能。

事实上，促进行业集中、形成行业寡头的长远目标绝不仅仅是为提高价格创造条件。形成行业寡头更便于国家的监管，寡头之间的利益平衡也相对更加容易；行业寡头可以形成规模经济，使稀土产品的竞争力更强，也使大规模污染处理的平均成本降低，更有助于环境保护；行业寡头的经济实力更大，有助于进行稀土的应用研究和开发，也更有可能实现企业对稀土的战略储备；行业寡头的产权更加明晰，有助于利用寡头对自身利益的追求来保护稀土资源；行业寡头也更有实力走出去，不但能开发国内的稀土资源，而且能更好地利用全世界的稀土资源。因此，为了形成行业寡头，可以采用较为严厉的行政手段，在较短的时间里迅速实现行业集中。

（二）对稀土进行分类管理

稀土的种类不同，稀缺程度不同，应用领域和应用价值也不相同。我们不但在出口环节要更加细致地分类管理，在国内的生产、加工和应用方面也要进行分类管理。在稀土出口分类管理中，可以在出口配额总量不变的情况下调整出口结构，对于宝贵的、稀缺的稀土资源严格控制，增加相对丰富的稀土品种出口，出口总量逐步缓慢下降，这样可以减少来自国际上的压力。在国内的稀土生产、加工以及应用中，把宝贵的、稀缺的稀土资源用到价值最高的领域中，引导产业向稀土应用的高端方向发展。

（三）大幅度提高稀土的供给成本

从市场的角度看，只有提高稀土的供给成本，才能真正解决稀土的廉价流失问题，才能真正实现稀土的战略价值。随着稀土开采、加工技术水平的不断提高，稀土的生产成本在不断下降。因此，提高稀土的供给成本，主要通过大幅度提高包括资源税在内的各种税收以及大幅度提高环保成本，出口关税的大幅度提高还可以提高出口的供给成本。提高稀土的供给成本就是在提高稀土的使用成本，不但国外使用稀土的成本提高，国内使用稀土的成本也应该提高。唯有这样，才能使宝贵的资源不至于低价值使用，才能引导整个产业向稀土应用型、高价值型方向发展，才能使我们未来有可能站在高新技术产业的制高点上。

提高稀土的供给价格，可以逼迫国内稀土应用产业提高市场竞争力。在国内产业无力使用高成本稀土时，宁可保留资源，也不能低价值滥用。如果国内产业和国外相比，在没有高出口关税的情况下，仍用不起比国外价格相对较低的稀土，那么说明国内应用稀土的能力仍然不够，产业的竞争力仍然不强。只有当国内产业可以用得起高成本稀土时，国内稀土应用产业的优势地位才会得以确立。当然，大幅度提高稀土出口的供给成本，还可以迫使国外相关稀土应用产业向国内转移，缩小国内稀土应用产业与国外的差距。

需要注意的是，一方面，大幅度提高稀土出口的供给价格，会使国外加快稀土勘探和生产的步伐，这会对中国稀土目前在国际上的优势地位造成冲击，也会影响中国稀土产业的发展。因此，在中国稀土应用产业尚未充分发展、还缺乏竞争力之前，所提高的稀土出口供给成本应略低于国外生产同类稀土产品的价格，以此来抑制国外稀土产品的开发，保持中国稀土的优势。另一方面，中国稀土的开采和分离技术是世界上最高的，这是中国稀土生产成本较低的一个重要原因，也是中国稀土保持长久竞争力的关键。因此，对稀土生产技术的严加保护应该成为国家层面上稀土产业发展战略中的一项极为重要的内容。

（四） 以稀土出口换技术

在相当长的一段时间里，虽然可以提高稀土的价格，但中国不可能大幅度减少对国外的稀土出口量。这一方面会使国外稀土产业遭受严重打击，可能会招致贸易报复；另一方面也会使中国失去国外稀土市场，在国内稀土应用产业还没有发展成熟时，国内稀土开采、加工产业也会垮掉。所以，需要给中国稀土应用产业争取发展的时间。

虽然我们不能大幅度减少稀土出口量，但可以在出口稀土时附带条件。由于稀土生产有严重的环境污染和环境破坏，至少可以以稀土出口换取环保技术，包括污染处理技术、生态恢复技术以及稀土的循环再利用技术等。如果有可能，积极鼓励以稀土出口换取稀土应用技术，或以稀土出口换取国外稀土应用专利费的减免和专利使用的限制，从而缩短稀土应用开发的时间。

（五） 重点发展稀土的应用

从长期来看，真正能使稀土产业良性发展、彻底解决"稀土问题"的关键，是稀土应用的研发和稀土应用产业的建立。如果没有稀土的应用，或国内稀土的应用技术和应用价值始终低于国外，那么"稀土问题"将会一直困扰着我们。

中国在稀土的前端（稀土资源的开发）生产技术方面是世界上最先进的，生产能力也是世界上最强的，如果稀土应用技术和应用产业没有发展起来，稀土研发和生产投入还主要停留在开采和分离阶段，那么稀土产业链的前端技术越发展、生产水平越高，稀土价格的下行压力就越大，中国稀土资源储量下降得就会越快，"稀土问题"就越严重。所以，在稀土产业的研发和投入上，应该偏重于稀土的应用。稀土的应用也是中国稀土产业的短板，在高端应用上和国外有很大的差距。发展稀土的应用是早晚都要做的工作，晚做不如早做。

这次"稀土之争"，让我们清楚地看到了解决"稀土问题"的症结所在，中国只要下定决心、持之以恒，有发展航天事业的精神，稀土的高端应用产业就一定能建立起来，稀土完全可以成为中国未来产业升级及产业转型的催化剂，也完全有可能促使中国未来站上高新技术产业的制高点，这是一个很好的契机。

（六）对国内受损地区进行利益补偿

在对稀土的开采、加工、出口和应用进行分类控制时，有部分地区的利益必然会受损。为了保护好受损地区的稀土资源以及为了消除来自地方政府对稀土控制的阻力，完全应该对受损较大地区给予利益补偿，让受损地区能够主动地、自觉地对稀土资源进行相应的控制。

在制定稀土产业发展的空间布局时，对受损地区可以进行利益补偿。通过政策引导和财政支持将稀土应用研发和应用产业向受损地区集聚，这是一个较为现实和较为可行的补偿办法。一方面，目前国内稀土应用研发的力量太分散，不能形成研发的集聚效应，国内稀土应用产业也太分散，不能形成产业集聚。建立一个类似"硅谷"的稀土应用研发聚集中心，使分散的研发力量和分散的应用产业迅速集聚，可以缩短稀土在应用领域取得突破的时间；另一方面，受损地区拥有更为宝贵的稀土资源，受"资源诅咒"的影响，经济都不是太发达，对资源型产品的依赖大。稀土应用研发和应用产业的集聚可以改变受损地区的产业结构，使受损地区能够不依赖稀土资源型产品而发展经济，同时为受损地区未来能够对稀土资源高价值应用打下基础。如果没有这种补偿，让受损地区有资源而不用，也是不可能长期做到的。

国家应尽快对稀土产业发展有个明确的空间布局，这样可以使稀土资源拥有地区对未来有确定的预期，减少地区间的利益博弈，在短时期内就可以对稀土资源进行有效控制。

（七）鼓励企业走出去

目前，中国是稀土资源生产输出大国，也是稀土资源型产品生产技术强国，同时中国资源型企业的资本实力也有极大的提高。完全可以利用这些优势走出国门，实施境外稀土资源的开发，这样一方面可以减轻国内稀土资源储量过快下降的压力，另一方面也可以在减少国内稀土出口量、提高稀土出口价格的情况下，保住中国在世界稀土市场上的份额，保住中国在稀土资源型产品生产上的优势。从长远看，鼓励企业实施境外稀土资源开发，还可以为中国未来的稀土应用产业发展提供有保障的原料供应。

当前，一些国际矿业公司受金融危机影响，经营较为困难，资产市值大幅缩水，不少国际矿业公司主动与国内有实力的企业合作开发境外资源，这为中国企业参与境外资源开发带来了契机。在国内应加快稀土行业的重组，加快形成大企业集团，为开发境外稀土资源提供基本的"企业基础"。国家应通过各种方式推进国内企业走出国门，参与国际稀土产业竞争。

（八）对稀土进行战略储备

由于稀土对于发展高新技术产业以及对国家未来利益太重要，在稀土预期储量有限、各国围绕稀土进行激烈地博弈时，国家对稀土的战略储备不仅是极为必要的，而且是极为紧迫的。在短期内，为了使稀土资源地区和稀土生产企业不至于因为稀土控制而在经济上受到严重打击，国家可以以最为稀缺的稀土氧化物为主进行储备；长期来看，稀土产业良性发展以后，国家应以稀土精矿为主进行储备。

三、国家加强稀土控制背景下江西省稀土产业科学发展的思路

从稀土自身的战略价值、对未来高新技术产业的影响、对未来国家产业竞争力的影响以及稀土对国家间博弈的影响等方面来看，国家层面上的稀土控制将会越来越趋于严格。在这种背景下，江西省作为稀土资源大省，其产业发展既面临着严峻的挑战，也面临着极大的机遇。科学地确定江西省发展稀土产业的对策，不但十分必要，而且十分急迫。

江西省所拥有的稀土资源是世界上战略价值最高、最为稀缺的南方中、重离子型稀土。因此，国家对稀土的控制，特别是对稀土出口的分类控制，对江西省稀土原料产业的影响最大。但是，国家对稀土的控制并不是不发展稀土产业，而是通过对稀土原料的控制能够促使稀土应用产业的发展。稀土的真正价值在于稀土的应用，稀土廉价出口造成的惨重损失已经让国家明确地认识到了这一点，对稀土的控制表明国家已经采取了行

动，这是稀土应用产业发展的一个绝好机会。江西省如果能够抓住这个机会，发展起稀土应用产业并促使稀土应用产业向其集聚，短期内围绕着稀土应用产业的发展会有大量相关投资跟进，可以有力地拉动经济增长；长期会形成具有极强竞争优势的产业，有力地促进江西省产业结构升级、经济发展方式转变。另外，稀土的特殊战略价值以及稀土在高科技领域的广泛运用，必将引起世界对稀土的日益关注，借助于稀土应用产业可以使江西省的地区影响力在短时间里极大增强。

因此，抢先、快速地发展"稀土应用产业"应该成为江西省稀土产业发展战略的核心；千方百计促使稀土应用产业向江西省集聚是实现这一战略目标的关键。

（一）积极支持国家对稀土进行控制，换取国家对江西省发展稀土应用产业的支持

从国内稀土现有产业状况看，国家对稀土的控制，江西省是利益受损最大的地区，而江西省对国家稀土控制的积极支持，似乎是一种非理性行为，但这仅仅是一种表面化的认识。第一，稀土的前端产业规模并不大，即便是不加控制的发展，稀土原料产业对经济的贡献也极其有限。第二，如果仅以稀土的资源型产品进行竞争，江西省稀土资源的储量、稀土前端产品的生产能力和稀土的地位在全国并无绝对优势，一旦稀土资源枯竭，以资源型为主的江西省稀土产业将再也没有发展的机会。第三，稀土前端产业属于资源型产业，产业等级较低，继续大力发展稀土前端产业无助于江西省产业结构升级，不利于江西省整体经济竞争力的提高，受"资源诅咒"效应的影响，单纯地发展稀土资源型产业带给我们的可能并不是福音。第四，稀土资源型产品生产的环境代价太大，在稀土前端产业尚未完全解决环境问题之前，为了鄱阳湖生态经济区的建设，稀土前端产业也不能盲目发展。第五，资源型产业本身是强周期性产业，同时稀土前端产品的供给又是国家间博弈的重要手段，因此稀土前端产业属于极不稳定的大幅度波动产业，而波动性大的产业是不适合、也不能够作为主导产业来发展的。

总的来看，国家对稀土控制在短期内会给江西省稀土产业带来损失，

但长期对江西省经济整体发展是有利的。如果能把握住机会，利用自我牺牲支持国家对稀土的控制，换取国家对江西省发展稀土应月产业的支持，包括国家稀土应用研发和稀土应用产业的空间布局向江西省倾斜，则这种损失不但是完全应该的，而且是完全值得的。更重要的一点是，江西省在稀土前端产业上并不占优势，而国内稀土应用产业的发展，大家则是站在同一条起跑线上，谁先起跑，谁就具有了先发优势，以短期损失换取先发优势的地位，是博弈中极具策略性和远见性的战略选择。

（二）利用鄱阳湖生态经济区建设上升为国家级战略的契机，争取国家对江西省发展稀土应用产业给予更多的投入

鄱阳湖生态经济区建设已经成为国家战略，江西省鄱阳湖生态经济区建设的本质内涵是，特色是生态，核心是发展，关键是转变发展方式，目标是实现绿色崛起、科学发展。保护和建设良好的生态环境在鄱阳湖生态经济区建设中极为重要。江西省稀土资源主要分布在赣州，而赣州又是赣江的源头，在鄱阳湖生态经济区的上游发展对生态环境破坏极大的稀土前端产业，对鄱阳湖生态经济区建设目标的实现构成了巨大的威胁。稀土应用产业属于高科技产业，对生态环境的负面影响很小，而且稀土应用产业的产品附加值高，在资金支持能力上极有利于生态环境的保护和改善，用稀土应用产业替代稀土资源型产业，对于鄱阳湖生态经济区的建设可以达到事半功倍的效果。作为国家级发展战略，国家势必会在环境保护上投入更多的资金，利用这一契机，争取国家对江西省稀土应用产业发展给予更多的投入，不但可以大大提高国家投入资金的使用效率，保证鄱阳湖生态经济区建设战略得以实现，而且还可以形成竞争力强、环境保护能力强的高科技产业，永久性地消除鄱阳湖生态经济区的上游生态威胁。

（三）利用国家扶贫开发战略，以产业扶贫方式帮助江西省迅速发展稀土应用产业

目前，赣州不但是江西省稀土资源和稀土前端产业的集聚区，而且也是江西省经济发展水平极端落后的地区。赣州有大量的贫困县和贫困人口，是国家扶贫开发战略的重点实施地区；赣州尚未形成规模较大的、有

影响力的主导产业，这对于赣州众多人口的脱贫致富以及经济社会的发展极其不利。赣州经济发展水平的落后严重影响了江西省整体经济发展水平的提高，而且由于赣州在中国革命中的特殊历史地位，其社会经济发展水平极端落后的面貌在未来会对国家形象造成越来越大的负面影响。

利用国家扶贫开发战略的实施，争取国家以产业扶贫的方式将扶贫资金用在刀刃上，在赣州原有稀土产业的基础上帮助赣州发展起稀土应用产业。这样做，一方面可以在国家实施稀土控制以后，赣州的原有稀土产业得以平稳过渡，不至于对赣州经济造成雪上加霜；另一方面变输血型扶贫为造血型扶贫后，赣州自身发展能力得到增强，在未来可以大大减轻国家的扶贫负担。

（四）对稀土生产企业迅速整合，形成有实力的大型企业，培育稀土应用产业发展的微观主体

目前，江西省稀土前端产品生产企业规模小、资金实力不足，整个产业行业集中度低、力量分散，不足以担当起稀土应用产业发展的重任。稀土应用领域的研发、稀土科技产品的转化及稀土应用产品的大规模生产最终都要落在企业身上。相对于小企业而言，大企业开发能力更强，对外交流以及融资更容易，大规模生产的规模效益更突出。在稀土应用产业发展的初期，大企业更有可能也更有能力获得国家的扶持，尤其在稀土应用产业发展方向上更需要大企业起引导和示范作用。江西省应尽快完成对稀土产业的整合，迅速形成有实力的大型稀土企业，为稀土产业向应用型方向发展打下坚实的基础。

（五）构建"稀土特区"，促使稀土应用研发、稀土应用转化以及稀土应用产业迅速集聚

目前，中国稀土应用产业和国外存在着巨大差距。因此，发展稀土应用产业需要凝聚全国的稀土应用研发和相关产业的力量，以期在较短的时间里迅速缩小与国外的差距。设立"稀土特区"可以为各类稀土开发组织提供一个集聚平台，在"稀土特区"中采取各种优惠措施和特殊产业扶持政策，有针对性地解决稀土应用产业发展中的困难和问题，不但吸引国内

稀土企业和稀土研发组织进入，而且广泛地吸引国外稀土开发企业进入。江西省可以率先构建"稀土特区"，然后争取国家对"稀土特区"的认可和支持，在"稀土特区"中形成国家、地方、企业共同参与稀土应用开发的局面。

作者：吴一丁系江西理工大学经济管理学院教授、硕士生导师

　　　毛克贞系江西理工大学外语外贸学院教授、硕士生导师

进一步推进江西省科技入园工程的若干思考[*]

尹继东　王玉帅　钱　芳　许水平

在工业园区的发展中，科技起着至关重要的作用。从 2006 年开始，江西省积极实施科技入园工程，促进科技与企业的有效对接，让科技深度融入经济，将科技转化为现实的生产力，推动了江西绿色崛起。截至 2011 年年底，江西省有 120 家生产力促进中心，其中 116 家实施了科技入园，约占 97%。116 家生产力促进中心共服务园区企业 17486 家，超过全省园区企业总数的一半；为园区企业提供咨询服务 54922 次，开展技术服务 11530 次，开展信息服务 630455 条，开展人员培训服务 152906 人次；为园区企业联系科研院所 1374 个，联系专家 12755 名，培育科技型企业 2355 个。受服务园区企业增加销售收入 178.2 亿元，创造利税近 24.25 亿元，增加就业 139947 人。

一、江西省实施科技入园工程的具体做法

科技入园既是解决科技与经济结合问题的纽带，也是提高科技创新主体创新能力和科技成果转化效率的桥梁。实施科技入园工程以来，江西省各设区市、县（市、区）生产力促进中心根据当地经济发展的特点及主导产业，积极为园区企业提供各类科技服务。

1. 科技机构入园

科技机构入园是科技入园工程实施的前提。江西省科技机构入园主要通过三种方式来实现。一是生产力促进中心入园。各设区市、县（市、区）科技局普遍指定一名副局长兼任生产力促进中心主任或分管生产力促

———————————

* 本文刊发于《内部论坛》2012 年第 29 期（总第 882 期），获 1 位省领导肯定性批示。

进中心工作；同时，生产力促进中心明确了工作职能、办事程序和办公场所，组建了由科技局业务骨干和社会招聘人员组成的团队，并长期入驻园区为园区企业提供服务。二是中介服务机构入园。在工业园区内引进中介机构，包括引进科技孵化基地、创建科技创业服务中心、建立金融担保中心等机构，从而为园区企业提供项目申报、专利代办、科技融资等服务。三是建立科技服务平台。各设区市、县（市、区）生产力促进中心建立为园区企业服务的综合性信息服务平台，即"一网两库三台帐"，提供各类与科技相关的服务，包括咨询服务、技术服务、信息服务等，从而实现园区企业的资源共享，并提高生产力促进中心对园区企业的有效管理和服务效率。其中，"一网"是科技网站，"两库"是项目库和专家库，"三台帐"是园区企业基本情况台帐、企业科技需求台帐和科技入园工作台帐。

2. 科技政策入园

科技政策入园帮助企业实现与国家政策的有效对接，保证园区企业对国家政策层面信息的了解。一是宣传科技政策。各设区市、县（市、区）生产力促进中心通过主动上门告知、上墙张贴、上网公布等多条渠道，使园区企业能够及时了解科技政策。二是帮企业争取科技政策。引导企业申请成果鉴定或申报专利，主动帮助企业争取省级和国家科技计划项目、政策，帮助符合条件的企业申报高新技术企业、科技新产品或认定民营科技企业。三是督促园区落实科技政策。通过与财政、税务部门沟通协调，督促园区落实科技型企业税收减免、政府采购等优惠政策，使园区企业得到实实在在的利益。

3. 科技项目入园

科技项目入园是实施科技入园工程的重要抓手。一是安排科技支撑项目入园。江西省市县两级科技经费侧重向园区企业倾斜，以有限的科技投入实现最大限度地调动企业技术创新的热情。2011 年，全省生产力快报汇总表显示，经费达 52559 万元，其中政府投入 4202 万元。二是争取上级科技项目入园。具体做法包括引导和帮助企业申报国家火炬计划、国家创新基金、科技支撑计划、新产品计划等。三是招引科技项目入园。对园区内现有的高新技术项目和重大科技成果进行收集整理，建立高新技术项目库和科技成果库，有针对性地开展科技招商活动，为园区引进科技含量高的新项目。四是组织科技论证。为了提高企业素质，组织符合条件的企业申请科技企业资格论证，帮助企业成长为高新技术企业、民营科技企业。

4. 科技人才入园

科技人才入园是实施科技入园工程的核心环节。一是吸纳科技人才。引导大批优秀科技人才向工业园区集中，同时建立健全技术等要素参与受益分配的激励机制，鼓励企业推行骨干技术人员年薪制，支持企业对关键技术骨干实施期权激励政策，提倡以科技成果作价投资、折算股份等形式进行科技成果转化，重奖有突出贡献的科技人员，通过一系列的优惠政策吸引更多的科技创新人才到工业园区创业。二是组织科技培训。为培养更多的科技人才，各生产力促进中心专门组织专家到企业进行科技培训，让企业了解当代科技发展方向，学习最新科技成果，掌握项目对接方法，熟悉项目申报要求。2011 年，各设区市、县（市、区）生产力促进中心的培训对象数量为 152906 人次。

5. 科技服务入园

科技服务入园把按照园区企业的科技需求所设置的各项服务提供给园区各企业，目的是直接有效地为园区企业提供科技服务。一是咨询服务。各设区市、县（市、区）生产力促进中心积极收集各类信息，努力为园区内企业提供有效信息，包括管理咨询服务、技术咨询服务、专家咨询服务等。二是中介服务。各设区市、县（市、区）生产力促进中心主动与大专院校、科研院所进行联系，引导园区企业与其加强科技合作与交流。三是金融服务。各设区市、县（市、区）生产力促进中心积极为园区内企业提供金融中介服务，服务内容主要包括融资服务、信誉担保、整合资金等，帮助解决企业资金不足的问题。四是科技创新服务。科技创新服务包括带动产品设计方法和工艺创新、企业管理模式创新、企业间合作关系创新等。

二、江西省科技入园工程实施中遇到的主要问题

实施科技入园工程是充分发挥科学技术作为第一生产力的重要作用、促进企业做强做大的迫切要求。科技入园工程实施中，一些深层次问题逐

渐暴露出来。

1. 科技创新政策不健全

各设区市、县（市、区）政府都先后出台了一些关于促进企业科技进步的税收优惠、人才发展、经费补助、技术改造、科技奖励等政策，但大多政策倾向于个性、微观方面，涉及创新资源聚集、创新设施建设、关键共性技术攻关、中介机构组建等共性、宏观方面的政策不多。有的政策未真正落实或落实后中途废止，有的随着形势发展已不合时宜。而且，政策支持缺乏系统性，缺少对共性技术研究的投入和供给，也直接影响园区企业的自主创新。此外，还存在企业融资难、激励机制上"脑体倒挂"分配不公、风险机制上政府扶持乏力等问题。

2. 创新服务体系不完善

江西省不少县（市、区）研发水平和创新能力都较低，在创新过程中缺少充足的科技信息和市场信息支持，缺少科技中介机构支撑。现有各类科技中介机构的服务品种少、服务面窄、服务缺乏深度，合作的广度和深度不够，部分机构的可持续发展能力较弱。目前，江西省各类生产力促进中心数量达到120家，从业人员达到1600余人，总资产超过5亿元。从总量上来看，规模已经较大，但由于分散在全省范围内，平均下来每家的规模和实力就明显不足。在业务合作上，目前虽然也有部分市级中心在个别的具体服务项目上与省中心有一些合作，但总的来说合作的广度和深度都还远远不够，市级中心间则基本没有什么合作。此外，在区域创新体系中通常缺少如工程中心、中试基地、重点实验室等原始创新性基础设施。

3. 创新人才资源短缺

江西省大多数企业人才总量不足，结构不合理，队伍不稳定。主要专业人才集中在机关事业单位和科研机构，而在作为科技创新主体的企业，专业人才非常匮乏。此外，中小企业大多没有自己的研发中心，很难形成良好的产学研合作机制，制约了企业的科技创新能力，形成不了自己的核心竞争优势。

4. 基层科技工作发展总体薄弱

江西省基层科技创新和服务体系不健全，科技推广能力较弱，企业创新能力不强，农民迫切需要的大量适用技术得不到满足。由于县市经济社会发展的不平衡以及经济实力不强，加之认识上的问题等原因，有相当一些县市的科技工作还未受到应有的重视。一些地方领导对基层科技工作在县域经济中的重要作用认识不足，或认为科技创新投入较大，见效很慢，不容易出"政绩"。抓科技工作往往停留在表面，"说起来重要，做起来次要，忙起来不要"，没有将科技工作纳入重要议事日程，从人、财、物上予以支持。另外，科技部门所拥有的职能与经济部门尤其是涉农部门的交叉比较多，协调沟通的难度大。科技部门开展工作往往需要利用行业主管部门的资源来开展，其工作的权威性受到很大影响，以致基层科技工作陷入"经费紧张开展工作难、职能萎缩发挥作用难、缺乏手段执法难"的局面。

三、进一步推进江西省科技入园工程的对策建议

科技入园工程盘活了原有的科技服务资源，促进原有的资源得到了有效的利用，总体效果良好。面对实施中逐渐暴露的一些深层次问题，江西省还应该进一步采取有力措施，努力形成科技入园长期稳定有效运行的局面。

1. 推进多层次的科技服务主体建设

科技服务机构的形式可以是多样化的。各类生产力促进中心是当前科技服务工作的主要机构，未来江西省应进一步推进多层次的科技服务主体建设。一是推进生产力促进中心多元化发展。鼓励社会资本进入科技创新服务领域，成立多种所有制形式（包括民营、股份制）的生产力促进中心，建立具有特色的专业生产力促进中心；推动大专院校和科研院所以及工业园区、高新技术产业开发区、大学科技园等各类园区设立生产力促进中心，加强生产力促进中心与科技企业孵化器的合作，引导其为产业集群创新和产业升级服务。二是大力发展其他类型的科技创新服务机构。除了生产力促进中心外，还应发展创业服务中心、孵化器、工程技术研究中心、科技评估中心、科技招投标机构、情报信息中心、知识产权事务中心、技术市场、人才中介市场、科技条件市场、技术产权交易中心等机构。三是推进科技入园纵深化发展。把科技入园的理念、思路、方式进一

步深化到基层科技工作中，创新基层科技工作理念、工作模式、工作机制、工作流程等，重点帮助成立一批为当地园区企业服务的县（市、区）级生产力促进中心。

2. 构建科技服务联盟体系

实现各生产力促进中心的资源整合与协作是当前提升服务效率的一个重要途径。江西应在全省范围内构建一个相对紧密型、具有整体优势、形成联动合作机制的科技服务联盟体系。按照"整合、共享、完善、提高"的原则，以省级生产力促进协会为平台、省级生产力促进中心为龙头、各市县级生产力促进中心为参与者，在自愿、平等、互利的基础上，以资源和力量相对雄厚的省级中心为依托，以较紧密接触和熟悉当地企业的市县级中心为窗口，以"一网两库三台帐"为基础，搭建全省生产力促进中心科技信息网络服务平台，开展各种形式的业务合作、能力支援以及共同申报承担科技计划项目等。各级中心之间也可以根据自身的业务特色、能力优势或服务需求，以协议方式开展互为依托与窗口关系的业务合作，形成战略伙伴或战略联盟。在对生产力促进中心内部资源整合的同时，要注意保持体系的开放性，建立起中心与各大科研院所的联系，开展与省外生产力促进中心的联系与合作，通过引进高层智力服务本地新兴产业的发展。

3. 促使科技服务机构向"运行机制市场化、管理模式企业化"的目标转变

在完善"科技入园"服务主体网络建设的同时，应处理好生产力促进中心的"准事业单位"性质与企业化市场运作之间的关系，加快推进科技服务机构向"运行机制市场化、管理模式企业化"的目标转变。科技服务工作是市场经济活动的重要组成部分，要靠市场价格规律和盈亏引导资源配置和组织经营活动，不能仅靠行政命令和科技服务工作者自觉奉献。政府主管部门要遵循市场经济规律，通过政策的顶层设计完善市场环境，进一步激活现有科技服务机构和科技服务工作者的积极性和创造性，吸引系统外资源和社会资本进入科技服务系统，引导高校院所科技工作人员参与到科技服务工作中来。各级各类科技服务机构和科技服务工作者要转变经营理念和服务理念，进行机制创新，建立与市场经济相适应的运行机制，

把自己转化为市场经营的主体，把以往的被动服务改变为主动服务。同时，积极探索多种形式的科技服务机构企业化管理模式。实施理事会领导下的经理负责制；选择条件成熟的部门进行股份制改造，让经营者和技术骨干持股经营，促使人力资本和智力资本发挥更大的作用；按照"多劳多得、能者多得"的原则，实行岗位工资制度；按照"能者上、庸者下"的原则，实行职位与薪酬能上能下的激励机制。

4. 加强科技服务硬件设施建设

科技服务设施不全是制约生产力促进中心服务能力的重要因素，各生产力促进中心应加强硬件设施建设工作。一是要加紧建设地方共性技术服务平台。不少生产力促进中心的服务对象是地方特色产业，为特色产业发展提供共性技术必然成为其首要任务。当前，应着力于关键共性技术能力的建设，以解决企业生产面临的现实技术问题。而从长远来看，则应持续加强基础共性技术能力建设，以提升区域特色产业的竞争优势。二是要积极争取上级部门的支持。以地方有一定影响力的产业和资源优势为支撑，结合国家科技发展计划，积极申报国家工程技术研究中心建设项目。在国家工程技术研究中心建设过程中，要注意与生产力促进中心的资源整合，可以直接在国家工程技术研究中心下设生产力促进中心，其服务范围面向全国。三是创新科技入园模式。企业对创新服务的需求不断地发生变化，科技入园服务模式也需要不断完善创新。譬如，在当前宏观经济政策背景下，中小企业融资尤其困难，资金短缺成为阻碍中小企业创新的重要因素。在这种背景下，江西省应该在"科技机构入园""科技政策入园""科技人才入园""科技项目入园""科技服务入园"等模式的基础上，积极探索和不断完善"科技金融入园"新模式。

5. 加强科技服务人才队伍建设

加强科技服务高素质人才队伍建设是进一步深入推进科技入园工作的关键。科技服务人才队伍建设要从存量和增量上着手：一是提高现有科技服务机构从业人员的职业素养。培训内容要包括法律法规、政策制度、职业道德、行业规范、公共关系以及现代科技、经济发展趋势等方面的综合知识，也要包括企业管理、市场营销、技术创新等方面的专门知识，以及科技中介服务的方法、规则、手段等专业技能。二是吸引优秀的人才进入科技服务队伍。充分挖掘和利用高等院校、科研院所、情报机构及留学归国等人才群体的资源，吸引优秀的专业人才进入各类科技中介机构，尤其是要鼓励海外留学人才回国创办科技中介机构。重视借用外脑，加强与国内外知名科技中介机构的人才交流与合作，建立起高水平的外聘专家和顾问团队。三是为科技中介机构开展国际合作提供渠道。鼓励通过"请进来、走出去"的方式，吸引国外知名科技中介机构进入国内开展业务，同时支持资质好、信誉高、运作规范的机构积极开拓国外业务。

6. 加强科技服务机构品牌建设

目前各生产力促进中心虽然做了大量的工作，但企业对其作为专业科技服务机构的品牌认知度并不高。加强品牌建设管理工作是进一步深化科技入园工程的重要方面。一是在全省范围内通过优质服务和业绩形成生产力促进中心大品牌。以实施"科技入园"和"六个一工程"为契机，大力宣传生产力促进中心的功能作用，提升企业对科技服务价值以及生产力促进中心作用的认识。二是各类行业生产力促进中心要积极加强与企业以及行业协会的联系，积极参加各种行业活动，增加中心的社会知名度。一些专业特色较强的生产力促进中心应该积极走出去，在全国范围内开展业务并形成自己的品牌。三是积极推进质量认证工作。在品牌建设过程中，生产力促进中心尤其要做好自身能力建设、服务规范和服务质量，使其服务真正得到企业的认可，同时应该积极推进质量管理体系的外部认证工作。

7. 加强科技服务行业协会建设

行业协会作为一种非政府机构，是加强政府指导、完善科技创新服务管理体制的重要环节，在规范科技中介服务体系中往往具有不可替代的独特作用。应尽快建立健全科技服务行业协会，促进行业自律，真正实现行业自我服务、自我协调、自我监督、自我保护。一是通过行业协会来加强机构之间、行业协会之间的联系。通过创办刊物、开展咨询服务、定期座谈交流等多种形式，加强成员间的沟通往来，实现互通有无、共同发展。二是通过行业协会制定行业发展规划，完善自律发展机制，维护行业公平竞争，协助有关部门进行资格认证、制定行业规范，明确操作程序等。三是依托行业协会积极探索建立科技中介行业的信誉评价体系。从科技服务机构的服务功能、服务质量、创业成功率、科技资源的聚集和转化、创业资本的吸引和使用以及产生的经济社会效益等方面进行信誉评价。同时，建立信誉评价信息发布和查询制度，推动信誉监督管理社会化。

作者：尹继东系南昌大学 MBA 中心主任、教授、博导

王玉帅系南昌大学经济与管理学院经济系副教授

钱　芳系南昌师范学院外文系副教授

许水平系南昌大学经济与管理学院经济系教师

江西加快培育和发展战略性新兴产业的路径选择与政策建议[*]

江西省发展和改革研究中心课题组

在省委、省政府的高度重视和强力推动下，江西战略性新兴产业发展起步好、层次高、势头猛，部分产业在一些关键领域取得较大突破，若干产业和技术在全国乃至国际上处于领先位置，呈现出蓬勃发展的良好势头。站在新的发展起点，着眼于增强未来经济发展的后劲和实力，充分依托现有的产业基础和资源特色，以国际视野和战略思维选择若干重点领域作为突破口，在新一轮世界科技创新、产业结构调整中更好地把握先机，使战略性新兴产业尽早成为全省国民经济先导产业和支柱产业，对进一步推进科学发展、进位赶超、绿色崛起，建设富裕和谐秀美江西有着重大而深远的意义。

一、江西战略性新兴产业重点突破领域选择与发展导向

1. 选择基准

结合战略性新兴产业的内涵特征，通过参考国内的一些前期成果、专家咨询以及各部门、企业的调研与交流，确定从五个维度建立江西战略性新兴产业重点突破领域选择的基准，并细化分析如下。

一是产业主导力基准。考虑到战略性新兴产业全局性与导向性特征，将产业主导力基准分为区位商、产值比重、产业关联度和地理集中指数（EG 指数）四个二级指标。

二是产业成长力基准。考虑到战略性新兴产业必须具有良好的成长潜

本文刊发于《内部论坛》2012 年第 7 期（总第 860 期），获 1 位省领导肯定性批示。

力，从生产率上升率、利润率、固定资产投资比重三方面考察其所具有的产业成长力特征。

三是产业创新力基准。考虑到战略性新兴产业重点突破领域必须代表未来产业发展的高级化方向，选取科技投入比重、科技人员比重作为产业创新力标准。

四是产业需求力基准。考虑到战略性新兴产业重点突破领域必须具有潜在的市场需求和广阔的市场发展空间，选择需求收入弹性和主营业务收入增长率来衡量战略性新兴产业需求力。

五是产业生态力基准。考虑到战略性新兴产业重点突破领域必须具有资源能源消耗低、环境污染少的特点，选择单位产值能耗率和单位产值污染物排放率作为战略性新兴产业生态力标准。

2. 十大战略性新兴产业排序

江西战略性新兴产业的选择是一个多目标、多指标的系统。基于前述的五大基准，再征集十大战略性新兴产业领域的相关职能部门及专家的意见，根据多目标综合评价模型计算，分别得出十大战略性新兴产业综合指数得分及层级排序。

第一层级：包括金属新材料、光伏、绿色食品、生物和新医药四大产业领域，综合指数得分在 1.0~1.6；

第二层级：包括非金属新材料、新能源汽车及动力电池、航空制造三大产业领域，综合指数得分在 0.8~1.0；

第三层级：包括文化及创意、半导体照明、风能核能三个产业领域，综合指数得分大致在 0.5~0.8。

3. 重点突破领域综合选择

战略性新兴产业重点突破领域选择不仅要关注现有的产业发展水平，而且要结合产业的成长性、发展潜力、比较优势以及国内外发展的总体趋势等。结合战略性新兴产业排序、在全国的优势地位以及未来成长潜力和发展前景，江西战略性新兴产业重点突破领域综合选择为：

从战略性新兴产业综合排序看，应选择金属新材料、光伏、绿色食品、生物和新医药、非金属新材料、新能源汽车及动力电池、航空制造等产业作为重点突破领域；

从战略性新兴产业在全国的优势地位看，应选择金属新材料、光伏、绿色食品、航空制造、非金属新材料、生物和新医药等产业作为重点突破领域；

从战略性新兴产业成长潜力和发展前景看，应选择金属新材料、光伏、绿色食品、生物和新医药、非金属新材料、新能源汽车及动力电池、半导体照明、航空制造等产业作为重点突破领域。

综合以上分析，当前和今后一段时期，江西战略性新兴产业重点突破领域为：金属新材料、光伏、绿色食品、生物和新医药、非金属新材料、新能源汽车及动力电池、航空制造、半导体照明。

4. 发展导向

一要优先培育和发展金属新材料、光伏、绿色食品、生物和新医药四大战略性支柱产业，显著提高其核心竞争力。这四个产业主营业务收入在"十二五"期间均可能形成超 2000 亿元的规模，特别是金属新材料产业和光伏产业，其主营业务收入有可能分别达到 6000 亿元、3000 亿元，成为支撑江西新一轮经济发展的重要支柱。

二要大力发展非金属新材料、新能源汽车及动力电池、航空制造、半导体照明四大战略性先导产业，快速提升其产业规模。这四个产业主营业务收入在"十二五"期间均将接近或超过 1000 亿元的规模，对于江西国民经济发展具有全局性和长远性作用。但是，新能源汽车及动力电池、半导体照明、航空制造目前产业规模较小，应给予重点培育和支持，否则其产业规模难以突破或接近千亿。

三要布局发展文化及创意、新一代信息技术、节能技术、风能核能四大潜力产业，构建新的经济增长点。除风能核能产业外，文化及创意、新一代信息技术、节能技术产业"十二五"主营业务收入在 500 亿～800 亿元。应发挥这四个产业对其他重要产业或是产业重要环节的渗透和支撑作用，并培育成为全省经济发展新的增长点。

二、江西战略性新兴产业发展的路径选择

根据战略性新兴产业的创新模式和市场特点，从技术体系、创新路

径、主导设计、产业规模和市场环境 5 个要素出发，把战略性新兴产业发展分为孕育期、成长期和成熟期三个阶段。综合分析，新能源汽车及动力电池、半导体照明、文化及创意、新一代信息技术、节能技术、风能核能产业整体上处于孕育期，光伏、金属新材料、绿色食品、生物和新医药、非金属新材料、航空制造均处于快速成长阶段。根据江西战略性新兴产业不同领域的阶段性特点，其发展路径应分产业考虑。

1. 处于成长阶段的战略性新兴产业路径选择

光伏：选择"点—线—面"相结合的产业链延伸路径。针对江西光伏产业中下游产业总体规模偏小、配套产业发展较为滞后、市场应用仍处于初创期等突出问题，综合考虑，应选择"点—线—面"相结合的产业链延伸路径，培育壮大赛维 LDK、赛维 BEST、瑞晶太阳能、晶科能源、百世德等龙头企业，大力引导和鼓励光伏产业链向晶硅电池及组件、薄膜太阳能电池、发电系统等前后向延伸，积极发展 EVA 膜、TCO 玻璃、超白玻璃、逆变器等关键配套产品，构筑从高纯硅料、硅锭片到太阳电池、组件、系统集成及应用产品生产的完整产业链。

金属新材料：选择"精深加工与拉长产业链"并进的内涵式发展路径。针对全省金属新材料产业大部分处于中低档次、下游精深加工及应用环节比较薄弱、开拓新产品和应用新技术的速度迟缓等突出问题，综合考虑，应选择"精深加工与拉长产业链"并进的内涵式发展路径，着力提高铜、稀土、钨等矿产资源综合利用水平，加快发展耐冷精密铜线、耐高压利磁铜线、高性能硬质合金工具及硬面材料、高性能稀土永磁材料、稀土发光材料、特种稀土功能材料等深加工及应用产品，全力打造中国（鹰潭）铜产业、硬质合金工具、稀土新材料、镍钴新材料、黄金稀贵金属等十大金属新材料产业基地，把江西建设成为全国金属新材料产业强省。

绿色食品：选择以"公司 + 农业合作 + 基地 + 标准化"为主体的产业化发展路径。针对全省绿色食品加工企业普遍规模不大、缺乏具有国内外影响力和市场号召力的知名品牌等突出问题，综合考虑，应选择以"公司 + 农业合作 + 基地 + 标准化"为主体的产业化发展路径，做大做强江粮集团、阳光乳业、煌上煌集团、金佳谷物公司、润田食品饮料有限公司等龙头企业，大力发展"龙头企业 + 专业合作社 + 农户"、农产品批发市场带专业合作社、专业合作社建基地、专业合作社（基地）联农户等农业产业化合作组织，积极推进建设全国最大的绿色食品原料标准化生产基地、在全国具有突出特色和优势的绿色食品生产加工基地，把赣牌绿色食品产业建成全省重要支柱产业。

生物和新医药：选择"生物医药＋生物农业＋生物制造"的多元化发展路径。针对全省生物和新医药产业新药品种少且档次不高、化学原料药和生物制品片处于劣势、生物工程技术和疫苗类产品几乎是空白等突出问题，综合考虑，应选择"生物医药＋生物农业＋生物制造"的多元化发展路径，巩固发展以现代中药、生物制药、化学制药、生物医学工程为主的生物医药领域，提升发展以农业良种育种、绿色农用生物制品、生物质能源植物、农林废弃物综合利用为主的生物农业领域，突破发展以生物基材料、微生物制造为主的生物制造领域，推进若干江西名中药进入国际药品主流市场，推动江西由农业大省向农业强省跨越。

非金属新材料：选择"重大项目→龙头企业→产业基地"产业集聚式发展路径。针对全省非金属材料产业下游深加工附加值高的产品偏少、资源环境约束趋紧等突出问题，综合考虑，应选择"重大项目→龙头企业→产业基地"产业集聚式发展路径，大力实施产业链拓展项目、关键技术攻关项目和应用市场综合开发项目，培育壮大星火有机硅厂、昌九农科、师大化工、江西碱业、江西盐矿、蓝恒达化工、九二盐业等大型龙头企业（集团），着力引进一批世界500强、国内500强、知名央企和行业领军企业，推进景德镇高端陶瓷、萍乡工业陶瓷和工程玻璃、高安和丰城建筑陶瓷、上饶光学和精密仪器、永丰纳米碳酸钙产业基地、星火有机硅工业园、新干和樟树盐化工基地、赣州氟化工基地等向纵深发展，全面提升非金属新材料产业整体水平。

航空制造：选择"主干＋分支＋配套"三位一体的发展路径。针对全省航空制造业缺乏较为完整的关联配套产品、整个航空产业规模有待于进一步扩大等突出问题，综合考虑，应选择"主干＋分支＋配套"三位一体的发展路径，充分发挥洪都集团、昌河飞机、九江红鹰飞机制造公司三大集团的龙头作用，巩固和提升江西直升机、教练飞机、通用飞机、无人直升机等主力机种发展实力，突出发展以大部件制造、航空新材料研发、航电系统研制为主的航空分支产业，延伸发展以转包生产、零部件加工、航空维修和教育培训为主的配套产业，构建由主干产业、分支产业和配套产业构成的航空产业体系，打造在全国具有重要地位的航空优势产业。

2. 处于孕育阶段的战略性新兴产业路径选择

新能源汽车及动力电池：选择"市场应用推广与关键技术突破"双轮驱动的发展路径。针对江西新能源汽车及动力电池产业尚未形成规模、关键技术有待进一步突破、市场开拓还需较长过程、产业政策尚需进一步调整完善等突出问题，综合考虑，应选择"市场应用推广与关键技术突破"双轮驱动的发展路径，依托江铃集团、昌河汽车、安源客车、凯马百路佳、福瑞德科技等骨干企业，加强突破系统集成、动力总成、电磁兼容、高压安全、动力电池等一批新能源汽车及动力电池的核心技术，重点支持省产新能源汽车示范推广和以混合动力汽车为重点的节能汽车推广，并从财政、税收、投资、金融、土地、人才、帮扶等方面进一步完善扶持政策，尽快形成产业规模化发展态势。

半导体照明：选择"以示范促应用、以应用促发展"的产业化发展路径。针对全省半导体照明硅衬底技术的产业化进程亟须加快、产品亮度和产业规模层次有待提高、市场未能有效开拓等突出问题，综合考虑，应选择"以示范促应用、以应用促发展"的产业化发展路径，依托晶能光电、联创光电、欣磊光电等核心企业以及南昌国家半导体照明工程产业化基地，加快推进以硅衬底 GaN 基为主的半导体照明外延材料和芯片产业化进程，全面加大功率型高亮度 LED 照明技术及产品的研发力度，在城市、道路、社区等区域建设一批半导体照明示范工程，大力发展 LED 通用照明、LED 显示屏、LED 背光源、汽车 LED 照明、高端景观照明灯等下游应用产品及大功率封装材料等配套产品，快速提升半导体照明产业规模及综合竞争力。

文化及创意：选择"文化提升型、科技提升型和文化科技并举型"的渐进式发展路径。针对江西省文化创意产业主要以传统文化产业为主导、综合竞争力存在明显差距等突出问题，综合考虑，应选择"文化提升型、科技提升型和文化科技并举型"的渐进式发展路径，突出地域特点，针对软件及服务外包等具有高技术基础的文化创意产业，应强化文化元素的注入，提升文化内涵；针对动漫等具有高文化基础的文化创意产业，应强化科技元素的注入，提升科技内涵；针对娱乐休闲、文化旅游等文化、科技基础较为薄弱的传统文化创意产业，应强化文化与科技两种元素的发掘与注入，同时提升文化与科技内涵。

新一代信息技术：选择"高端产业承接、传统产业改造和新兴技术产业化"三轨并行的发展路径。针对江西省微电子、光电子和材料等基础产业发展严重滞后，关键芯片、重要材料和专用制造设备只能依靠进口，新一代信息技术方面几乎处于空白等突出问题，综合考虑，应选择"高端产业承接、传统产业改造和新兴技术产业化"三轨并行的发展路径，抓住国际产业加速转移和新一轮信息技术发展带来的机遇，积极承接计算机设备、集成电路、数字视听、新型电子元器件等国内外高端新型信息技术产业转移，将新一代信息技术融入传统电子产品，加大对第三代移动通信、"物联网"、"三网融合"、4C（计算机、通信、消费电子、内容）、高性能网络计算和服务技术等领域的研发、应用及产业化，促进电子信息产业在全省乃至全国发展地位迅速提升。

节能技术：选择"技术→产品→服务"的全产业链发展路径。针对江西省节能技术产业规模还比较小、发展水平也较低、节能技术创新有待发展等突出问题，综合考虑，应选择"技术→产品→服务"的全产业链发展路径，在节能、废水处理、烟气控制治理、固废资源化、环保新材料、环境监测仪器等领域，加快推进节能关键技术装备的研发和产业示范，大力发展节能装备产品、水污染防治装备、大气污染防治装备、固体废弃物处理和资源综合利用装备、环境监测仪器、环保材料和药剂等高效节能产品，培育一批有特色、高水平的专业节能服务公司和机构，打造一批节能环保产业基地，构筑节能技术产业发展新格局。

风能核能：选择"上下游产业联动"的发展路径。针对江西省风能核能产业尚未形成一定的规模化生产能力且未能真正融入全国风能和核能产业大分工格局等突出问题，综合考虑，应选择"上下游产业联动"的发展路径，以稀土永磁直驱风力发电整机为主攻方向，加快推进大型风电装备的研发和产业化，着力提高风电核电装备制造水平，稳步推进风能与核能发电应用项目，大力实施智能电网建设工程，促进风能与核能产业集聚和规模化发展。

三、进一步推动江西战略性新兴产业发展的政策建议

当前和未来一段时间，江西加快培育和发展战略性新兴产业的着力点应更多地放在强化科技创新、培育壮大优势企业、促进优势产业集聚发展、强化人才队伍建设、完善财税金融政策、积极培育市场、深化开放合作、创新体制机制等方面。

1. 强化科技创新体系建设，提升战略性新兴产业核心竞争力

一要加强关键核心技术和前沿技术研究。突出企业在自主创新中的主体地位，实施重大创新工程和专项攻关研发项目，进一步加强部、省科技合作，完善科技部与江西之间的会商机制，努力实现江西战略性新兴产业科技需求与国家科技发展整体战略的有效对接，为江西加快战略性新兴产业的发展提供科技支撑。

二要加快战略性新兴产业创新平台建设。加快建立一批省级以上重点实验室、企业技术中心、工程研究中心、工程技术中心、公共技术平台、公共检测平台、科技信息共享平台、技术产权交易平台，以更加优惠的政策支持国家科研机构、国内重点大学、海外知名大学将研发机构落户鄱阳湖生态经济区，增强鄱阳湖生态经济区对战略性新兴产业发展的引领和示范作用。

三要根据不同发展阶段选择科技投入方式。对于江西尚处于孕育阶段的新能源汽车及动力电池、半导体照明、文化及创意、新一代信息技术、节能技术、风能核能六大战略性新兴产业，其科技投入应突出基础性、前瞻性，选择一些能够突破的研究领域，重点开展应用研究和试验开发；对于处于成长阶段的光伏、金属新材料、绿色食品、生物和新医药、非金属新材料、航空制造六大战略性新兴产业，注重从技术研发到产业化的衔接，尤其要重视配套体系建设，落实政府采购、税收优惠、用户补贴等产业创新政策。

2. 重点扶持一批高成长性企业和特色产业基地，促进战略性新兴产业集聚发展

一要促进重大项目向战略性新兴产业重点突破领域集聚。集中力量和

资源，面向国内外重点区域、重点企业、大公司、大财团和知名企业，有重点、有针对性地引进一批新兴项目、配套产业项目及产业链延伸项目，促进一批战略性新兴产业基地形成。

二要做大做强优势骨干企业。将现有基础较好、潜力较大、势头较强的战略性新兴产业企业和集团，培育成自主创新能力强、主业突出、掌握核心关键技术、拥有自主知识产权和品牌优势、产品市场占有率及主要经济指标居国内领先甚至达到全球同行业前列的骨干企业。研究设立战略性新兴产业骨干企业工作联系制度，探索建立战略性新兴产业骨干企业认证制度。

三要扶持成长型中小企业加快发展。通过直接（如小额拨款、贷款贴息、投资参股等）、间接（税收激励、银行担保、政策倾斜等）和营造环境三种扶持方式，有效激发中小企业的创新活力，形成以大企业为核心、整合分散中小企业的产业组织模式，创造产业生态活力和大量就业机会。

四要大力实施企业品牌战略。把品牌培育作为江西战略性新兴产业领域企业信誉建设和产品质量提升的重要内容，营造有利于企业品牌成长的社会氛围，鼓励战略性新兴产业产品争创中国驰名商标、名牌产品，逐步建立商标纠纷预警机制和危机管理机制，促进提升品牌市场竞争力和品牌价值。

五要着力推进战略性新兴产业基地建设。坚持布局科学合理、产业相对集聚、用地节约集约的原则，充分发挥鄱阳湖生态经济区建设的重要平台支撑作用，引导战略性新兴产业投资项目向工业园区尤其是高新技术开发区集中，规划和建设一批在国际上有较大影响力、国内一流的战略性新兴产业集聚区，促进战略性新兴产业集聚集群式发展。

3. 进一步创新财税金融支持方式，形成有效引导战略性新兴产业发展的政策体系

一要尽快纳入国家战略性新兴产业总体规划布局体系。江西已确定的十大战略性新兴产业与国家重点发展方向吻合，当务之急，应尽快纳入国家的规划体系当中，使鄱阳湖生态经济区成为国家战略性新兴产业布局重点区域之一，以争取更多的政策扶持和项目、资金投入。

二要建立财政政策支持体系。建立健全稳定的财政投入增长机制，完善政府采购制度，制订全省战略性新兴产业产品推广应用计划，扩大省级战略性新兴产业发展专项资金规模，着力支持重大关键技术研发、重大产业创新发展工程、重大创新成果产业化、重大应用示范工程、创新能力建设等。

三要完善金融政策支持体系。积极争取政策性银行的支持，不断完善商业银行金融服务体系，加大力度推动金融工具创新，鼓励并推动符合条件的战略性新兴产业企业发行公司债券，着力发展社会风险投资，扶持风投机构通过参股、融资担保和风险补助等方式参与发展战略性新兴产业，大力支持民间资本投资进入战略性新兴产业领域，多种渠道解决中小企业发展过程中的融资难题。

四要加快发展创业风险投资。制定《新兴产业创投计划参股创业投资基金管理暂行办法》配套规章，完善创业风险投资法律保障体系，鼓励社会资本进入创业风险投资领域，鼓励有关部门和地方政府设立战略性新兴产业创业风险投资引导基金，支持保险公司投资创业风险投资企业，允许创业风险投资企业在法律法规规定的范围内通过债权融资方式增强投资能力。

五要建立税收激励政策。重点在落实好现行促进科技投入、科技成果转化和支持高新技术产业发展、节能减排及再生资源利用等促进战略性新兴产业发展的各项税收鼓励政策的基础上，制定流转税、所得税、消费税、营业税等支持政策，形成普惠性激励社会资源发展战略性新兴产业的政策手段。

4. 推进人才队伍建设，强化战略性新兴产业发展的智力支撑

一要加快引进战略性新兴产业领域的高端人才。加快制订战略性新兴产业人才引进计划，构建战略性新兴产业人才引进"绿色通道"，加大力度吸引海内外优秀人才来赣创新创业，鼓励采取团队引进、核心人才带动引进、项目开发引进等多种方式，面向全世界重点引进江西战略性新兴产业发展急需的高层次人才、高技能人才、紧缺型人才，特别是带技术、带项目、带资金的优秀创新人才。

二要加快培养新型实用型人才。围绕十大战略性新兴产业，加快制订鼓励企业参与人才培养的政策，由政府拨付专项财政资金用于补贴、奖励

企业与高校、科研机构联合培养高端技术人才，促进创新型、应用型、复合型和技能型人才的培养，特别要培养高层次、高水平的战略性新兴产业领军人才。

三要适时调整高校专业设置和招生计划。紧紧围绕江西战略性新兴产业发展对专业人才的需求，鼓励和引导江西高校调整专业设置和招生计划，同时对设置战略性新兴产业相关专业的院校，在办学条件允许的情况下，在招生计划安排上给予倾斜。特别要促使职业教育规模、专业设置与江西战略性新兴产业发展需求相适应。

四要创新战略性新兴产业人才管理机制。加快探索高层次人才、高技能人才协议工资制和项目工资制等多种分配形式，加快完善对高校和科研机构科技人员的职务科技成果实施期权、技术入股、股权、分红权等多种形式的激励机制，推动企业贯彻落实技术要素参与股权和收益分配政策，建立健全更科学、更合理、更规范、更全面的新型专业技术人才职称制度，为全省战略性新兴产业人才提供良好的创业舞台和广阔的发展空间。

5. 积极培育市场，扩大战略性新兴产业市场需求

一要加强市场应用基础设施建设，支持商业模式创新。组织实施战略性新兴产业产品应用示范工程，加强新能源并网及储能、新能源汽车等领域的市场配套基础设施建设，建设一批 LED 节能产品应用示范城市、应用示范园区和应用示范街道。鼓励绿色消费、循环消费、信息消费，支持企业大力发展有利于扩大市场需求的专业服务、增值服务等新业态，积极推行合同能源管理、现代废旧商品回收利用等新型商业模式。

二要加大对战略性新兴产业外贸出口信贷支持。实行出口贴息贷款、担保贷款等政策，支持出口企业固定资产贷款试点，为战略性新兴产业产品出口提供卖方信贷或买方信贷等金融支持，推动江西战略性新兴产业产品开拓国际市场。

三要合理引导社会投资和社会消费向战略性新兴产业倾斜。在发电、供热、环保、医药、市政设施、公共交通等领域制定有利于推广使用新能源、新工艺、节能环保产品的价格体系，或者对相关企业实行价格补贴，引导社会投资和社会消费向战略性新兴产业倾斜。将具有自主知识产权的战略性新兴产业产品列入政府采购目录，加快建立政府补贴和重大建设项目工程采购制度，支持创新药物优先进入医疗保险和公费医疗药品目录。

四要尽快制定和完善战略性新兴产业产品的标准体系。主动参与建立有利于战略性新兴产业发展的行业标准和重要产品技术标准体系等一系列工作，引导江西战略性新兴产业企业采用国际标准和国外先进标准，研究制定《江西省战略性新兴产业指导目录》并定期修订。

6. 深化开放合作，拓宽战略性新兴产业发展空间

一要大力推进国际科技合作与交流。鼓励企业、研发机构和高校"走出去"，加强政府间和民间科技合作与交流，大力吸引省外境外企业和科研机构在江西设立研发机构，支持江西企业和研发机构积极开展全球研发服务外包，在境外开展联合研发和设立研发机构，鼓励省内企业、研究机构与符合条件的外商投资企业合作申请国家科研项目，鼓励外商投资企业参与江西技术示范应用项目。

二要开展全方位的国内合作与交流。进一步发挥江西对接长珠闽、连接港澳台、融入全球化的独特区位腹地优势，加强与沿海发达省份和城市在战略性新兴产业领域开展资金、技术和管理等方面的合作，积极推动国家级科研院所在江西设立研发机构和分中心。

三要切实提高国际投融资合作的质量和水平。完善江西外商投资产业指导目录，着力引进世界500强和国内100强等知名企业到江西投资创业，鼓励外资企业到江西设立合作基地和产业园区，促进产业集聚，带动相关产业发展。

四要支持企业扩大出口与跨国经营。鼓励江西战略性新兴产业领域企业到发达国家和地区进行跨国跨地区经营，支持江西战略性新兴产业企业到境外开发战略资源，组织省内企业联合参与境外经贸合作区建设，建立健全江西拟境外投资企业信息库。

7. 创新体制机制，完善战略性新兴产业发展的制度保障

一要建立企业主动追求创新的内在机制。进一步深化国有企业改革，建立现代企业制度，引导国有资本向重点战略性新兴产业集中，鼓励民营企业采取股权转让、增资扩股、合资合作等多种形式参与国有大型企业和垄断行业企业的改组改造、并购联合。

二要推进综合配套改革。以建设鄱阳湖生态经济区为契机，用足用好

国家赋予的先行先试权，加快建立生产者责任延伸制度，建立资源环境产权交易机制和税费调节机制，大力发展水权、林权、碳权、排污权交易市场，积极推进生态补偿试点，以重点领域和关键环节改革带动全省战略性新兴产业发展体制机制的整体创新。

三要建立科学的统计、评估和考核制度。尽快建立反映战略性新兴产业发展变化的统计指标体系，及时准确地反映产业发展信息，同时建立合理的产业评估和考核制度，探索建立战略性新兴产业风险评估机制，强化对战略性新兴产业发展情况的监督检查与考核评价，以确保各类项目的实施质量。

四要加强组织实施。加强对全省战略性新兴产业发展的组织领导，建立战略性新兴产业发展部门协调机制，并考虑设立战略性新兴产业发展专家咨询委员会，统筹全省战略性新兴产业发展重大战略、规划和政策研究工作，协调解决战略性新兴产业发展中的重大问题。

课题组组长：周国兰　江西省发展和改革研究中心主任、研究员
　　成员：季凯文　江西省发展和改革研究中心助理研究员
　　　　　甘永春　江西省发展和改革研究中心研究实习员
　　　　　余前广　江西省发展和改革研究中心研究实习员
　　　　　沈金华　江西省发展和改革研究中心副主任、高级经济师

关于鼓励和引导民间资本进入江西文化创意产业的研究思考[*]

关于鼓励和引导民间资本进入
江西文化创意产业的研究思考[*]

江西省社科联课题组

《江西省 2013～2015 年文化改革发展规划纲要》（以下简称《纲要》）提出，到 2015 年，文化产业增加值占国民经济比重显著提高，文化产业主营业务收入达到 2000 亿元以上，为逐步成长为国民经济支柱性产业打下坚实基础。《纲要》的出台为江西省文化创意产业未来的发展指明了方向。近年来，江西省文化创意产业加快发展，产业规模不断扩大，成为全省高新技术产业增量的重要部分，成为全省经济结构优化的重要推动力和经济发展的重要增长点。但是，随着产业的不断壮大，资金问题成为瓶颈，不少文化创意企业和项目感到"资金饥渴"。按照《纲要》的要求，大力扶持民营文化企业，鼓励和引导民间资本源源不断地"涌入"，是破除江西省文化创意产业发展资金瓶颈的当务之急。

一、江西加快发展文化创意产业的重要意义

文化创意产业是依靠创意人的智慧、技能和天赋，借助于高科技对文化资源进行创造与提升，具有高知识性、高附加值、强融合性的特点，既能有力促进经济发展，又能有效规避在资源和环境方面的硬约束，是未来发展的重要方向。文化创意产业正在世界范围内蓬勃兴起，成为世界关注的一个新的经济增长点。在国内，发展文化创意产业也被提升到了国家和地区发展的战略层面。

1. 发展文化创意产业有利于扩大内需

坚持扩大内需战略，建立扩大消费需求的长效机制，是我国经济发展

---

* 本文刊发于《内部论坛》2012 年第 35 期（总第 888 期），获 2 位省领导肯定性批示。

的基本立足点和长期战略，更是江西省保持经济平稳较快发展的基本要求和首要任务。大力发展文化创意产业，可以把江西省经济增长更多地建立在扩大内需的基础上，为实现可持续的经济增长提供强大动力。国际经验表明，人均 GDP 超过 3000 美元后，整个社会由温饱型向消费型结构转变，人们对于文化创意型产品与服务的需求加速增长，文化消费支出大幅度上升。2011 年，江西省人均 GDP 达到 4226 美元，广大群众对文化创意型产品与服务的消费需求非常旺盛。但现阶段江西省文化创意产业所提供的各种产品与服务还难以满足广大群众的要求，特别是缺少群众欢迎、享誉全国、传之久远的精品佳作和国内外公认的文艺文化大师。发展文化创意产业，生产丰富的文化创意产品与服务，可以从根本上解决当前江西省文化供求之间的矛盾，有效释放广大群众被抑制的文化消费需求。

2. 发展文化创意产业有利于转变经济发展方式

经过 30 多年的平稳持续较快发展，资源环境对江西经济发展的约束日益突出，依靠要素投入和土地滚动开发的粗放型增长模式已难以为继。要继续推动江西经济社会平稳持续较快发展，必须加快转变经济发展方式，寻找新的经济增长点，对原有的传统产业实行升级转型。文化创意产业具有很强的渗透力和辐射力，对传统文化产业的渗透、对传统制造业和服务业的渗透以及创意产业各部门之间的渗透，无不显示其广泛的产业影响和强大的生命力。文化创意产业所具有的创新性能够提升产业的创新能力、技术含量，使产业发展不再主要依靠土地、能源、原材料的投入，而是依靠知识、技术的投入，形成新的产业发展路径，进而实现经济发展方式转变和产业结构升级。

3. 发展文化创意产业有利于增加就业

就业问题是江西省经济社会发展中迫切需要解决的突出问题。在第一产业、第二产业就业人数增长速度不快、就业人数趋于饱和的背景下，第三产业成了吸纳劳动力的主力军。文化创意产业属于第三产业，但是其就业弹性系数高于第三产业的平均水平。文化创意产业不仅可以带动相关产业的发展，而且可以带来就业的不断增加，扩大就业市场，优化就业结构。例如，近年来，北京市文化创意产业发展迅速，文化创意产业增加值占 GDP 增加值的比重和从业人数均呈现上升的势头。自 2004 年以来，从业人数以 9.88% 的比例逐渐增加，从 2004 年的 74.7 万人上升到 2011 年的 120 多万人。可见，发展文化创意产业，可以给江西省创造较多的就业机会，进而吸纳大量的大学生和其他劳动力就业。

二、民间资本进入江西文化创意产业的必要性和可行性

引导民间资本进入江西省文化创意产业不仅是必要的，而且是可行的。

其必要性主要表现在：

一是解决文化创意产业发展资金不足的需要。文化创意产业是江西省十大战略性新兴产业之一。发展文化创意产业需要大量的资金投入。目前，江西省文化创意产业的发展资金来源以政府投资为主，来自民间资本的投资则不成规模，难以满足文化创意产业对资金的巨大需求。引入民间资本能够有效缓解产业发展资金不足的问题。

二是提高文化创意产业市场化程度的需要。引入民间资本，能够改变以政府投资为主的发展模式，实现产业投资主体的多元化，通过市场机制实现文化创意企业的优胜劣汰和资源的合理配置，从而提升文化创意产业的市场化程度。

三是增强经济增长动力与活力的需要。民营企业具有极高的创新热情，通过创新能够获得较高的创业者利润。引入民间资本除了能够为文化创意产业提供发展资金外，还能够给产业注入创新的催化剂，以创新推动产业快速发展，优化江西省产业结构，为长期经济增长提供动力和活力。

其可行性主要表现在：

一是民间资本的大量存在。据统计，2011 年年末江西省金融机构本外币存款余额高达 14322 亿元，同比增长 20.3%。其中很大一部分可能成为民间资本。

二是文化创意产业市场前景广阔。随着收入的增长，江西省居民的消费方式也正在发生改变。预计未来几年，江西省居民对文化产品与服务的消费将呈现跨越式增长。同时，文化创意产业也有较高的投资回报率，投资文化创意产业的市场前景十分广阔。

三是文化创意产业政策的引导。近年，国家先后出台了《关于鼓励和引导民间投资健康发展的若干意见》《关于鼓励和引导民间资本进入文化领域的实施意见》等政策文件，江西省也出台了《江西省战略性新兴产业投资引导资金管理暂行办法》等政策文件。这些文件为民间资本进入江西省的文化创意产业提供了政策引导。

三、民间资本进入文化创意产业的主要途径

吸引民间资本投资文化创意产业，大力发展民营文化创意企业，是发展江西省文化创意产业的必由之路。目前，民间资本进入江西省文化创意产业的途径主要有以下几个。

1. 直接投资文化创意产业

私营企业、社会团体或个人等民间资本直接从事文化创意产业经营，建立文化创意产业经营实体。在这种途径中，从筹划到建设、运行等各个环节都按照市场经济规律运作，一切由投资主体自负盈亏，责权利明晰。

2. 参与国有经营性文化单位转企改制

根据国家有关文件规定，在国家许可范围内，民间资本可以以多种形式投资文化产业，参与国有经营性文化单位转企改制，参与重大文化产业项目实施和文化产业园区建设，取得文化创意产业投资主体资格。有实力的民营文化企业可以通过兼并、重组等方式，跨地区、跨行业、跨所有制发展。

3. 设立文化创意产业投资基金

募集民间资本，设立文化创意产业投资基金，一方面可以引导民间资本投向重点发展的产业领域，主要投资于处于种子期、成长期等阶段的创意企业，通过引入民间资本力量解决文化创意产业发展中项目投入不足的问题，另一方面还可以通过引入民间资本力量让文化创意企业提升管理质量和经营效益。

4. 参与文化创意成果转化

以个人和私营企业为主体的民间资本，参与文化创意成果转化，也是一种有效途径。目前，有些文化创意企业和个人拥有很好的创意成果和创

意能力，但缺少启动资金。民间资本与这些文化创意企业或个人进行联合开发合作，可加快文化创意成果的市场化、产业化，实现互惠互利。

四、民间资本进入文化创意产业面临的主要问题

民间资本进入江西省文化创意产业虽有多种途径，但是仍然会遇到各种有形无形的障碍。

1. 市场开放度问题

近年来，国家和江西省都出台了鼓励民间资本投资文化创意产业的相关政策，要求放宽市场准入条件，引导民间资本进入。但是，在实际操作中，一些政策对资本实力、从业资历、技术水平方面要求过高，一些领域在准入许可、资质审核、信息发布等方面存在隐形限制。以新闻出版产业为例，《关于进一步推动新闻出版产业发展的指导意见》和《新闻出版总署关于支持民间资本参与出版经营活动的实施细则》两个文件，充分肯定了民营出版业是新闻出版产业的重要组成部分，提出引导和规范民间资本有序进入新闻出版产业以及进入新闻出版产业的领域、方式与途径，但事实上图书出版权还没有向民营企业开放，书号仍被国有出版社垄断。

2. 投资经营风险问题

民间资本投资文化创意产业存在较大经营风险。一是产品风险。文化创意产业经营的核心是创意。它通过创意驱动产品的制造与营销，并通过后续衍生产品来实现产品价值扩散。任何一个环节出现问题都将使资本投入蒙受损失。二是市场风险。文化创意产业重创意轻资产，市场风险高于传统产业。当前，国内各省（自治区、直辖市）积极推行文化强省战略，许多省（自治区、直辖市）都想把文化创意产业打造为国民经济支柱性产业，如动漫产业已被江西、安徽、湖北、湖南、浙江、广东等省同时列为地区重点扶持打造的产业。"同质化"竞争增加了民间资本投资文化创意产业的市场风险。三是政策风险。由于主题思想、政治导向、价值观以及取材、选材等方面因素，文化创意产品可能会受到政策调整的较大影响，导致成本难以收回，如婚恋等七类节目被限制。这种政策风险是目前投资的一个隐患。

3. 融资难融资成本高的问题

融资难融资成本高一直困扰着江西省民营文化创意企业。融资难主要表现为民营文化创意企业难以获得银行贷款，其主要原因是缺乏对文化无形资产的评估抵押。文化创意产业主要是以知识产权和品牌价值等无形资产作为资产存在的表现形式，而银行的无形资产担保机制尚不成熟，融资担保主要是以固定资产为主。虽然 2012 年 8 月江西泰豪动漫有限公司以动漫作品《阿香日记》形象（设计）版权为质押，获得了北京银行南昌分行的 1000 万元人民币贷款，开创了江西省以动漫作品版权质押方式发放贷款的新形式，但是该形式的融资规模依然较小，覆盖率依旧偏低。融资成本高主要表现为获取资金的综合成本偏高。由于银行会通过捆绑销售理财产品等方式变相"升息"，民营中小文化创意企业获得贷款的资金价格远高于基础利率，一般约为基准利率的 1.5 倍（年利率约 9% 左右）。通过 PE、小额贷款公司、村镇银行、民间借贷等途径获取资金的成本则更高。

4. 创意人才缺乏问题

创意人才是文化创意企业最为核心的战略资源。相比于企业对创意人才的巨大需求，目前江西省文化创意研发设计、营销管理和经纪等方面的创意人才还存在比较大的缺口，尤其缺乏经验丰富、具有创新思维、能迅速为企业创造效益的人才。以动漫产业来说，截至 2010 年年底，江西省从事动漫创作的专业技术人员仅 1100 多人，远远不能满足江西省动漫企业的人才需求。同时，现有人才供给的质量与数量都与企业需求之间严重脱节。目前，江西省文化创意人才主要是通过各普通高校或职业学院培养。该模式最大的弊端在于培养出来的学生重理论、轻实践，很难适应本行业发展的现实需要。例如，2011 年泰豪集团旗下的动漫企业委托专业人力资源公司招聘 100 名员工，虽然通过面试的应届毕业生约有 300 人，但是通过实际动手能力的上机测试后，最终录用的不到 30 人。此外，文化创意人才通常具有不稳定性，不会长时间就职于一个企业，流动比较频繁，进一步加剧了江西省文化创意人才的紧缺。

5. 知识产权保护问题

我国已颁布的《商标法》《专利法》《著作权法》等知识产权保护法律法规和江西省制定的《江西省"十二五"文化创意产业知识产权保护规

划》，都在一定程度上保护了江西省文化创意企业的合法权益。但是由于知识产权保护执法力度不够、企业维权成本过高、知识产权服务平台缺乏等原因，江西省文化创意企业的知识产权保护总体上还是比较薄弱，知识产权被盗版侵权的现象十分突出。互联网的普及更是加剧了恶意模仿与盗版侵权现象，对文化创意企业的知识产权保护提出了更大的挑战。同时，江西省许多文化创意企业没有认识到版权专利是企业获得强有力市场竞争力的核心武器，缺乏知识产权保护意识和长远的企业专利版权战略规划，申请专利版权的经费投入也严重不足。

五、鼓励和引导民间资本进入江西文化创意产业的对策建议

当前江西省发展文化创意产业的政策环境和市场时机都已经成熟。鼓励和引导民间资本投资江西省文化创意产业，需要结合产业实际，采取有力举措，营造良好的发展环境。

1. 破除束缚民间资本进入文化创意产业的思想观念和体制机制

鼓励和引导民间资本进入文化创意产业，关键是要深化思想认识和理顺体制机制。北京、杭州、深圳等地文化创意产业之所以走在全国前列，一个很重要的原因就是解放思想、更新观念。联系江西省实际，鼓励和引导民间资本投资文化创意产业，就要从思想观念上突破和创新，努力破除束缚民间资本进入文化创意产业的各种障碍。一要通过转变思想观念，打破深层次的思想禁锢，消除一切制约民间资本进入文化创意产业的体制机制壁垒，切实解决民间资本进入文化创意产业的"玻璃门"、"弹簧门"问题，调动民间资本参与文化创意产业的积极性。二要通过转变思想观念，进一步落实各项扶持政策。文化创意产业是一个新兴产业，需要党委、政府的大力扶持。要切实将鼓励和引导民间资本投资文化创意产业的政策措施落到实处，消除政策执行中的附加条款。同时，要积极主动为民间投资者提供市场、项目、科技、政策、法律等信息服务。三要通过转变思想观念，增强民间投资者的投资信心。要帮助民间资本克服投资经营风险，让民间投资者看到文化创意产业市场的广阔前景、较高的投资回报率和鼓励产业发展的优惠政策，激发民间资本投资文化创意产业的意愿和信心。

2. 制定鼓励民间资本投资文化创意产业的政策措施

民间资本投资江西文化创意产业离不开政府政策的有力支持。一要明确民间资本投资江西文化创意产业的政策规定。建议出台《关于鼓励和引导民间资本投资发展江西文化创意产业的若干意见》，使民营文化创意企业与国有文化企业在投资核准、政府扶持、土地使用、税费减免、银行信贷等方面享受同等待遇。二要明确民间资本投资江西文化创意产业的准入范围。建议按照"非禁即入"原则，参照国家有关行业规定，制定《江西省民间资本投资发展文化创意产业指导目录》；组织针对民间资本的文化创意产业项目推介会，建立文化创意产业投资信息服务平台，发布文化创意产业的投资信息和动态数据。三要在落实支持文化产业发展的各项税收优惠政策的同时，参照杭州、宁波等地的做法，出台支持文化创意产业发展的地方税收、工商扶持政策。四要大力培育文化创意产业保险市场。营造包括贷款贴息、保费补贴、投资基金、风险投资等配套机制，以利企业迅速度过成长期。

3. 设立民间资本参与的文化创意产业发展基金

设立文化创意产业发展基金是民间资本投资文化创意产业的重要渠道。建议江西省在设立文化产业发展专项资金的基础上，再创立文化创意产业发展基金，将其作为加快文化创意产业发展的引导资金，解决文化创意产业发展初期研究和开发资金缺乏的问题。文化创意产业发展基金要吸引民间资本共同参与，按照"谁投资，谁受益，谁承担风险"的原则，利用分红、减税等手段鼓励其长期投资，以充分发挥财政资金的杠杆放大效应。基金采取补助、贷款贴息、奖励等资助形式，重点支持具有市场竞争比较优势的文化创意行业、拥有自主知识产权的文化创意企业、功能完善的文化创意产业园区发展和文化创意产业公共平台建设，激励文化创意企业开展技术创新和研发新产品。

4. 建立和完善多渠道、多元化的文化创意产业投融资机制

建立和完善文化创意产业投融资机制是破除江西省文化创意企业尤其是民营文化创意企业发展资金困境的关键所在。一要尽快建立科学合理的文化创意产业无形资产评价机制和信用评级制度，实现版权、著作权、收益权、销售合同、设计创意及个性化服务等无形资产的有效质押。二要通

过建立政银企联席会议制度、贴息引导机制和市场化的项目贷款担保机制，鼓励和引导商业银行开辟文化创意产业专项贷款绿色通道，实行符合文化创意企业尤其是民营文化创意企业贷款特点的快速审批机制、优惠利率和专项授信额度，加大对文化创意产业的信贷投入，充分发挥各商业银行信贷资金对文化创意产业发展的重要作用。三要建立汇聚文化创意企业资源和金融资源的江西省文化产权交易所，依法组织开展政策咨询、信息发布、项目推介、投资引导、并购策划、项目融资、产权交易等活动，为社会资本参与文化创意产业投资提供专业化服务。四要鼓励民营文化创意企业运用资本运作的办法筹集发展资金，支持企业通过引进战略投资者、吸纳社会资本等形式，加快推进企业股权多元化。

5. 加大知识产权保护力度

加大知识产权保护力度是吸引民间资本投资江西省文化创意产业的重要举措。知识产权得不到有效的保护，民间资本的投资收益也就无法保障，民间资本投资文化创意产业的积极性就会受到影响。因此，一要尽快研究出台《江西省文化创意产业知识产权保护和促进办法》，加大对江西原创文化产品、文化品牌相关知识产权的保护力度。二要鼓励民营文化创意企业及个人进行专利申请、商标注册、软件著作权登记，属于重点发展领域的专利给予一定资金支持。三要成立"江西文化创意产业知识产权事务中心"，建设集产权的登记、检索、展示、发布、保护、策划、服务于一体的知识产权服务平台，为有创意的个人和企业提供知识产权的咨询与保护。四要加大对侵权行为的打击力度，在重点地区和重点领域开展知识产权保护专项行动。五要建立知识产权保护专项基金，开展知识产权保护维权援助。

6. 帮助民营文化创意企业全方位、多渠道引进和培养文化创意人才

创意人才是推动文化创意产业快速发展的重要力量。针对江西省民营文化创意企业的创意人才还比较缺乏的现实情况，一要考虑成立江西文化产业职业学院。以现有某一职业学院为基础进行更名，之后调整专业设置，重点培养文化创意研发设计、营销管理和经纪人才，保障民营文化创意企业的人才供给。目前，国内只有山东、四川、广东三省设立了文化产业职业学院，中部地区还没有。同时，也鼓励有条件的高校根据市场需求

开设文化创意相关的专业和课程或设立创意学院。二要出台鼓励民营文化创意企业引进和培养文化创意人才的优惠政策。在财政专项资金上对民营文化创意企业人才培训给予支持，鼓励民营文化创意企业与高校、研究机构和国内外培训机构间的合作，建立教育培训和岗位实践相结合的文化创意人才培养基地；从民营文化创意企业选拔优秀文化创意人才到国外进修、观摩、学习深造；对民营文化创意企业引进的国内外高层次文化经营、文化创意人才，在税收、购房、落户、子女就学等方面一视同仁地予以扶持。三要鼓励引导民营文化创意企业建立和完善人才激励机制。允许和鼓励文化品牌、创作和科研成果等要素参股；设立文化创意奖，对发展文化创意产业做出突出贡献的集体和个人给予表彰和奖励。

7. 建设"江西省创意经济大厦"

建设"江西省创意经济大厦"的目的是整合更多的资源，搭建一个包括创意能力建设、资金供给、理论研究、生产服务等在内的文化创意产业战略性发展平台。项目将来入驻的单位和企业包含各类文化创意企业、江西省文化产权交易所、江西文化创意产业知识产权事务中心、创意投资公司、部分小额贷款公司和信用担保公司、文化创意产业相关研究机构、相关联的行业协会和中介组织、国内外文化创意人才培训机构，以及管理咨询、营销策划、认证评估、广告宣传、信息网络、律师事务所、会计师事务所等方面的公司。这既能够为相关行业和企业互补合作创造条件，也能够为众多文化创意企业提供专业化和多元化的服务，推动和促进产业集聚。"江西省创意经济大厦"可以以民间资本为主体投资建设，政府在项目申报立项、规划和建设上给予一定的支持，以使该项目能尽快实施和形成规模效益。

8. 培育和发展文化创意产业领域内的行业协会和中介组织

行业协会和中介组织是引导民营文化创意企业有序发展、科学发展的重要平台。一要引导成立文化创意产业协会及其各个分行业协会，为企业提供支持与指导服务，尤其是提供产业投资的信息、建议及指导，推动民营文化创意企业实现自我协调、自我约束，避免不正当竞争，维护共同利益。二要大力发展文化创意产业经纪机构、代理机构、咨询服务机构等中介组织，完善文化经纪人与经纪组织的资格评定制度，充分发挥其在资源供给、产品生产和市场之间的纽带作用，促进各产业链上中下游的渠道畅通，形成"政府引导、市场运作、中介服务"的产业运作机制。

课题组组长：黄万林　江西省社科联党组成员、副主席

　　成员：曹彩蓉　江西省社科联《内部论坛》编辑部主编

　　　　　刘旭辉　江西省社科联《内部论坛》编辑部副主编

　　　　　姚　婷　江西省社科联《内部论坛》编辑部助理研究员

　　　　　曹高明　江西省社科联《内部论坛》编辑部研究实习员

组建省级商业银行
打造江西省金融"裂变核"[*]

刘旭辉

江西省各地市城市商业银行（以下简称城商行）正处在决定未来发展的关键阶段。顺应国内城商行改革发展的大趋势，积极整合江西省各地市城商行，组建一个统一法人的省级商业银行，是壮大地方银行业、打造江西省金融"裂变核"的关键一着棋。

一、组建省级商业银行是国内城商行改革发展的大趋势

从全国范围看，城商行的联合重组乃城商行改革发展的大势所趋，而且已有不少先行者。近年来，不少省份纷纷在做大做强城商行上迈出了实质性的步伐，积极整合省内散而小的城商行，相继组建省级商业银行，培育金融"裂变核"。安徽省最早拉开城商行重组大幕，于2005年将合肥、芜湖、马鞍山、安庆、淮北、蚌埠6家城商行，以及六安、淮南、铜陵、阜阳科技、鑫鹰、银河、金达7家城市信用社联合重组，组建"徽商银行"。接着，江苏省于2007年将无锡、苏州、南通、常州、淮安、徐州、扬州、镇江、盐城、连云港10家城商行联合重组，组建"江苏银行"。吉林省将长春、吉林2家商业银行和辽源市城市信用社合并重组，组建"吉林银行"，后该行又吸收合并白山、通化、四平、松原四个地区的城信社。之后，黑龙江省将齐齐哈尔、牡丹江、大庆3家城商行和七台河市城市信用社联合重组，组建"龙江银行"。甘肃省将宝鸡、咸阳2家城商行和渭南、汉中、榆林3家城市信用社联合重组，组建"长安银行"。贵州省将遵义、安顺和六盘水3家城商行联合重组，组建"贵州银行"。湖北省将

＊　本文刊发于《内部论坛》2012年第10期（总第863期），获2位省领导肯定性批示。

黄石、宜昌、襄樊、荆州、孝感 5 家城商行联合重组，组建"湖北银行"。湖南省与中国华融资产管理公司合作，将湘潭、株洲、岳阳、衡阳 4 家城商行以及邵阳市城市信用社等"四行一社"联合重组，组建"华融湘江银行"。四川省也正酝酿将除成都银行、南充市商业银行之外的其他 11 家城商行整合成一家省级商业银行，名字拟定为"西部银行"。经过重组后，不少银行的面貌焕然一新，在资本实力、信贷资源调配、服务地域性以及抵抗风险能力等方面都得到提升，成了当地一个极具竞争力的金融"裂变核"，做大做强的势能不可阻挡。

二、组建省级商业银行符合江西省城商行做大做强的内在要求

与全国性商业银行相比，当前江西省地市城商行单体规模小、市场竞争力较弱，缺乏进一步发展壮大的后劲和空间，生存压力较大。受资本充足率、单一客户贷款比例等监管指标的约束，实力较弱的单体城商行因资本规模较小无法做大业务，往往只能眼睁睁看着优质客户流失。受人力、财力限制，江西省各地市城商行的 IT 系统建设与先进银行比也相对滞后，业务系统兼容性和完善性不够强，而且各地市城商行各自为战，IT 系统重复建设现象比较突出，影响和制约了业务发展。各地市城商行在跨区域经营中也面临品牌认同度低、影响力弱、资产规模小、营业网点少、人才储备不足等难题，不但靠自身跨区做大规模比较艰难，而且在管理、人力资源、风险控制等方面的成本也在增加。此外，城商行的业务创新也面临高成本的门槛。比如理财业务，对于全国性银行来说，推出一个新产品的研发和营销成本可以在全国范围内摊销，但对于城商行来说，成本的摊销范围仅局限于较小的区域内，新业务变得不经济。又如信用卡业务，国际上公认的盈利门槛是 100 万张，而我国由于竞争激烈、"死卡"比例高，实际的盈利门槛可能要达到 200 万张，在这一背景下，单体城商行很难突破信用卡业务的规模化门槛。上述这些制约城商行做大做强的瓶颈问题，单单靠某一家城市商业银行是难以解决的。为保持同大银行相当的市场竞争力，江西省城商行有联合重组、做大做强的迫切需要，渴望进一步壮大经营实力和增强抗风险能力，实现优势互补和资源共享，形成规模效应和品牌效应。

三、组建省级商业银行适应江西省经济发展的客观需要

随着经济发展、产业结构调整，特别是鄱阳湖生态经济区建设的深入推进，江西省迫切需要组建一家实力较强的地方性法人银行，支持省内经济建设。但目前，江西省现有的地市城商行股本规模都不够大，而我国《商业银行法》规定，银行单一客户贷款余额不超过资本余额的 10%，单一集团客户授信余额不超过 15%。因而，江西省地市城商行的单户贷款规模也就有限，难以对地方优秀企业、重大项目提供强有力的金融支持。组建省级商业银行，可以在资源整合、规模经济、品牌形象、资产增值、经济支撑等方面带来积极效应，特别是可以加大对资金的集中和调控，延伸和构筑一条通向全省乃至跨省区的融资渠道，吸引省内乃至省外的资金，为地方经济发展提供强有力的信贷支持和优质高效的金融服务。而且，组建省级商业银行，可以为今后进一步引资引智，并逐步与国际接轨提供有利条件。此外，把新组建省级商业银行注册地落在南昌，还可以提升南昌的省域金融中心地位和核心增长极地位，发挥其对全省乃至周边省份的辐射、带动作用。

四、组建省级商业银行需要协调好各方利益

城商行的联合重组不是简单相加，做起来绝非易事。其中最大的难题就是各地市城商行的控股大股东（即各地方政府）之间，以及参与重组的地市城商行之间的利益协调。因此，需要一个平衡各方利益的整合方案，让参与的地市城商行及所在地政府的利益都能得到保证，才能减小整合难度。同时，各利益主体也要认识到，江西省城商行正面临做大做强、培育竞争实力的大好时机。在政策层面上，中国银监会已明确"当前以及今后几年城市商业银行主要发展方向为重组改造和联合"，并要求各地"抓住时机，在政府主导下实施改造和重组"，"少数发展快、资产质量好、经营管理能力强、市场占有率高的银行，应积极争取跨区域发展，办成区域性甚至全国性的股份制商业银行，并逐步与国际接轨"。在这一时期，如果

因为利益取向不同，而错过做大做强的机遇、贻误做大做强的时机，江西省城商行将会进一步拉大与先进同业的差距，在整体上造成长久的被动，甚至某些实力较弱的城商行可能会陷入被淘汰出局的境地。因此，在重组联合的过程中，各利益主体要正确对待利益得失，做到局部利益服从整体利益。

当前，江西省各地市城商行正面临"内外夹击"的境地。一方面，四大国有银行和国内其他股份制商业银行纷纷在江西省"跑马圈地"；另一方面，外资银行也在通过抢夺高端客户等方式慢慢蚕食江西省中心城市的市场。推进江西省城商行联合重组时不我待，下定决心很关键很重要。组建省级商业银行只是打造江西省金融"裂变核"的开始。条件成熟后，重组后的省级商业银行还要考虑上市、走出去和引进战略投资者。

作者：刘旭辉系江西省社科联助理研究员

南昌打造旅游高地的战略思考[*]

黄细嘉

南昌凭什么留住游客

南昌既是一座有着 2200 多年历史的文化名城，又是一座有着光荣革命传统的红色英雄城，更是一座依山傍湖拥江的山水生态之城。在中国的地理区位上，南昌居东南偏西但绝对不西，居中南偏北但绝对不北，是所谓"不东不西、不南不北"的位置；在中国的经济区位上，是"珠三角"和"长三角"两大发达经济区的腹地；在中国的交通区位上，是连接南北、贯穿东西的枢纽。这样的区位理应左右逢源而财源广进，南北沟通而财通四海，迎来送往而游人如织，承东启西而商贾兴盛。近几年来，南昌的人气不断提升。南昌火车站的繁忙、飞机场的扩建、汽车站的搬迁、航运港的复兴，这一切充分说明南昌人流的急剧增长和扩充。但是，人气旺了，南昌的文气、商气、财气又得到多大的提升呢？在南昌从事宾馆招待、团队接待、经营景区的旅游经营者知道，这些熙熙攘攘、忙忙碌碌的人群只是南昌的匆匆过客，他们在南昌停留时间较短，大多是"一日游"游客，南昌的商气、财气的提升幅度远远没有人流量来得那么猛烈。作为具有交通和人气集散功能的城市，由于其旅游、服务、接待、休闲、商务、娱乐等功能没有得到充分的体

* 本文由三篇文章组成，分别刊发于《内部论坛》2011 年第 39 期（总第 847 期）、2012 年第 6 期（总第 859 期）、2012 年第 8 期（总第 861 期），获 2 位省领导肯定性批示。

现，南昌出现了"聚散聚散，一聚就散；聚散聚散，才聚就散"的尴尬局面。

南昌凭什么留住客人？从大的方面来说，南昌要实现从交通聚散中心向旅游聚散中心的转变，提升其作为游客服务中心、商务会展中心、旅游休闲中心、文化娱乐中心的地位，将南昌建设成为具有旅行游览、商务休闲、文化娱乐功能的"依山·傍湖·拥江"的山水生态城市。

一、"洼地"之态

南昌古称豫章，是国家历史文化名城和"中国优秀旅游城市"，旅游资源丰富，兼具古色旅游、绿色旅游、红色旅游以及特色旅游于一体。但其旅游开发强度相对滞后，旅游产品深度相对欠缺，旅游市场热度相对低迷，旅游发展程度相对落后，与其在中国的地理交通区位、在江西的旅游集散中心地位不相称，与周边省会城市和省内快速发展的旅游城市相比，南昌旅游渐显"洼地"之态。

首先，南昌旅游在区域内旅游发展中相对滞后。从纵向发展来看，近年来，南昌市国内旅游和入境旅游人次以及旅游收入在绝对数值方面呈现缓慢上升的趋势，在全省旅游发展中所占的比重呈不断下滑的趋势。2003～2010年，南昌市旅游收入占全省旅游收入比分别为16.12%、14.37%、14.08%、14.43%、14.35%、14.2%、13.82%、13.48%。从横向比较来看，南昌市旅游发展不但远远落后于杭州等沿海经济发达城市，也大大落后于同为中部省会城市的武汉、长沙、合肥等，而且这种落后的状况还有不断扩大的趋势（见图1）。

其次，旅游经济效应不明显。产业经济学中把对地区贡献大、对地区产业发展具有引导作用的产业视为支柱产业。一般要求产业总收入能比较稳定地占到GDP的5%～8%。表1反映了南昌市2005～2010年旅游业总收入占第三产业和GDP比重的情况。从表1可以看出，近6年南昌市旅游业综合收入占全市GDP的比重一直在4%～5%徘徊，未能突破5%，且比重有下降的趋势，这说明其增长速度赶不上其他产业的发展速度。南昌旅游产业不但没有成为全市经济发展的支柱产业，而且对国民经济发展的推

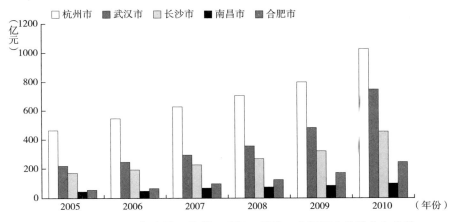

图 1　2005～2010 年南昌、杭州、武汉、长沙、合肥五市旅游收入比较

动作用也不明显，其地位的重要性还未显现。从其发展态势来看，不进则退的形势十分严峻。

表 1　南昌市 2005～2010 年旅游业总收入占第三产业和 GDP 的比重

单位：亿元,%

年份	全市 GDP				旅游业总收入	旅游业占第三产业比重	旅游业占全市 GDP 比重
	合计	第一产业	第二产业	第三产业			
2005	1007.7	73.39	532.13	402.19	46.01	11.44	4.57
2006	1184.6	76.45	644.46	463.66	55.07	11.88	4.65
2007	1390.1	83.41	749.8	556.89	66.55	11.95	4.79
2008	1660.08	96.45	924.73	638.9	74.03	11.59	4.46
2009	1837.5	109.65	1018.69	709.16	83.69	11.9	4.56
2010	2207.11	204.66	1100.5	901.95	100.8	11.18	4.57

　　再次，游客以"过境游"和"一日游"为主，过夜游客长期偏少。在来南昌的游客中，"一日游"游客占有很大的比重。以 2006 年"五一"黄金周为例，南昌市的"一日游"游客增长迅猛，占到游客总数的 51.61%。一般旅行社在安排江西旅游路线的时候，南昌只作为行程中不很重要的一站，大多只安排滕王阁、八一起义纪念馆等景点，参观完后马上转移到九江、井冈山、上饶、宜春等省内其他旅游城市，南昌成为江西团体游游客的一个中转站。把南昌作为旅游地的游客，大部分以散客为主，而散客中

"短程游"和"一日游"游客又占大多数,"过夜游"游客占的比重较小。以"一日游"为主体的旅游结构形式,充分说明南昌旅游功能的辐射力不强,旅游形象的吸引力不明显,旅游产品的影响力不大,旅游环境的容纳力不够,旅游产业竞争力有待提升。

二、症结何在

南昌旅游业近年来发展相对滞后有很多原因,其中以"一日游"占主体的游客结构形式是制约南昌旅游发展的一个很重要因素。游客停留天数是衡量一个地区旅游发展状况的重要指标,在旅游人次相对固定的前提下,游客的停留天数与旅游收入是一种正相关的关系。过夜游客在旅游目的地的消费水平要远远高于"一日游"游客,一是由于在目的地停留的时间较长,生活消费自然多;二是游客在目的地参与的旅游项目要明显多于"一日游"游客。游客停留时间的长短与当地旅游基础条件、服务设施完善程度、旅游服务质量、旅游活动项目参与性和吸引力等有着密切的关系。南昌成为江西旅游的"过境地"和"中转站",主要有以下原因:

首先,从江西省旅游区位看,南昌面临强有力的竞争和冲击。南昌地处江西省中部偏北,北临九江市,九江旅游资源极为丰富且旅游品质很高,庐山是世界文化景观和世界地质公园。此外,九江山水文化城市形象,以及柘林湖、云居山、石钟山、共青城、龙宫洞、鄱阳湖候鸟保护区等旅游资源早已闻名遐迩;向东北方向,有上饶、景德镇、鹰潭等旅游城市,这些城市与南昌也就200公里左右的距离,并且上饶的三清山、婺源、龟峰等景区,景德镇的瓷都、瑶里等景区,鹰潭的龙虎山等景区也都久负盛名,而且三清山、龙虎山、龟峰均是世界自然遗产;南面则有井冈山红色旅游名胜区。这些旅游目的地不但旅游资源品类齐全,而且旅游产品品位都在南昌旅游资源之上。这样的旅游区位导致旅行社在安排旅游景点线路时,很少甚至没有把南昌作为一个旅游地列入旅游行程中,南昌逐渐成为入境游客和大部分国内组团游客在江西旅游的一个中转站。

其次,同为中部的湖南、湖北、安徽等周边省份,对南昌旅游也造成强大的冲击。这几个省同在长江中下游沿岸,地理区位相近。从经济社会发展水平来看，武汉、长沙、合肥这几年的经济发展明显快于南昌，在旅游基础条件和服务设施方面都要优于南昌市，无疑对南昌的都市旅游、会展旅游、节事旅游等造成冲击。南昌如果不能形成自身旅游特色，就很难在激烈的区域旅游竞争中占有一席之地。

再次，南昌旅游综合开发能力不足。南昌旅游要素基本具备，却没有让这些要素转化为现实的旅游效应的能力。根据史蒂芬·佩吉旅游目的地核心要素的4A理论（4A即吸引物 attraction、康乐设施 amenities、进入设施 access、附属设施 ancillary service），南昌这四要素都已具备，而且可以随着经济的发展进行相应的改进。在旅游吸引物方面，南昌旅游资源丰富，品类较为齐全，有以滕王阁、八大山人纪念馆为代表的古文化旅游资源，以八一起义纪念馆、小平小道为代表的红色旅游资源，以梅岭、象山森林公园为代表的绿色生态旅游资源，以"绿洲中的沙漠"——厚田沙漠和"世界城市候鸟之最"——天香园为代表的特色休闲度假旅游资源。此外，南昌市湖泊众多，城内城外各有四湖，可谓"城在湖中，湖在城中"，南昌市今年还提出"鄱湖明珠·中国水都"的城市旅游形象。但事实是，南昌旅游形象目前还停留在以"八一起义纪念馆"为龙头的"八一系列"的红色旅游上。虽然"八一起义"系列旧址群是南昌旅游形象的主要载体和旅游产品的重要部分，但不是南昌城市形象和旅游产品的全部和唯一。

南昌的旅游元素要比"八一起义"系列丰富得多，但南昌未把已有的旅游要素进行科学组合与开发，导致景区零散，服务质量低下，游客体验缺乏。在休闲康乐设施方面，与旅游关系较为密切的是住宿、餐饮、娱乐、购物等行业。而在南昌，这些行业不但没有形成品牌和规模，而且经营环境比较混乱，服务条件较差，影响游客的旅游感受。特别是文化娱乐业和休闲住宿业的发展水平，在很大程度上会影响游客停留的兴致。近年来，南昌在城市休闲设施建设上取得较大的成就，兴建了诸如赣江文化长廊、秋水广场、八大山人梅湖景区、傩文化主题公园等城市公共休闲场所，但这些场所普遍存在游客参与性不强的问题，从而让游客缺少了驻留的心理动力。在可进入性方面，南昌是江西的交通中心，这为游客来南昌旅游提供了便利，但这也是造成南昌留不住游客的重要因素之一。因为旅游服务设施的滞后，大多数游客特别是入境游客只是把南昌作为江西旅游的交通中转站。与邻省相比，南昌交通却又远远落后于武汉、长沙等省会城市，对外联系远比不上武汉、长沙等城市便捷，这就造成了南昌旅游主要以区域内的短程游客和"一日游"游客为主、外来过夜游客缺失这样一个尴尬的局面。

三、路在何方

南昌旅游的困境在于留不住客人，"过夜客"较少，而导致这种困境的原因有很多，但最根本的原因在于旅游目的地建设滞后，如自身主体形象不鲜明造成旅游城市的品牌地位没有树立起来、旅游综合开发滞后造成旅游目的地的城市形象没有建立起来、旅游服务设施不完善造成旅游聚散中心的功能地位没有确立起来等。这就需要重构南昌旅游的框架格局和要素体系，真正将城市作为旅游目的地进行要素建设和将聚散中心作为旅游中心进行配套体系建设。

首先，打造强有力的旅游吸引物，建设城市旅游目的地。这里的旅游吸引物是从旅游目的地的概念出发的，更多是指一个综合的概念，包括旅游景区、住宿、餐饮、交通、休闲娱乐等的共同发展，特别是参与性、体验性强的休闲娱乐产业的发展。现代旅游是一个体验旅游的时代，仅仅通过参观八一起义纪念馆、滕王阁、八大山人纪念馆等观光性旅游，并不能满足游客"酣畅"旅游的需求。为此，南昌应该与时俱进，打造更多更富有参与和体验功能的旅游项目。南昌的观光旅游资源已经较为丰富，关键是如何对已有的旅游景区进行创新性包装和设计，扩大规模和容量，提升内涵和品位，增加项目和内容，让游客觉得南昌"好看"，让南昌有留得住游客的王牌旅游景区。同时，在都市娱乐方面，南昌可以新建一些参与性强的项目，特别是夜间娱乐项目，形式力求多样，让游客觉得南昌"好玩"，如此才能让更多的游客留下来品味南昌。

其次，塑造城市旅游形象，树立旅游城市品牌。旅游目的地形象是一个具有丰富内涵的大概念，是一个旅游目的地给游客留下的印象。南昌以前定位"军旗升起的地方"的英雄城形象，随着旅游业的不断发展，这样一个革命历史传统的形象很难在未来的发展中得到更好的体现，仅有几个"八一起义"旧址难以全面展示南昌这座城市的特点。于是，南昌市提出了"鄱湖明珠·中国水都"的城市旅游形象宣传口号。这一口号的提出有助于南昌重新塑造新的城市旅游形象。然而，一个城市旅游形象的塑造要靠城市的整体文化环境和氛围的营造才能实现，为此，南昌要在城市建设的每一个环节中体现反映"鄱湖明珠·中国水都"形象的各种生态元素和文化元素，让游客在耳濡目染中形成并强化这一印象，深入其脑海、心里和精神记忆中。要充分发挥鄱阳湖生态经济区建设给南昌旅游发展带来的重要战略机遇，着力渲染南昌濒临鄱阳湖的地理区位，借鄱阳湖之生态与文化、鄱阳湖之名望和地位准介宣传南昌。围绕鄱阳湖、赣江、抚河、军山湖、青岚湖等江河湖泊，将南昌解读为江湖拥抱的生态之城；围绕瑶湖、艾溪湖、青山湖、象湖、前湖、礼步湖等城市内拥有的较大湖泊，将南昌解读为拥抱湖泊的景观之城；围绕百花洲（东西南北四湖）、抚河故道、玉带河、贤士湖、铁线湖、梅湖等中心城区拥有的小巧玲珑的湖泊，将南昌解读为湖泊与城市生活融为一体的文化之城。

再次，加强区域旅游合作，凸显南昌在旅游经济圈中的地位。区域旅游合作是旅游竞争的高级阶段。合作不是为了逃避竞争，而是为了更加公平合理的竞争，在平等合理的竞争中促进区域内旅游竞争力的提高和区域内旅游产业的发展。南昌作为江西政治、经济、文化、交通中心，通过加强与省内各重要旅游城市合作，一方面可以提高江西旅游业整体发展水平，提升江西旅游竞争力；另一方面可以在一定程度上解决南昌旅游发展的困境。具体的合作形式可以多样，要以南昌为龙头，为主导，通过与九江、宜春、上饶、鹰潭等市的合作，打造成一个以南昌为核心，周边城市为次中心，再以各城市为基地向各辖县区辐射的旅游产品网络体系和旅游目的地层级体系。旅游区内各城市在各个方面可以进行合作，实现旅游信息共享、路线合理安排、跨区无障碍通行等。在合作中，南昌可以转变角色，实现华丽转身，不与著名旅游地在资源性产品上竞争，而要在文化要素产品上求发展，在休闲功能性产业上求空间，将南昌真正建设成为江西文化娱乐业中心、会展休闲中心、旅游服务中心、旅游信息中心等，成为名副其实的"江西旅游集散中心"。

如何打造南昌旅游高地

选准并打造旅游高地，是当前南昌旅游寻求新突破、新发展的关键之举。

一、南昌旅游高地建设重点

旅游高地是能够引领旅游新发展，支撑旅游稳发展，带动旅游快发展，促进旅游大发展的一切积极因素、现象、活动的总称。从旅游吸引物和目的地来讲，有旅游景区高地；从旅游产业链和要素来讲，有旅游要素高地；从旅游产品和体验来讲，有旅游功能高地；从旅游基础条件和设施来讲，有旅游设施高地；从旅游服务和文化来讲，有旅游服务方式高地；从旅游管理和制度设计来讲，有旅游制度高地；等等。

全面审视南昌旅游的实际情况，南昌旅游高地建设应该从景区高地、要素高地、设施高地和功能高地着手。其中，由于设施高地表现为交通、站场码头、宾馆饭店等的建设，一般由市场来说话或由投资量来决定。所以，这里探讨的南昌旅游高地建设，重点就是旅游景区高地、旅游要素高地和旅游功能高地。

1. 南昌旅游的景区高地

景区是最重要的旅游吸引物，是吸引人来、让人高兴、留住人的核心因素。南昌旅游留不住客人，只是充当一个旅游中转站、旅游过境地、旅游集散地的角色，不是一个旅游目的地、旅游消费地、旅游休闲地。究其原因，南昌旅游没有王牌景点、没有龙头景区、没有大的游览区，不但很难吸引人来，就是来了也留不住人。大多数景点可看可不看，没有非去不可的感觉，像滕王阁、八一起义纪念馆等景区让人有想看的冲动，但到了以后，转悠半个多小时就没什么可看了。因此，根据历史状况和发展潜力，南昌除了继续做好做大做强滕王阁、八一起义纪念馆、八大山人纪念馆、天香园等传统景区外，要在更加宏大的视野中、互动的网络中来选择应该打造的景区高地。南昌旅游的景区高地，应该是南昌市中心城区休闲区、新建县汪山土库游览区、鄱阳湖旅游区三者的有机组合。中心城区是游览、娱乐、休闲的中心；汪山土库有巨大的建筑规模、深厚的家族历史、丰富的文化内涵，其资源具有震撼性、差异化和规模度、吸引力，可作为南昌市中心城区休闲区的延伸产品、互补产品，作为具有南昌本土特征、乡土魅力的乡村文化旅游产品，作为实现城乡旅游互动的重要资源载体和旅游产品平台来打造。鄱阳湖作为南昌濒临的湖泊，是中国的第一大淡水湖，是南昌作为"依山、滨湖、拥江"城市的典型地理标志，也是南昌作为"中国水都"城市形象的重要支撑因素。鄱阳湖既应该是南昌的形象品牌支撑物，更应该是南昌的旅游品牌产品。新建县的汪山土库就在鄱阳湖边上，也是鄱阳湖旅游景点的有机组成部分。选择以鄱阳湖为中心的南昌旅游目的地作为南昌旅游景区的高地，是南昌旅游的不二选择。要通过建设鄱阳湖旅游景区、打造鄱阳湖旅游产品，靠鄱阳湖来吸引人，靠鄱阳湖来留住人，靠鄱阳湖来支撑南昌旅游目的地。怎么做好南昌的鄱阳湖旅游，值得认真研究和规划。

2. 南昌旅游的要素高地

要素应该包括传统旅游产业原有的所谓"六要素"：吃、住、行、游、购、娱，也包括极具时尚色彩、体验价值的新的"六要素"：展、节、学、疗、体、悟。其中，"吃"表现为餐饮业，"住"表现为住宿业，"行"表现为交通运输业，"游"表现为旅行游览业，"购"表现为旅游商品生产和购物业，"娱"表现为文化休闲和娱乐业。"展"表示会展业，"节"表示节庆业，"学"表示文化教育培训业，"疗"表示养生疗养业，"体"表示体育运动休闲业，"悟"则是贯彻于整个旅游活动中和所有旅游产业要素中的一个要素和活动。南昌应该平衡协调地发展这些涉旅产业要素和活动。综合考虑南昌旅游的城市定位和旅游产业要素的建设情况及其与资源存量的比例关系，南昌旅游的要素高地应该是游览业、购物业、养生疗养业等。南昌在这些方面有资源和交通优势，却在这些方面呈现"洼地"之态，最大的优势没有发挥出来，最应该有成就的领域没有做起来。"洼地"必须通过建设来改变、来提高，将其打造成新的高地。

3. 南昌旅游的功能高地

旅游功能表现为观光、休闲、度假、修学、科考、娱乐等。从旅游功能的高地来看，南昌应该定位为娱乐休闲的城市，即成为一个"好吃"、"好玩"的城市。"好吃"，就是要充分发挥赣菜香浓口感、乡土风味、腊辣兼济的特色，坚定地走自己的路。义无反顾地支持南昌特色瓦罐煨汤发展壮大、经营好军山湖大闸蟹品牌、搞好南昌小吃一条街、发展赣菜品牌店、宣传到南昌"吃中国最野的湖鲜"（鄱阳湖是中国第一大淡水湖，生活其中的鱼类等水产自然游弋空间大，所以最野）等。"好玩"，就是要发展南昌的文化演艺业和休闲娱乐业，让南昌有生活气息、有时尚魅力。目前，南昌的休闲空间相对较少、有影响力的品牌文化演艺活动不多、夜生活不丰富。为此，要开发经营好南昌的场馆文化，可建设并经营好南昌的方言馆、麻将馆、茶馆、面馆、汤馆、粥馆、咖啡馆、艺术馆、各种民间收藏馆和博物馆，还有奇人怪人工艺馆等；开展南昌赣江夜游活动和玉带河游船游览活动；重点开发湖泊休闲运动（比如城市湖泊疯狂快艇、城市水上飞机、城市湖泊动力冲浪表演等），南昌的湖泊除城中的东、西、南、北四个小湖外，其他较大的湖泊均严重缺少文化积淀。要让湖泊有文化，需要历史的积累，过程是漫长的。但要让湖泊"动"起来，是一个比较容易实现的问题。湖泊动起来，营造"动感湖泊"，南昌的湖泊就可以成为一景，成为留住客人的一大因素。

二、系统深入地打造南昌旅游高地

旅游高地建设是一个系统工程。打造南昌旅游高地，不应仅孤立地看待某个高地的建设，而应着眼于定位南昌、经营南昌、引导南昌，从以下几个方面系统、深入地开展工作。

一是制定《南昌文化产业发展规划》，通过规划指导下的建设，提升南昌作为娱乐休闲城市的功能。

二是制定《南昌休闲场馆建设规划》并相应提出三年行动计划，切实搞好南昌休闲场馆建设，打造一批有规模、有容量、有环境、有风情、有文化的休闲场馆，引领休闲消费新时尚。

三是专门研究并制订南昌湖泊生态化、人文化、景观化、动感化的计划和建设方案，一以贯之去实施，真正让"中国水都"有为涵、有文化、有景观，营造水生态环境、水文化氛围、水景观载体、水活动平台。

四是把赣江—鄱阳湖水上旅游线作为一个重大的旅游项目来建设，并作为政府主抓的一个工程来实施，走政府主导、公司化运作、市场化经营的道路，将其建设成为一个有知名度和招徕力的品牌旅游产品。

五是制订并实施鄱阳湖旅游品牌五年建设行动计划。将鄱阳湖作为有载体、可观赏、能体验、很好玩的大景区（旅游目的地）来建设，将鄱阳湖作为旅游产品来打造，真正将鄱阳湖建设成为南昌旅游三牌景区，成为具市场招徕力的旅游品牌。

将鄱阳湖打造成南昌旅游高地

随着鄱阳湖生态经济区建设上升为国家区域发展战略，江西经济社会发展迎来了新的鄱阳湖时代，江西旅游也在继主打"庐山牌"和"红色牌"之后，迎来了新的"鄱湖牌"时代。鄱阳湖是中国最大的淡水湖，是国际重要湿地，是全球生物多样性保护基地，具有重要的品牌价值；其山水自然风景、渔耕民俗风情、农耕田园风光、水乡特产风物、古代战场风云和交通枢纽地位、世界候鸟资源、生态环境系统等，又是世人瞩目和关注的重要旅游资源。将这些品牌元素与旅游资源紧密结合起来，作为旅游创意和策划的重要因子予以开发利用，将有利于把鄱阳湖打造成为南昌旅游的高地。

一、超乎寻常的判断：鄱阳湖是南昌最具影响力和招徕力的形象载体

20 世纪 80 年代以来，南昌旅游业乘改革开放的东风获得了迅速发展，成绩斐然。然而，因先天不足，在江西旅游的主打品牌中，20 世纪 90 年代的"庐山牌"与南昌擦肩而过，南昌只能充当"中转站"的角色。在

21世纪头10年主打的"红色牌"中，南昌虽有"英雄城"的一席之地，但也只能成为井冈山、瑞金等骄阳映照下的一颗星星，呈现"靠边站"的"灰色效应"。随着各地交通的畅通和便捷，各地经由南昌集散的游客逐年减少，南昌靠其"中转站"和交通枢纽地位求得发展的时代已经一去不复返。并且，由于长期处于"中转站"和"靠边站"地位，南昌不但没有建设形成支撑自身发展的核心旅游景区和叫得响的王牌景点，也远远没有形成服务于旅游产业发展的旅游集散中心和休闲娱乐中心，其丰富多彩的旅游资源也被单一的红色旅游资源所遮蔽。南昌旅游亟须找到新的出路。

作为中国最大的淡水湖，鄱阳湖景色幽静，环境优雅，空气清新，可谓融山水之灵气于一方，汇自然与人文为一体。

丰水期的鄱阳湖，水天一色，烟波浩渺；浩浩荡荡，横无际涯；山水苍茫，气势磅礴。赣江鄱阳湖交接处的平原地带，河网密布，溪水蜿蜒；阡陌纵横，田园无垠；草滩茫茫，芦苇片片，尽显江南田园水乡生态风貌。枯水季节，一条条弯弯的小河在宽阔无垠的草洲上蜿蜒流淌，"夜来徐汉伴鸥眠，西径晨炊小泊船"是鄱阳湖风情胜景的描述。

鄱阳湖拥有世界98%的湿地候鸟种群，候鸟资源之丰富，有"飞时遮尽云和日，落时不见湖边草"的民谣为证。一到冬天，数千的白鹤与数十万的天鹅齐聚鄱阳湖，堪称"天下奇观"。英国菲利普亲王亲临考察后称其为"中国的第二长城"。鄱阳湖也因此被誉为"白鹤的天堂，天鹅的故乡"。王勃在《滕王阁序》中吟唱的"落霞与孤鹜齐飞，秋水共长天一色"便是鄱阳湖风貌胜境的写照。

此外，鄱阳湖有闻名遐迩的鄱阳湖银鱼，有驰名中外的军山湖大闸蟹，更有国家级保护动物江豚，有招牌赣菜藜蒿炒腊肉、叫花鸡等。

南昌与鄱阳湖关系密切为世人熟知。南昌是典型的傍鄱湖、濒鄱湖、连鄱湖、通鄱湖、揽鄱湖城市，鄱阳湖是打造南昌旅游高地最好的依托载体。在占江西国土面积97%的赣鄱流域中，唯一与赣江、鄱阳湖均相连的城市就是南昌。南昌管辖的四县五区中，新建县、南昌县、进贤县与鄱阳湖湖体直接相连。南昌揽鄱阳湖众多的卫星湖于腹地，与鄱阳湖主体部分和南矶山自然保护区的路程很近，是中外游客走近鄱阳湖、走进鄱阳湖、亲近鄱阳湖、亲览鄱阳湖、认识鄱阳湖、认知鄱阳湖最方便的城市。选择鄱阳湖，既是江西旅游资源新认识，也是江西旅游品牌新突破，更是江西核心旅游产品新定位。

二、异乎寻常的定位：把鄱阳湖打造成南昌的王牌景点和龙头景区

把鄱阳湖打造成南昌旅游高地，就要实施"鄱湖"品牌战略，打造南昌旅游的王牌景点和龙头景区。

所谓王牌景点是从市场的影响力和品牌的知名度来说的，指旅游目的地中具品牌效应和价值的景点，即一个地方的主打景点、标志性景点、招牌景点。所谓龙头景区是从市场的带动力和产品的联动性来说的，是一个地方的主要景点、带动性景点、先导景点。一般来说，两者是合二为一的。对于王牌景点来说，一定是旅游目的地的标志性、支撑性景区；对于龙头景区来说，一定是旅游目的地的带动型、先导型景点。

南昌现有旅游景点普遍规模偏小、市场影响力偏弱、产品带动力不够强，基本不具备成为龙头景区的能力。即便是滕王阁、八一起义纪念馆等南昌旅游的王牌景区，由于龙头小、带动力差、影响力弱，其旅游辐射力、带动力、延伸力不强，产品互动性、联动性、牵动性不够，随之出现目前南昌旅游留不住客人的窘境。南昌要想留住客人，并不断吸引客人，必须建设南昌旅游目的地，而构成旅游目的地的首要条件就是拥有规模大、影响力深远、带动力强的景区。

把鄱阳湖建设成为南昌的王牌景点和龙头景区，离不开几个大的旅游产品作为支撑。根据实际情况，除了将南昌—赣江—鄱阳湖水上旅游线作为南昌重要旅游产品外，南矶山、军山湖、汪山土库是值得建设和必须打造的旅游景区。

首先是南矶山生态旅游区建设。在整个鄱阳湖生态系统中，南矶山属于湖体核心区，是鄱阳湖生态系统的核心组成部分，离开南矶山这个主体，鄱阳湖旅游的规划与建设就是舍本逐末。众所周知，湿地生态与文化是鄱阳湖的一个重要组成部分，只有把湿地生态与文化发扬好，鄱阳湖才更有价值，只有把湿地生态与文化保护好，鄱阳湖才更有魅力。从地理鄱

阳湖来说，鄱阳湖是世界六大湿地之一，是亚洲面积最大、物种最丰富、景观最美丽、文化最厚重的湿地。南矶山自然保护区以自然的湖泊、河流、草洲、泥滩、岛屿、泛滥地、池塘等湿地为主体景观，湿地资源丰富，候鸟类型众多，极具代表性，具"地理鄱阳湖"的典型特征，是认识真实的鄱阳湖的最佳体验地之一。南矶山生态旅游区的打造是鄱阳湖旅游高地的关键，两者互为表里，是一个问题的两个方面。南昌作为旅游目的地、鄱阳湖作为南昌旅游高地与南矶山作为生态旅游区三者是相辅相成、共生共荣、相得益彰的。

其次是军山湖休闲旅游地建设。在整个鄱阳湖生态系统中，军山湖是经过人工改造的鄱阳湖的一个内湖，从大的方面来说，它是鄱阳湖的一个组成部分，从小的环境来说，它具有相对的独立性。军山湖水位可控、水质清澈、水面广阔、水产丰美，而且岸线景观丰富、植被丰茂、土地资源丰厚，又是中国地理标志产品"军山湖大闸蟹"的原产地。其大石埠风光是著名的鄱阳湖自然胜景，其陈氏牌坊是闻名的鄱阳湖文化名胜，其军山湖来历是经典的鄱阳湖传说，其众多湖汊是优美的鄱阳湖休闲胜地。军山湖可谓"风景鄱阳湖"的典型代表，是鄱阳湖旅游建设难得的风水宝地，适宜开发建设成为湖泊休闲旅游度假地。

再次是汪山土库文化旅游地建设。在中国鄱阳湖生态体系中，汪山土库是一处具鄱阳湖特征的集古代村庄、家族建筑、官宦府第于一体的重要乡土建筑遗产。鄱阳湖地区常把规模大的青砖斗式瓦房称为"土库"，因其坐落于汪山而得名，亦有庄院之意。土库将江南园林建筑、徽派建筑、赣南围屋建筑与清朝宫廷建筑形制结合起来，自成一系，气势宏伟，在江南乃至全国实属罕见，在民间素有"江南小朝廷"之称。它不但建筑规模宏大、建筑特色鲜明、建筑景观丰富，而且历史名人辈出、传说故事众多、文化资源丰厚，可谓"文化鄱阳湖"、"风情鄱阳湖"的精华所在，是鄱阳湖旅游开发不可多得的文化遗产，适宜开发建设成为鄱阳湖文化旅游胜地。

把鄱阳湖打造成南昌的王牌景点和龙头景区，要切实做好以下四方面工作：一是把鄱阳湖定位为南昌旅游核心品牌。虽然南昌已有滕王阁、八一起义纪念馆、梅岭等许多有特色的旅游吸引物，但是这些景点的规模偏小，内涵略显单一，开发力度也不够，南昌市必须把旅游开发重点转移到鄱阳湖上来。二是重点围绕"风景鄱阳湖"、"文化鄱阳湖"、"风情鄱阳湖"、"亲水鄱阳湖"等核心概念，着力建构"鄱湖"旅游产品支撑体系。三是以低碳节能和科学发展观指导鄱阳湖旅游发展新模式。鄱阳湖旅游是生态旅游，是亲近、体验、爱护、认识鄱阳湖的旅游，要选择重点资源和地区，努力建设好亲水军山湖（亲水运动休闲、乐水慢生活）、亲情南矶山（人鸟情、人花情、人鱼情）、亲知汪山土库（历史文化、民俗风情）。四是进一步提升南昌旅游集散、旅游娱乐和旅游服务的地位，而不是改变其地位。南昌的聚散功能与鄱阳湖的旅游功能并行不悖，需要双方互为支撑和依托。以鄱阳湖为核心的旅游资源开发的实现，将打破南昌旅游业现有的零散分布格局，破除无支撑性景区和王牌景点的尴尬，使鄱阳湖作为南昌旅游品牌的主体形象地位得以确立。

三、不同寻常的布局：军山湖—南矶山—汪山土库是鄱阳湖极品旅游带

将鄱阳湖打造成南昌旅游高地，关键在于整合优质资源、结合优美景观、组合优秀元素、统合优良品牌，科学化、人性化、网络化构建交通、游览、休闲、接待等服务体系。把握南昌濒临鄱阳湖的区位、经济、交通、文化和资源优势，加快南昌鄱阳湖旅游体系建设进程，构建以南昌市中心城区为进出、聚散、休闲娱乐与住宿购物接待中心，以赣鄱水道和南昌—军山湖、南昌—南矶山、南昌—汪山土库以及军山湖—南矶山—汪山土库等水陆交通线为主要通道，以军山湖、南矶山、汪山土库等濒湖游憩观光带为极品旅游带，涵盖多个以鄱阳湖为载体的大旅游圈，使之成为江西乃至中部地区最具竞争力的旅游地，真正实现以鄱阳湖为南昌旅游高地，引领旅游新发展，支撑旅游稳发展，带动旅游快发展，促进旅游大发展。基于这样的考虑，在以鄱阳湖为旅游品牌和旅游产品的开发过程中，围绕建设军山湖—南矶山—汪山土库极品旅游带应着重把握：

在旅游项目的策划上，要注意三点互补。在军山湖，建设南昌亲水运动休闲基地、军山湖品蟹园、鄱阳湖野鱼宴大酒楼、鄱阳湖风情渔村、鄱

阳湖水寨影视基地、军山湖水漫电影城、军山湖未来水世界游乐园，举办军山湖龙舟赛等，将军山湖建设成为亲水鄱阳湖、品味鄱阳湖的重要旅游地。在南矶山，建设鄱阳湖湿地观光带、鄱阳湖候鸟观赏点、赣鄱水系空游基地、鄱阳湖户外运动体验基地、鄱阳湖文化广场和水幕表演基地，将南矶山建设成为感受鄱阳湖、体验鄱阳湖的旅游基地。在汪山土库，整体修复汪山土库原有建筑群，将其恢复为江南最大的府第，真正实现"北京有个明清故宫，拉萨有个布达拉宫，南昌有个汪山土库"的盛况；除充分展示新建程家历史人文状况外，在汪山土库建筑群内，布置建设鄱阳湖民俗博物馆、鄱阳湖名人纪念馆、鄱阳湖影像图片展示馆等，建设蚂蚁河通鄱游船观光线，规划大塘坪鄱阳湖风情镇，恢复荷塘岛书院，扩展大塘极乐寺等，将大塘坪乡和汪山土库共同建设成为展示鄱阳湖农耕文化与渔乡风情的乡村旅游目的地。同时，要做足水文章，彰显鄱阳湖风情，弘扬鄱阳湖文化，展现鄱阳湖历史，开发鄱阳湖物产。

在旅游规划的思路上，要遵循三个原则。一要坚持鄱阳湖旅游的主题独立性原则。在南昌乃至在整个江西，鄱阳湖旅游绝对不是其他旅游地和旅游景区的延伸，而是独立的游览单元，即以南昌旅游城市的支撑性景区和王牌景点出现的中国典型的湖泊旅游目的地。二要坚持鄱阳湖旅游的整体性原则。虽说鄱阳湖旅游应该与城市、其他景区互动，形成旅游圈或黄金旅游线路，但就鄱阳湖旅游目的地或旅游区来说，其整合而成的旅游线路必须是一个完整的游览体系，内部各个景区功能要有分工，产品要有互补，设施要有配套，要形成一个起伏有变的整体，切忌各自为战，星罗棋布。三要坚持鄱阳湖旅游的效应引领性原则。鄱阳湖旅游要在做足鄱阳湖的自然生态、历史文化、风物特产等方面文章的基础上，带动相关产业的发展，引领鄱阳湖地区渔业经济发展、生态景观农业建设、城市化发展和新农村建设。

在旅游开发的视野上，要做到四个结合。一是水、陆、空三维空间的结合。一方面要大力发展军山湖亲水运动休闲旅游，鄱阳湖主体的大型游轮观光休闲旅游，另一方面要借助鄱阳湖的浩瀚和南昌的都市旅游市场，适度开展水上飞机、直升机、飞行汽艇、热气球等空中观赏赣鄱胜景旅游方式。另外，在军山湖、瑶湖、青岚湖等湖岸开展休闲度假区建设。二是生态、历史、风情三维内容的结合。要推出湿地候鸟观光科考游、鄱阳湖水战遗迹纪念游、鄱阳湖渔俗风情游等专题旅游产品，形成有依托、有载体、有景区的主题产品。三是重点景区、王牌线路、鄱阳湖品牌三维层次的结合。要做大亲水休闲军山湖旅游景点组团、观鸟科考南矶山旅游景点组团、文化体验汪山土库旅游景点组团等，将南昌—军山湖—南矶山—汪山土库—南昌的旅游线路建设成为南昌旅游目的地的必选线路。无论是景区内容建设，还是线路主题建设，均要围绕鄱阳湖做文章，共打"鄱湖牌"。四是进贤、南昌、新建三县地域的结合。鄱阳湖横跨 3 个设区市、18 个县（市、区），在南昌市域亦有三个县直接与鄱阳湖湖体相连。应由南昌市政府牵头，成立一个强有力的南昌鄱阳湖旅游建设指挥部，在鄱阳湖旅游高地建设过程中，统一规划，统筹建设，统辖管理，真正形成沿湖三县鄱阳湖旅游开发管理的指挥协调机制和旅游产业收益分配机制。

当然，要将鄱阳湖打造成南昌旅游高地，还有其他统领性和配套工作要做：第一，必须编制一个高起点、可操作的《南昌鄱阳湖旅游高地建设总体规划》，同时制订一个《南昌旅游高地——鄱阳湖三年建设行动计划》，并切实执行。第二，构建完善的南昌—鄱阳湖旅游交通网络体系和军山湖—南矶山—汪山土库之间的互动交通连线。第三，配套进行沿湖沿线地区的景观廊道建设，增强鄱阳湖沿岸的可观性。第四，完善南昌市作为休闲娱乐城市的旅游接待功能。第五，在鄱阳湖旅游高地建设过程中，要将原生性、乡土性、历史感与时尚化、科技化、现代感紧密结合起来。

作者：黄细嘉系南昌大学经济与管理学院副院长、旅游规划与研究中心主任，教授、博士

鼓动旅游产业发展的文化翅膀[*]

——江西文化旅游发展思考

肖马龙

随着现代旅游业的深入发展，文化与旅游的深度融合已经成为旅游产业发展的新亮点，这也是旅游产业满足人民群众日益增长的精神文化需求的必然趋势。江西旅游正处于转型升级、跨越赶超的关键时期，文化旅游的繁荣与发展将进一步推动旅游产品的深度化、多元化，为传统旅游产业创造新的增长空间，使江西旅游插上腾飞的翅膀。

一、文化是旅游产业腾飞的翅膀

在现代经济生活中，文化和旅游两者间有着千丝万缕的关系，存在天然的耦合性。1981 年，著名经济学家于光远就指出："旅游不仅是一种经济生活，而且也是一种文化生活。"文化是旅游的根和魂，是旅游产业腾飞的翅膀，文化的内涵决定着旅游产品的价值和品位，决定着旅游产业发展的前景和空间；旅游是文化的载体，通过旅游活动挖掘文化内涵，展示人文历史，寓教于乐、寓教于游，使优秀传统文化广为弘扬、代代相传、生生不息。在旅游产业迅猛发展的今天，文化与旅游逐步融合、相得益彰，文化已经成为旅游产业增强吸引力、感染力、竞争力和影响力的根本所在，是支撑旅游产业可持续发展的动力源泉。

1. 文化资源是旅游发展的核心要素

旅游产业发展包含多方面的驱动要素，比如旅游资源及其衍生的景区

---

*　本文刊发于《内部论坛》2012 年第 12 期（总第 865 期），获 1 位省领导肯定性批示。

景点、旅游产品的营销、旅游品牌的塑造等，其中旅游资源是旅游发展的基础性要素。旅游资源种类多样，有名山大川、河湖沟谷，也有乡村风情、小桥人家，但真正吸引人的是文化，感染人的也是文化。有了文化的内涵和底蕴，旅游就能平添无限魅力。著称于世的圆明园、殷墟、秦始皇陵、兵马俑等文化景区，就是通过一件件布满风尘的文物、一个个满目疮痍的遗址，使游客争先恐后，近距离感受历史的沧桑，感知文化的魅力，让其文化需求在震撼和共鸣中得以满足。

2. 文化追寻是游客出行的基础动因

旅游的动机分为身体动机、文化动机、交际动机和声望动机四类，其中文化追寻是旅游的基础动因之一。随着经济社会的发展和物质生活的丰裕，人的精神需求日益增加，人们期望通过参观历史古迹、游览名山大川、体味民俗风情，触摸历史的脉搏，感受文化的神韵，并从中获得审美的情趣和精神的愉悦。据估算，在我国入境游客中，有近70%是因中国独特的神秘文化而成行。世界旅游组织认为，目前文化旅游占全球旅游活动的比例高达40%，与文化有关的旅游活动已成为旅游经济的重要组成部分。

3. 文化价值是旅游形象的重要内容

旅游形象是旅游者对区域旅游资源、旅游环境、旅游条件的总体感知和评价，其中独特的区域文化是旅游形象感知的核心。真正吸引人、感召人的旅游形象定位，不仅是一个区域地脉和文脉的表征，也必然反映旅游者的核心需要，即文化需求。鲜明独特的旅游形象定位通过蕴含在旅游形象中的文化价值，对旅游者的文化需求形成有效的市场感应和消费引导，成为游客选择旅游目的地的关键因素。

4. 文化环境是旅游发展的必要依托

社会文化环境是影响旅游消费、经营的重要因素之一。比如，传统文化中的节俭思想制约旅游消费意识的形成，客源地与旅游地文化差异的大小决定旅游需求动力，旅游目的地的文化氛围影响游客的文化感知，等等。良好的社会文化环境，不仅有利于营造文化氛围、引导消费需求，也对提升旅游品质、促进旅游发展有着至关重要的作用。

二、江西文化旅游发展的基础条件

1. 文化资源丰富

纵览江西的发展史和文明史，数千年来，勤劳的江西人民在这片土地上繁衍生息，创造了光辉灿烂的赣鄱文明，留下了无数厚重的文化遗产，为文化旅游的发展打下了坚实的资源基础。据统计，江西省现有 51 个国家重点文物保护单位、3 个国家历史文化名城、21 个国家历史文化名镇名村，46 项传统文化列入国家非物质文化遗产名录。

一是古迹遗址独特。万年仙人洞和吊桶环遗址、新干大洋洲遗址、樟树吴城遗址，分别以稻作之源、青铜文化、商周文化，跻身中国 20 世纪 100 项考古大发现；瑞昌铜岭遗址，是中国最早的矿山，其遗存时代之早、延续时间之长、保存之完整，世所罕见。此外，还有吴城遗址，为长江以南首次发现的大规模商代人类居住遗址；高安华林造纸作坊遗址，是目前发现的中国最全、时代最早、延续生产时间最长的造纸遗址；樟树筑卫城遗址，是迄今发现的中国最古老、保存最完整的土城。

二是佛道文化繁盛。江西是佛道文化圣地，在中国佛教史、道教史上具有举足轻重的地位。隋、唐、宋三代，江西是全国的佛教中心，禅宗祖庭之多、名僧之众、禅风之盛，蜚声国内，时有"求官到长安，求佛到江西"之说。禅宗的"五宗七家"，皆创立或源于江西，传布天下。江西既有张道陵、张盛在龙虎山开创的天师道，又有推尊许逊的净明道，是中国道教的重要源流之地。目前，全省各地仍留存众多寺庙道观，庐山东林寺、青原山净居寺、云居山真如寺、九江能仁寺、龙虎山天师府、西山万寿宫等寺观在全国皆负盛名，香火兴旺；宜黄曹山、宜丰洞山、宜春仰山、萍乡杨岐山、奉新百丈寺、靖安宝峰寺、修水黄龙寺等，向来是佛教徒朝拜的圣地。

三是圣贤名人荟萃。自唐至清，江西共有进士 10495 名，占全国总数的 10.99%，曾出现"隔河两宰相，十里五状元"盛况，江西俨然成了唐宋两朝的文化中心。明代亦有"朝士半江西"的说法，从解缙到严嵩，出任宰辅者多达 18 人。江西可谓贤才云集，"中国十一世纪的改革家"王安石、中国田园诗鼻祖陶渊明、"东方莎士比亚"汤显祖、中国水墨画的革新家朱耷、理学大师朱熹、江西诗派开创者黄庭坚、民族英雄文天祥、《天工开物》作者宋应星以及欧阳修、曾巩等，无一不是江西历史上名贯古今的大德贤才。此外，江西还吸引了王勃、李白、苏轼等名家巨擘，在这里留下了无数名垂千古的翰墨笔赋。

四是民俗文化淳厚。江西古时处于"吴头楚尾"，其民俗文化兼容了吴楚文化、湘楚文化等多种区域文化特征，呈现出多元性与综合性。江西民俗文化内容绚丽多彩，有一大批富有地方特色、极具传承价值的非物质文化遗产，如有"中国原始文化活化石"之称的南丰傩舞、被田汉誉为"中国戏曲百花园中的一朵奇葩"的赣南采茶戏、景德镇瓷俗、樟树药俗以及赣南的客家文化，包括宗族文化、客赣方言、赣南围屋、堪舆文化、饮食文化等。

五是红色文化璀璨。近现代革命战争在江西留下了众多的革命旧址、故居及纪念建筑物，全省犹如一个没有围墙的革命历史博物馆，拥有革命旧居旧址 2423 处。人民军队的摇篮南昌、革命摇篮井冈山、共和国摇篮瑞金、工人运动摇篮安源、中国工农红军万里长征始发地于都等，均见证并记录了中国革命的历程。

江西还是陶瓷文化的滥觞之地、中国古代书院文化的发祥地。景德镇陶瓷始于汉代，窑火延续千年，"瓷都"之称誉满世界；古代书院文化发达，共有书院 1071 所，白鹿洞书院居中国古代四大书院之首，江西省内其他书院，如鹅湖书院、白鹭洲书院、豫章书院等，在全国亦享有盛名。

2. 产业基础坚实

经过多年的培育和发展，江西旅游景区景点建设规模和质量不断提高。全省现有世界遗产 5 处，国家级风景名胜区 12 个，国家 5A 级旅游景区 4 个，初步形成了以山、湖、城、村为主要载体的旅游目的地体系。旅游基础设施和配套服务设施逐步完善，接待能力和服务水平不断增强。全省现有 5 星级旅游饭店 10 家，4 星级旅游饭店 78 家；高速公路通车里程3642 公里，列全国第十位；建成旅游公路 106 条，约 1790 公里。多元化旅游业态逐步形成，红色旅游、乡村旅游、温泉旅游、森林旅游竞相发展，为旅游产业发展提供了强劲动力。2011年，江西旅游接待人次达1.6亿，同比增长47.8%，增幅位居全国首位；旅游总收入达1106亿元，同比增长35.2%，增幅居全国第4位，迈入千亿元俱乐部。同时，江西文化产业也快速发展，成为江西经济发展中最具活力、最具发展潜力的重要产业之一。2011年，江西文化产业主营业务产值突破千亿元，文化出口增速居全国第5位、中部第2位。

3. 政策机遇难得

党的十七届六中全会审议通过的《中共中央关于深化文化体制改革推动社会主义文化大繁荣大发展若干重大问题的决定》，明确提出要推动文化与旅游融合发展，增加旅游产业文化含量，提高产业附加值；要积极发展文化旅游，促进非物质文化遗产保护传承与旅游相结合，发挥旅游对文化消费的促进作用。2009年，国务院印发了《关于加快发展旅游业的意见》，提出要大力推进旅游与文化产业融合发展，培育新的旅游消费热点；要发挥文化资源优势，推出具有地方特色和民族特色的演艺、节庆等文化旅游产品。文化部、国家旅游局也印发了《关于促进文化与旅游结合发展的指导意见》，阐述了文化与旅游结合发展的重要意义，明确了推进文化旅游发展的政策措施。此外，《中共江西省委关于深化文化体制改革　推动社会主义文化大发展大繁荣的实施意见》《中共江西省委、江西省人民政府关于加快旅游产业大省建设的若干意见》等一系列政策也相继出台。这为文化旅游的发展提供了一个难得的政策机遇，极大地拓展了文化旅游的发展空间和潜力。

4. 市场条件成熟

在大众旅游发展的初期，旅游是一种奢侈行为，被认为是社会地位的体现。随着人们生活水平的提高和都市生活节奏的加快，旅游逐渐成为寻常百姓日常生活的一部分。据世界旅游组织预测，未来我国旅游需求将快速增长，并朝多元化方向发展，逐步由单纯以观光旅游为主，转变为观光、休闲、度假及文化探寻、健身、科考等专项旅游并相发展。文化旅游因其独有的文化底蕴和文化氛围而受到广泛青睐。过去三十年，文化旅游的发展是世界旅游产业最突出的现象之一，并且仍是未来旅游业发展的重要趋势。

三、江西文化旅游发展的总体思路

江西文化旅游要实现大发展，必须牢牢抓住社会主义文化大发展大繁荣带来的难得机遇，顺应旅游产业发展的客观规律和内在要求，"把握一个关键，突出两个重点，抓好三项任务，推进四项工作"。

1. 把握一个关键

即文化旅游产品创新。文化旅游是旅游者通过各种形式体验、感知、了解当地文化内涵的过程。文化旅游发展的成功与否，关键在于将抽象的文化符号、模糊的文化记忆、残缺的文化遗址等资源转化为游客可以直接感知或观看的"文化"产品。因此，文化旅游产品创新，必须在文化资源调查、评价的基础上，精确提炼文化旅游产品主题，深度挖掘内涵，丰富表现形式，注重文化遗产的景观化、文艺节目的特色化、历史故事的情景化，突出地方性、体验性、互动性和真实性，让游客能较为直观地触摸到文化的精髓。同时，由于文化旅游群体的多样性，文化层次也不尽相同，文化旅游产品的内容和表现形式也应充分考虑游客的感知和多元化需要。文化旅游产品的创新，全国不乏成功案例。比如，桂林阳朔的"印象刘三姐"，以流传久远、家喻户晓的壮族刘三姐民歌为素材，并运用大写意手法、先进的声、光、电技术和现代歌舞乐，将广西少数民族的乡土人文、历史地理和民族语言、风俗、礼仪、工艺、舞蹈、戏曲等文化要素展现得淋漓尽致。又如，南昌的《神奇赣鄱》，以赣鄱文化中具有标志性的事件为内容，集合舞蹈、杂技、武术、绸吊、威亚、戏曲、动画、激光、声效等多种演出元素，通过声、光、电技术，结合多种表演形式，鲜活展现了江西历史文化的精髓。

2. 突出两个重点

一是以打造精品文化景区为重点，构建内容丰富、特色鲜明、层次多样的文化旅游目的地体系。文化旅游景区是游客全面、系统、深入了解地方特色文化的重要窗口，也是文化旅游发展的重要载体。要依托重点文物保护单位、古迹遗址、非物质文化遗产项目、历史文化名城名镇名村、历史名贤故里等资源，在科学保护的前提下，加大开发和利用力度，打造一批既能反映文化特色、又能满足游客多样化需求的精品文化景区。比如，人文圣山庐山，众多的寺庙道观以及白鹿洞书院等文化景观掩映在自然之美中。它不仅是一个自然型景区，也是一个精品文化景区，要在展示自然风景的基础上，重点讲述庐山的文化遗产和它背后的历史传奇。同时，景区建设要充分利用展演展示、节会活动以及图片、音频、视频、声光电等多种手段、多种方式，重点挖掘文化内涵、提升文化品位、营造文化氛围，避免资源开发的肤浅化、同质化、简单化和过度商业化。比如，有些地方建设的性文化主题公园，多以低俗内容制造噱头，与地方特色文化也大相径庭；还有网民热议的嵩山少林寺，享有"禅宗祖庭，天下第一名刹"之誉，却随着过度的商业化开发，原有的佛门风气和文化精华已荡然无存。

二是以塑造文化旅游品牌为重点，提升江西文化旅游的知名度和影响力。品牌的塑造至关重要。要结合区域特色文化，通过提炼一句主题口号、打造一台演艺节目、出版一套文化丛书、推出一条文化旅游线路，塑造文化旅游品牌，将极具吸引力、感染力的文化特质展现出来，使之在消费群体中形成"第一印象"，进而成为游客出行的"第一选择"。文化旅游品牌的塑造，既要突出资源的独特性，使游客能清晰地将品牌与旅游目的地及其文化特质联系在一起，又要突出市场的针对性，结合准确的市场定位，提升特定消费群体的品牌认知。同时，要加强品牌的宣传推广，通过广告宣传、网络宣传、旅行商宣传、口碑宣传等多种方式，利用广播电视、报刊、网络等多种形式，不断提升文化旅游品牌的知名度和市场影响力。

3. 抓好三项任务

一是创新文化节庆活动。丰富多彩的文化节庆活动，可以使游客充分感受到文化产品所包含的信仰、知识、艺术、语言、风俗、历史、传说等文化要素，同时不断提升文化旅游的对外影响力。文化节庆活动要以特色文化为主线，注重突出文化内涵，避免活动主题的芜杂、内容的空洞、形式的单一。江西对文化节庆活动进行了很多创新和探索。比如，2005年江西首创的红色旅游博览会，集中呈现了江西特有的红色文化、红色经典，目前已成为全国性的红色旅游盛会。此外，婺源的乡村旅游文化节、吉安的庐陵文化旅游节、龙虎山道教文化旅游节、赣州客家生态文化旅游节等，都较好地反映了地方文化特色，促进了区域文化旅游发展。江西应进一步依托丰富的文化资源，如傩文化、陶瓷文化、茶文化、书院文化以及豫章文化、临川文化等特色文化，推出一批富有新意和影响力的文化节庆活动，展现江西丰富的文化内涵，营造深厚的文化氛围，不断提升江西文化旅游的知名度。

二是提升旅游文化品位。当前，有的景区为了追求经济利益，默许占卜、巫医等迷信活动，甚至有的地方上演了"鬼子进村"和"抢花姑娘"的闹剧。提升文化品位关系旅游业的形象，更是文化旅游的生命力所在。文化旅游景区建设和文化旅游产品打造，关键在于从浩瀚的传统历史文化中选择其精髓，并通过各种手段从不同角度展示给游客，使其陶冶性情，增长知识。比如北京天坛，它是明清皇家祭祀场所，也是古代建筑智慧的结晶，应侧重向游客介绍古代的建筑技术和艺术，而不能只介绍皇家祭祀的烦琐礼仪。

三是提高导游人员素质。导游服务是旅游接待服务的重要环节，也是传播文化的重要渠道。导游人员素质、导游服务质量，直接影响到游客对文化旅游产品的审美感受，甚至决定着文化旅游发展的整体水平。一个文化素养高、专业能力强的优秀导游，可以用生动鲜活的语言将那些沧桑悠久的文物或是修复重建的人文景观背后的文化内涵、传奇故事传递给游客，让游客深入体验人文历史的厚重与精彩。要加强导游人员培训，在加强导游人员基本业务知识培训的前提下，着重提高导游人员历史、地理、文学、民俗、宗教、艺术、美术欣赏等方面的素养。同时，文化旅游景区的导游员、讲解员，要注重地域性乡土文化知识的学习和积累，能全面、深入、准确讲解本区域的特色文化、本景区的文化内涵，满足游客文化需求。

4. 推进四项工作

一是开展全省文化旅游资源普查。可由省相关职能部门组织专门力量，重点对全省文化资源的种类、数量、质量及地区分布和差异、开发利用现状进行全面调查，摸清家底。

二是制定全省文化旅游发展规划。根据全省文化旅游资源分布情况，结合全省旅游产业发展方向和旅游要素配置现状，按照科学性、创新性、可操作性的原则，明确全省文化旅游发展的指导思想、目标任务和产业布局。

三是研究出台支持文化旅游发展的政策措施。要重点对文化旅游资源保护、旅游配套设施建设、产业体系培育、人才队伍建设以及项目审批、用地、融资等方面给予支持。

四是适时召开全省文化旅游发展工作会议。文化旅游是一项新兴的旅游业态，有必要适时召开会议进行总动员、总部署，阐述文化旅游发展的重要意义，明确总体思路和发展目标，安排部署当前及今后一段时间的工作任务。

作者单位：江西省人民政府办公厅

江西省宗教文化旅游提升：路在何方[*]

欧阳镇

据世界旅游组织统计，在中国旅游的国际游客一半以上是为了参观历史遗迹或欣赏包括宗教文化在内的中国文化。宗教文化旅游日益成为国际旅游热点，越来越受到旅游者的青睐与追捧。在市场经济下，打造出品位高、格调雅的宗教文化旅游，不仅可以满足游客多元化的需求，而且有助于繁荣社会主义文化事业。然而，当前江西省对宗教文化旅游资源的利用局限于自然环境和寺院建筑的开发，以外在的物质环境吸引游客，而忽视了宗教文化内涵的挖掘。今后，江西省应挖掘宗教文化资源，大力发展宗教文化旅游，不断提升宗教文化旅游的品位和格调。

一、江西省宗教文化资源的主要特点

江西省宗教文化资源分布广泛，内容丰富。据不完全统计，全省85%以上的风景名胜区和自然保护区内有宗教活动场所，仅鄱阳湖区域宗教活动场所就有4000余处，占全省宗教活动场所的60%以上，每年来此朝拜及旅游的信众和游客约有3000万人次。这些璀璨多姿的宗教文化资源，已经成为各地颇具特色和吸引力的人文旅游资源。总体而言、江西省宗教文化资源具有以下特点。

1. 祖庭多

江西省宗教文化源远流长，高僧高道层出不穷，祖庭道场宛若群星。江西省既是佛教净土宗的发源地，又是佛教禅宗的兴盛地。佛教净土宗祖庭雄居庐山东林寺，佛教禅宗"一花开五叶"中的"三叶"在宜春，临济

* 本文刊发于《内部论坛》2012年第5期（总第858期），获1位省领导肯定性批示。

宗萌芽于宜丰黄檗禅寺，沩仰宗结果于袁州仰山栖隐禅寺，曹洞宗扬穗于宜丰洞山普利禅寺，光大于宜黄曹山宝积寺。南昌佑民寺、靖安宝峰寺、奉新百丈寺等都是著名的"马祖建丛林、百丈立清规"之地，临川大金山寺是全国闻名的临济宗尼众道场，这些佛教祖庭在中国乃至世界佛教史上都有着极大影响和重要地位。江西省也是道教正一派、净明派和灵宝派发祥地。道教发源地屹立龙虎山，吕祖钟情仙人洞，灵宝孕育于阁皂山，净明道诞于西山。可以说，江西省到处都是世界上独一无二的宗教文化资源。

2. 类型全

在江西省，不仅佛教、道教祖庭多，而且基督教、天主教、伊斯兰教文化也颇具特色。江西省仅保存至今的教堂，就有法国乡村风格、文艺复兴式、哥特式、罗马式等多种风格，反映了 19 世纪至今不同历史时期的教堂风貌。1995 年，联合国教科文组织专家在庐山发出了"世界上保持了上个世纪原貌的教堂已经不多了"的感叹。此外，九江市、景德镇市的清真寺各具特色，已成为厚重的城市宗教文化名片。

3. 底蕴深

江西省道教洞天福地共 17 处，位居全国第二。道教四大名山之一的龙虎山，是张天师创立正一派之地，是中国唯一对海外正一派道教徒授箓的道观，也是南方唯一的宫殿式府第建筑群。上饶三清山是历代道家炼丹修炼之地，其道教建筑群依地势按照道教五行学说和八卦方位精心构造，被专家誉为"少有的道教建筑露天博物馆"。铅山县葛仙山有着葛仙翁修道成仙的传说，每年庙会期间，香客游客川流不息，民间戏班轮番上演，形成了特有的道教民俗文化。都昌县老爷庙殿内供奉的"定江王"是人们心中的佑湖神，其门前水域为鄱阳湖"魔鬼三角区"，有着"东方百慕大"之称，湖底之谜至今无人能解。庐山"一山藏六教，走遍天下找不到"，曾是一座名副其实的宗教历史文化博物馆。现在的庐山仍然五教俱全，而且现存我国唯一对外开放的佛教密宗道场诺那塔院。

4. 流传广

江西省宗教在不同的历史时期流传至中国港澳台、日本、朝鲜、越南、东南亚及欧美等地，信众数千万。例如，供奉许真君的万寿宫在国内外共有 1400 余座，日本有净土宗信徒 2000 余万人、曹洞宗信徒上千万人。江西省宗教文化跨越几千年依旧活力四射，保持着旺盛的生命力，形成了人类文明史上一道绚丽的风景线，其影响的强度和稳定性十分惊人。

二、江西省宗教文化旅游存在的问题

近年来，江西省宗教文化旅游进步很大。鹰潭市确立了"华夏道都"的旅游定位，以龙虎山道教文化游带动全市旅游经济发展；宜春市建设禅宗文化长廊，实施禅宗文化"五个一"工程；九江市、上饶市分别将所辖的都昌县、星子县、庐山区、武宁县、上饶县等的宗教文化旅游纳入全县文化旅游体系。然而，相对于五台山、九华山、峨眉山、灵山等宗教名山所在地的山西、安徽、四川、江苏等省而言，江西省宗教文化旅游还是名气不大，人气不旺。原因如下：

1. 存在片面认识

一是把宗教与宗教文化等同看待，视宗教文化旅游为雷区，不敢涉及，更不敢予以支持；二是认为宗教文化旅游是宗教界的事情，不愿意介入；三是片面追求经济效益，为迎合宗教文化旅游发展需要而出现新建景观和宗教圣地的城镇化、商业化行为。现实中，因不懂宗教文化资源的价值，常常大兴土木，还时有随意损坏宗教文物古迹等现象发生，造成巨大的破坏。这些"不敢涉及、不愿介入、不懂利用"的片面认识，是合理开发宗教文化旅游资源的拦路虎，是制约宗教文化旅游发展的重要原因。

2. 缺乏总体规划

宗教文化旅游景观规划是城市主题文化发展战略规划大系统中的子系统，是整个产业链中的一个环节。江西省宗教文化旅游缺乏总体规划主要表现为：一是江西省宗教文化旅游未进行总体规划。各种宗教文化旅游资源未得到有效整合，各自为政现象比较普遍，致使宗教文化与旅游开发条块分割、管理职能交叉，有些景区与寺观教堂因利益分配问题常发生矛盾，为宗教文化旅游带来了极为有害的影响。二是宗教文化旅游景观的建设活动没有融入城市文化发展的过程中去，不能对宗教文化资源进行全面普查，不能针对其分布状况、文化价值、开发现状和旅游前景制定中长期发展规划，更谈不上分阶段、分区域、分步骤实施。三是一些宗教文化旅游建设方案忽略了环境的整体协调和美观，往往造成对环境美观和谐的破坏，导致传统宗教文化景观的肃穆、和谐、宁静、统一的美学文化效果荡然无存，一个个钢筋水泥的庞然大物显得突兀生硬，不能传达出宗教文化的精神。所有这些，都有损江西省宗教文化旅游的长久吸引力。

3. 宣传力度不大

宗教文化资源可以说是现代旅游最为叫座的主打品牌，以至于我们经常调侃出门旅游是"白天看庙，晚上睡觉"。然而，由于宣传形式不灵活，江西省宗教文化资源的生动文化内涵不能向世人展示，使其清雅不俗的佛教建筑、形态各异的宗教造像、字字珠玑的匾额经幢、古朴浑厚的塔林碑文以及悠扬恬静的佛教音乐、出神入化的传说故事、醍醐灌顶的宗教智慧、神秘庄严的宗教礼仪等丰富独特的资源只能处于"养在深闺人未识"的状态。

4. 开发水平不高

宗教文化蕴含了丰富的历史文化和艺术审美内涵，是人类社会传统文化的重要组成部分。从国内外旅游发展的历程看，宗教文化也是一种有特色、有吸引力的文化旅游资源。如果众多的宗教文化旅游是一个"面孔"，缺乏各自的特色，那么宗教文化旅游的魅力及其对游客的吸引力将会大打折扣。江西省宗教文化旅游开发水平不高主要表现为：一是仅停留于建筑的规模和设施上，忽视深层的宗教文化底蕴的挖掘，不能凝练出自身最出色、最具魅力的特色和亮点。二是忽视高端旅游产品的打造。高端旅游的消费人群主要集中在商业旅游人士，如总裁、总经理、财务总监等，也有部分政府官员和销售人员等。这种高端旅游具有专业化、品牌化的特征，对住宿、娱乐、保健等服务有更高的要求。三是存在一些非文明的成分掺杂其中，呈现出低级品位和粗俗格调，像磕头烧香、卜卦算命、装神弄鬼、赶鬼驱魔等。

三、江西省宗教文化旅游提升之路

对宗教文化资源进行深层发掘，发展品位高、格调雅的宗教文化旅游产业，有助于所在地经济社会可持续发展。江西省宗教文化旅游应合理开发、塑造品牌，更大限度地满足宗教文化旅游者在文化审美及精神愉悦等方面的需求，进而实现健康可持续发展。

1. 成立组织，加强领导

提升宗教文化旅游的品位和格调是一项系统工程，要以科学发展观为指导，立足服务鄱阳湖生态经济区建设，打造文化乐园，构建江西省"红色摇篮、绿色家园、文化乐园"的大旅游格局。为此，建议在省委、省政府领导下，成立宗教文化旅游领导协调机构，由宗教、旅游、交通、文化、土地等相关部门组成工作机构，进行摸底调查、专家论证，制定全省宗教文化旅游总体规划，把寺观、教堂建设提升到城市主题文化发展的高度。同时，成立省级宗教文化研究中心，加强对江西省宗教文化资源的整理、发掘和研究，努力提升品位和格调。

2. 培训人员，完善队伍

随着人们对精神生活关注程度的提高，宗教文化旅游及其品位和格调日益成为关注的对象。宗教文化旅游的这一特殊性，对宗教事务管理人员、旅游管理人员、宗教界人士、导游队伍建设都提出了更高的要求。因此，要加强宗教、旅游部门管理人员培训，使其具备管理宗教文化旅游事务的基本素养；要加强宗教教职人员、宗教活动场所民主管理人员的培训，使其懂得基本的旅游管理知识、对外交往礼仪、宗教政策法规等；要加强宗教文化旅游导游队伍的培训，使其了解宗教的特殊性，了解我国宗教政策和法规，掌握宗教基本知识等。

3. 选准项目，打造精品

宗教名胜古迹是富有特色并有着持久魅力的宗教文化资源。风景旅游区离不开宗教文化资源，景点或依靠宗教文化衬托点缀，或以宗教文化为核心和支撑。因此，宗教文化旅游产品的打造直接关系到当地旅游业的前景。要慎重选准有独特文化内涵的宗教文化旅游项目，打造和推出具有一定品位和格调的宗教文化旅游精品。当前，要重点支持九江东林寺项目建设，该项目经国家宗教事务局批准，自筹资金7亿元，集佛教文化、修学、弘法、旅游为一体；要积极支持宜春禅宗祖庭建设，使宜春成为展示中国佛教文化的重要窗口；要大力支持云居山国际禅修院建设，使其成为世界佛教的禅修基地；要努力支持龙虎山项目建设，使其真正成为道教的中心、世界的道都。

4. 重视保护，打击违法

宗教文化旅游资源具有唯一性和不可复制性，宗教的名山古刹、祖师道场、文物胜迹等都是具有一定品位和格调的宗教文化资源，而且具有相当高的旅游开发利用价值。必须加强宗教文化资源的保护，正确处理好保护与开发的关系，既要保持宗教的纯洁性，避免世俗化、商业化，又要注重良好的经济效益和社会效益。要防止乱建寺观教堂、乱塑宗教露天造像，坚决依法处理借宗教文化旅游敛财、利用迷信祸害群众等违法行为。

总之，必须尽一切努力加快江西省宗教文化旅游发展，以适应现代旅游业的发展趋势。要意识到提升宗教文化旅游绝不是要发展宗教，而是要发挥宗教文化在旅游经济发展中的积极作用。

作者：欧阳镇系江西省社会科学院副研究员、博士

赣东旅游当从黎川突破困局*

杨　达

一、全省旅游网络中的赣东困局

细点江西的驰名旅游景区，有庐山、婺源、井冈山、三清山、龙虎山、瑞金等，皆分布于赣北、赣东北、赣西和赣南，赣东则是空白。赣东自古以来物产丰盛、人文荟萃，但迄今没有一个具较高知名度且能吸引大量游客的旅游胜地。这既与其厚实的历史遗存不符，亦反映赣东旅游久处困局、有待突破。

通观全盘，赣中也是全省旅游的"洼地"。目前江西各大旅游景点多半集中于京九沿线，总体上表现为"一轴一线两点"的网络结构："一轴"，庐山—南昌—赣州；"一线"，景德镇—婺源—三清山—龙虎山；"两点"，井冈山、瑞金。可供游客"多日游"的主要在赣东北环线。位于赣中偏北的省会城市南昌，虽有滕王阁、八大山人、八一起义遗址群、小平小道、厚田沙漠、天香园、鄱阳湖景观等旅游资源，但来客多以"过境游"、"一日游"为主。

将赣东和赣中做一关联思考，欲增大赣中"过夜游"、"多日游"比重，除了加强赣中本地的旅游网线建设、打造更多的优秀景点以外，还应重点考虑弥补赣东的旅游胜地空白，优化全省旅游网络架构。赣东一旦出现新的旅游胜地，凭借已有的高速公路条件，便能很快与赣中旅游有机融汇，从而产生"南昌—赣东—乐安流坑"这样的新游线，南昌就将因其优越的住宿和购物条件，从中获得更多的"过夜游"、"多日游"份额。直观

---

* 本文刊发于《内部论坛》2012 年第 28 期（总第 881 期），获 1 位省领导肯定性批示。

地说，正面强攻不顺，侧翼攻击便成上策。

而从省际战略层面看，赣东若能出现一个旅游胜地，江西的整个旅游网络方才与闽西旅游达到实质性对接，从江西游线进入闽西的游客总量会有所增加，从福建游线进入江西的游客总量也会增加。福建游线属于沿海地区一个很大的旅游网络，江西旅游网络与之对接后所能获得的系统增量，势必大大超过省内局部调整所能获得的增量。

因此，激活丰富的赣东旅游资源，在那里打造一个新的旅游胜地，乃具填补赣东旅游胜地空白、对接闽台旅游并促进赣东和赣中旅游业偕同走出低谷的多重意义。

那么，赣东有没有可用于营造新的旅游胜地的战略资源呢？有，它处于边陲之地黎川。

二、赣东边陲的黎川旅游资源

黎川始于宋绍兴八年（公元 1138 年）建县，建镇史还可溯至 1700 多年前。该县第三次全国文物普查共上报历史文化遗址 156 处，还拥有清新如洗的生态旅游环境。

1. 日渐稀罕的古镇老街

900 年前，黎川老街只是古县城南门外河畔上一条便道。太平天国年间城内大街烧毁，商贾纷纷将店面迁至便道两侧，使之在赣闽商贸中繁荣起来。抗战时期，日本鬼子畏惧黎川的崇山峻岭而不敢进犯，上海、武汉、南昌等地的难民和商人陆续涌入，老街更加热闹。1943 年黎川县政府下令修葺老街，遂成现今 S 形主街及其 30 余条小巷的规模。新中国成立后老街保持原状，“文化大革命”中少有破坏。21 世纪初正要被拆旧建新，一位前来考察的古建筑专家提出反对意见，当地党政领导于是决定另辟新城区，并对老街这片旧城区实行整体保护。

老街的精华之处，一是约两公里长的 S 形主街，两侧通连木质吊脚骑楼式店面，延绵有致、造型壮观；二是分布于大街小巷两旁的数百幢明清馆庙祠堂，其中 80 余幢还是两层以上三进、四进厅堂复合式祠堂。这些年来，相继寻来的省内外相关专家学者赞叹不已：全省罕见，实属难得！

老街实际上是旧县城的河畔部分。主街两侧伸出许多小巷，整体上犹如一片伸展开来的芭蕉叶。北侧十余条小巷与新中国成立后拓出的人民路相连，人民路对面仍留抗战时期两片难民房。南侧十余条古巷通向黎滩河边，旧时沿河密布二十多个码头。主街东端经另一步行街前行几分钟，可达一座占地数亩的宋代孔庙。主街西端朝南留一路口，前面即是廊房式新丰桥的青砖拱门桥头，桥对岸又入古老弯曲的篁竹街，数百余米街面尽头还有一座石质的廊房式横港桥。

黎川老街浓缩了宋元以来赣闽边界人们生产生活方式的变迁，展现了江南小农及手工业经济的商业化演进形式，尘封了无数故事和记忆。踏足老街的名士英杰从李觏、朱熹、王安石到周恩来、朱德、刘伯承等数以千计，真可谓：古国千年，黎川一日！现今，明朝理学家邓元锡的出生处"南山楼"默默静立，清朝三代进士黄文豹家族的"世进士第"岁易桃符，民初小说家张恨水幼年家居木楼窗下潺潺河水仍然流淌，众多红军将领驻扎的篁竹街厅堂门外过客依旧如云。千百年来，儒学文化、客家文化、赣商文化、民国文化和红色文化在这里交相演绎，院士、美术家、歌唱家、经济学家一个个从这里走出去……

无奈时光荏苒，昔日3000米主街已有近千米并入别的现代街道，原先的麻石条和鹅卵石路面被一层水泥覆盖，一些钢筋混凝土楼房在巷子里冒将出来，一座400多年的邓氏家庙只留下一块空坪，古城墙和旧码头也因长期失修几近消失。这是一座岁月侵蚀中的古镇。

2. 珍贵的乡村历史遗址

（1）宗教文化遗址。黎川湖坊乡妙法村的妙法寺乃是赣东名刹，始建于唐贞观二年（627年），延有福建分支，曾两次焚毁。清康熙八年（1669年）再建，内有大雄宝殿、天王殿、念佛堂、方丈楼、观音阁、鼓楼等建筑。"文化大革命"期间遭砸关闭，1998年重新开放，系国内现存四大妙法寺中最古老的一座（另三座处于香港、汕头、包头三地），弟子遍布华夏、南洋、日本。崇祯七年起，寺后用天然石块建成塔林，共有明代以来佛塔30余座。塔林左侧立一三色巨石山峰，香客和远近朝拜者纷至沓来，拾级而上。这座佛寺又名禄山寺，与社苹乡福山村的双林寺、洵口镇下寨村的寿昌寺、日峰山南麓的禧山寺并称为该县"福禄寿禧四大寺庙"。另处还有幽栖禅寺、念佛林、长生观等，悠久岁月积淀的宗教文化氛围相当厚重。

（2）明清建筑遗址。在密集于古镇老街的明清屋祠、孔庙和两座廊桥之外，黎川还有不少古代建筑，尤以县城东北40公里的华山"洲湖船屋"建筑群值得圈点。黎川船屋是赣东、赣南现存几处完整船形民居中最大的一所，占地10亩，又称客家"一百零八间屋"。它由曾为明代节度使的清代黄姓商人仿黎川锤贤"监司第"建造，南北坐向，宽80米，长88米，三进一廊的正厅宽敞明亮，门窗钩花烫金，梁椽浮燕雕兽。前厅正中悬挂一块清光绪"文元"旧匾，下方神龛上的木雕栩栩如生，左右厢廊与另几片同样的三进一廊结构相通，共有30多个大小天井，横厅、书房、杂房、工房、厨房、膳房布局得当，房内方砖铺地，采光通风适宜，设计奇巧。船屋旁边还有黄东溪公祠和"革命厅"两幢古屋，皆为外辟庭院的二进厅堂带两翼厢房结构；前者上厅设有神堂，北墙雕二龙争鼎图，中厅两侧上留下两扇罕见的圆形舵窗，享有"洪门圣地"称谓；后者院宽12米、长30米、墙高4.5米，留红军标语，因1933年肖劲光、毛泽民等人住过得其名。

（3）红色革命遗址。作为全国34个中央苏区全红县之一，黎川曾是闽赣革命根据地中心区，现有重要机构旧址6处、重要党史事件及人物活动纪念地2处。老街的河对面篁竹街畅园潘家大厅就是红军总司令部旧址，建筑面积609.05m²，红军标语仍较清晰。不远处的李树坪还有个20000m²的红七军团成立旧址。位于湖坊乡的闽赣省苏维埃政府旧址建筑面积698.8m²，1985年列入省级文物保护单位及爱国主义教育基地，相距60米远处便是当年的闽赣省军区、阅兵台及阅兵广场。德胜关井水也有个闽赣省苏维埃政府旧址，面积207.82m²。第五次反"围剿"在洵口镇一带激战，设于黎明村华盖峰的彭德怀指挥所也有356.95m²。厚村岳口尧家岭留一半身碉堡，潭溪乡团村战斗工事完好地延亘山头。

3. 清新灵秀的生态旅游资源

赣东边陲峰峦叠嶂，不乏天工之巧、地造之妙。例如在前述"洲湖船屋"墙边有条伸向赣闽边界的古代驿道，穿过一片4万多亩的原始森林，林中怪石迭出，云遮雾绕，清泉甘甜，流瀑飞溅，间有红豆杉、五眼子树、九重皮树、观音竹等珍稀植物，时见黑熊、金丝猴、羚羊、山雉等野生动物出没。外来投资商于此修建"丰藻漂流"，全长 4 公里，落差 101 米，抵达一个单井日出水量达 1368 吨、终年恒温 48.5℃ ~ 52℃ 的天然温泉处。这般大自然赐物，黎川乡间不胜枚举。

稍远些，围绕黎川伞形铺开的还有南丰橘园、南城麻姑山、临川金山寺、乐安流坑、金溪白马寺、资溪大觉山峡谷漂流……

三、黎川旅游资源的前景价值

黎川的诸多旅游资源中，古镇老街颇具价值，关键在于它的客容量规模可观。这对于营造一个新的旅游胜地来说，乃是不可多得的亮点景区或核心景点所在。若能完善其商贸、民俗、考古、度假等功能，譬如将其主街建成赣东边陲土特产平价交易、手工副业操作展览、传统农家菜肴品尝场所，日纳万余游客轻而易举。

值得一提的是，黎川老街的街面房屋大多属于公产，这对于日后的房屋维修、使用和用途更改，以及街市的安全、卫生和经营管理来说，也因减少了产权纠纷而有利于旅游开发。

在交通、地理、住宿等方面，黎川老街已具备作为一个旅游胜地的核心景点之充足条件：

交通路线——福银高速（G70）通过黎川县城，沿此线西行，不远处便与另一条高速公路（G35）交汇，从闽中、赣中两个方向驶往黎川老街只需一两个小时，从赣南、赣北到老街也只需半天，老街与附近乡村、相邻县区以至省城南昌等地众多旅游景点的距离均可谓远近相宜。

地理位置——黎川扼赣闽交界要冲，自古以来古镇老街即是两省通商重镇，亦属客家人南迁地，还是国民党抗战时期重要据点及其后来退台的中转站。客家人现为台湾第二大族群，许多国民党军政人员也有不少回忆黎川的文字。一个以古镇老街为核心景点的黎川旅游胜地，定将得到台海两岸的青睐。

住宿设施——老街紧靠新城区，那里已较为繁华，客栈、饭店、宾馆和酒店逾百家。以后还可根据实际需要，把老街这边一些零散的近现代楼房改造成怀旧型或仿古型小客店、小酒家，足以解决大量来客的夜宿问题。

延展空间——当地已有的景点群阵容庞大，外地游客观赏老街之后，还有进一步赏游附近乡间历史遗址或自然景区的诸多需求，路程不长，景点级别高，游览性价比也高；稍远点可赴相邻市县景点，极有利于赣东旅游与赣中旅游有机融汇并形成局部环线。

可以说，欲在赣东边陲营造一个黎川旅游胜地，点睛之笔不可不落在古镇老街。

也许有人置疑：黎川老街真有那么可贵？我们不妨以英格兰中西部旅游胜地切斯特（Chester）为例。在其1200年前的红色砂岩城墙上走一圈仅约3000米，即主要游区不足1平方公里，这道城墙加上罗马时期二楼手扶栏杆阳台通道式商业街、都铎风格的白墙黑木民房及维多利亚风格的教堂，就是这座旅游小城的旅游题材。相比起来，黎川老街除了没留下古城墙及河边码头，其2000米中西合璧的吊脚楼商业街、彼此勾连的30余条古巷、数百幢明清屋祠馆庙，还有两座古朴廊桥和一座宋代孔庙，历史文化内涵并不逊色，且黎川老街的古旧商业街要比切斯特更显规模气势。

或许有人还会说，黎川老街不如切斯特古建筑年代久远。但须知，任何历史遗址的文化旅游价值主要取决于其稀缺性，年代久远只是稀缺性的成因之一。切斯特古建筑主要由石材构造，黎川老街尽为砖木结构。现今全球千年以上木质建筑屈指可数，故随着时日迁移，黎川老街愈将弥足珍贵。20世纪80年代，南非KawaZulu省的产煤小镇乌德勒支（Utrecht）煤矿枯竭，于是通过国家发展银行组织的南非财政部LED项目（地方发展项目）开发旅游，成为小镇旅游开发最为成功的一个范例。它所依托的主要旅游资源，如1879年祖鲁战争、1900年布尔战争的相关故事和事件遗址，当时均不到百年。黎川老街的存在时间远超南非乌德勒支小镇，其最早的人文活动年代甚或先于英格兰切斯特小城，即便定格为清末民初江南小镇，它也是江西仅存，若论它所承载的儒学文化、客家文化、赣商文化、民国文化和红色文化等积淀，亦可谓全国唯一。

事实上，这些年来赴黎川考察的历史学家、古建筑学家、文化学家和博物学家均持同样观点。也正是由于他们的高度评价，才促成了黎川人对古镇老街的重视和整体保留。

总而言之，以古镇老街为中心营建黎川旅游胜地，条件正趋完善，时机现已成熟。黎川旅游火了，遂可盘活赣东和赣中。

四、激活黎川题材亟待联合创新

目前，黎川人也在以古镇老街为中心着手打造当地文化旅游硬件设施，只是面临资金和技术两大高坎。如当地政府已开始修葺老街西段 300 米街面，但筹措这笔经费就花了几年时间。综合既往各种方案，这座小镇不仅需要修缮大批古屋和店面，还需开展排水排污、通信送电、街景装潢，以及增添休闲娱乐设施、恢复旧城墙旧码头等工程，恐怕 10 年内也没有足够财力做完。

能否采用目前流行的经营权抵扣投资款做法呢？按照国务院关于文化遗产"保护为主、抢救第一、合理利用、加强管理、传承发展"的基本方针，"保护为主"是第一原则。经营权抵扣投资款在本质上则是彻底产业化，必然导致追求最大利润，或许可用于仿古型或创新型城镇建设，用于黎川老街便行不通。那里的大批古建筑一旦毁损就不可恢复，对其修缮必须严格尊重遗址原貌，未来经营管理也需服从"保护第一"的相关制度约束，故外地老板多年来走马灯似的前来考察，最后都嫌"要求太严"、"很难赚钱"或"赚钱周期太长"而无一投资。

对当地政府来说，利用历史遗址资源开发高档次、高标准的文化旅游，也是一个调整经济结构、探求发展模式的新课题，涉及方方面面，短期内难以一蹴而就。21 世纪以来，黎川依靠日用陶瓷、品牌鞋厂和新城区建设三辆马车拉动，经济发展较快，但同时存在环境污染、能源消耗等弊端，要立即转过弯去搞文化旅游，确实是个难度不小的系统工程，至少在历史遗址保护、市貌市容管理、安全卫生监督、市场经营制度等方面，就有个怎样建设专业人才队伍的难题。客观上，欲拥有一批优秀的文化遗址修葺监理人员，就一县而言不太现实。

但黎川老街不啻是一隅之财富，亦为江西之财富，不仅值得当地政府维护利用，更值得加大省市级支持力度，采取联合管理开发模式，以尽快实现其整体的保护性修复。

在省、市、县三级联合的模式下，资金投入应该不成太大问题。既可由省市财政给予补助经费，也可争取中央财政补助和中央银行政策性优惠贷款，若近期中央出台特定的 LED 项目（例如中央苏区振兴计划地方发展项目），还可申请纳入，力争一揽子解决黎川营造文化旅游胜地之全部资金缺口的困扰。

在管理方式上则有待探索，需要政策创新。笔者建议实施项目分类、分级招标和配设文物保护监理等综合管理办法，将遗址保护与旅游开发科学地统一起来。亦即先汇集省内外专家作出最佳的历史遗址保护和文化旅游开发方案，再将全部工程划分为纯保护性、部分保护性和单一开发性三类子项目，面向社会实行分级招标。省市级财政主要对前两类子项目提供全额或差额经费支持，后一类子项目可由县政府采用经营权抵扣投资款方式解决资金缺口。省、市、县三级的文物保护部门组成联合监督方，派出"文物保护监理"，对前两类子项目实行自始至终的遗址现场监理，确保历史文化遗址修旧如旧、不受损坏。这种历史文化遗址修缮管理操作可称为适度产业化模式，其中由省、市、县联合监督方派出"文物保护监理"的办法，在全国也算得上先行。

遥想若干年后，天下游客接踵而来，面对赣东边陲诸多历史文化遗址，万般感慨袭上心头……此情此景，怎能不是当代江西旅游网线建设的果实之一！

无论如何，赣东边陲该有个旅游胜地了。赣东一活，赣中有戏；赣中来戏，赣鄱大地东南西北的景区串联一体，全省一盘棋的旅游事业新格局欣然可期。

作者：杨达系江西省社会科学院当代江西研究所研究员、副所长

关于三清山旅游产业转型升级的建议*

罗时平

三清山旅游起步于 20 世纪 80 年代，到 2003 年发展了 20 年，游客量仅有 10 万人次。2005 年三清山启动申遗，旅游业快速发展。2007 年游客量首次突破 100 万人次，2008 年三清山申遗成功后游客量呈井喷式增长，2009 年达 227.3 万人次，2010 年突破 300 万人次，2011 年荣获国家 5A 级景区桂冠，游客量达到 460.8 万人次，游客总量、旅游总收入增幅居全省各大景区前列。

一、三清山旅游产业发展中存在的结构性隐忧

虽然上饶完全有理由为三清山申遗成功后的繁荣发展而自豪，但在中国旅游业全面转型升级的大背景下，三清山旅游产业结构性隐忧不能不引起我们高度关注。

1. 景观游结构进一步强化

旅游的本质属性是文化，文化是维系旅游产业并使之走向大众化的精神因素。然而，三清山能够吸引游客的产品唯有自然景观产品，凡到过三清山的游客无不指责三清山旅游缺乏历史人文资源旅游产品的传播，这种现象在申遗成功后显得更为突出。

2. 酒店、餐饮及旅游购物等行业不景气

据统计，三清山现有运营和在建星级酒店宾馆 30 余家（三星级酒店 16 家、四星级 7 家、五星级 4 家），床位 6000 余张，农家乐 2900 家，床位 2 万余张。除了黄金周和周末的床位接近饱和以外，三清山酒店宾馆和

---

* 本文刊发于《内部论坛》2012 年第 22 期（总第 875 期），获 1 位省领导肯定性批示。

农家乐全年入住率不到35%。

3. 旅游综合效益相对下降

2007 年三清山游客量为 103 万人次，财政收入就超过 1 亿元，2011 年游客量达 460.8 万人次，财政收入仅 3.2 亿元，综合效益相对下降。根据世遗组织有关三清山自然资源承载量规定，三清山年游客量的极限为 1100 万人次，按照目前的游客量与财政收入比，届时三清山 1100 万人次游客量创造的财政收入最多不会超过 8 亿元。

4. 上饶中心城区旅游集散功能和旅游产业链难以形成

随着交通条件的改善，游客在三清山核心景区最多花上四五个小时就可以完成游玩，滞留时间大大缩短。特别是自驾车游客只需早上到，中午游，下午就离开。由于三清山无法留住大部分游客，其中心城区旅游集散功能区的地位被大大削弱。

二、三清山发展旅游文化产业具有得天独厚的基础条件

三清山是上饶旅游产业的龙头，怎样才能有效地推进三清山旅游产业由观光游向休闲度假游转型升级，从而把上饶旅游产业这个龙头做大？唯一的出路就是大力发展三清山旅游文化产业。三清山具备发展旅游文化产业的基础条件：

1. 文化自觉意识增强

在建设上饶文化大市的背景下，三清山业界人士已经充分认识到加快旅游和文化的互动融合，是三清山挖掘文化资源、优化产业结构、推动产业升级的重要发展方向，越来越多的旅游企业开始热衷旅游文化产业。

2. 千古文脉灵动三清

世界自然遗产三清山不仅是"江南第一仙峰"，而且方圆 100 里有"四个千年文化"——千年道教文化、千年禅宗文化、千年书院文化、千年民俗文化。这"四个千年文化"是三清山文化的经典品牌，是三清山发展文化产业厚重的历史人文资源。

3. 产业基地初现端倪

金旅集团三清山书画院所属四星级金沙湾大酒店和五星级金沙绿谷大

酒店，配套有书画陶瓷艺术创意与创作馆、艺术品收藏与展示馆、书画陶瓷精品品鉴中心、书画陶瓷艺术品交易中心，收藏了书画艺术品 1000 余件。金旅集团三清山书画院联手书画艺术家和陶瓷艺术家共同创作完成的陶瓷艺术经典之作——三清圣境乾坤瓶，成功挑战吉尼斯世界纪录，产生了明显的文化品牌效应。

三、促进三清山旅游产业转型升级的建议

笔者认为，通过旅游产品的性质创新改变三清山旅游产业的结构模式，能够实现三清山旅游产业的转型升级，建议如下：

1. 规划先行

不能把三清山旅游产业规划简单地等同于一般旅游规划和社会发展规划，而要用大视野制定大规划，用大智慧构筑大工程，用大举措弘扬大文化：一是起点高。三清山旅游产业的发展应充分体现发展文化产业的对策、重点项目和细化方法。二是定位准。结合发展文化产业、重视产业园建设的特点，找准三清山的文化产业定位。三是结合紧。注重以文化产业带动旅游及其他相关产品销售的项目建设，推动三清山产业结构的转型升级。四是基础实。要重视旅游文化企业集聚，重视扶持龙头企业，培育上市公司。五是链条长。注重对创意、策划、企业集聚、产品研发、产业配套、营销、出口、广告、品牌授权、对外连锁经营、文化旅游、夜间娱乐、人才培训等产业链的打造。

2. 项目带动

一是三清山道院项目。该项目由北京大学文化资源研究中心规划设计，中国道教协会常务副会长张继禹任项目总顾问并组成国内一流专家团队，金旅集团为投资主体，拟投资 10 亿元，在三清山东部选址（玉灵观、汾水村）规划建设一座气势恢宏的集现代化、融合声光电等高科技元素的新式道观。三清山道院的建设模式是主题道观宫殿＋灵修道场＋会议中心＋主题酒店＋道教研究＋养生＋道教文化演艺等复合经营．目标是把三清山打造成为中国道教的重要地标，为三清山旅游带来长久的文化回馈，最终成为全国宗教界、旅游界最多彩的文化名片。二是三清山书画院项

目。该项目投资主体为金旅集团，共投资 5 亿元，目标是把书画院建成集文化交流、文化创新、艺术品鉴、旅游休闲为一体的书画文化创意产业园和国际一流艺术品位的中国书画界艺术创作交流基地、文化产业示范基地及全国书画艺术品交易重要集散基地。三是三清山博物馆项目。该项目由浙江大学建筑设计院和华东师大世博研究院规划设计，投资主体为三清山管委会，共投资 1 亿元，充分利用科技手段，展现三清山世界自然遗产和国家地质公园的美学价值、科学价值、文化价值，融科学性、观赏性、趣味性于一体，建设科学与美学价值相统一的综合性现代展馆，使之成为三清山标志性景观和景区总导览。

3. 提炼主题

游客旅游是奔着主题去的。云南有个中甸县，中甸县原来没有人去旅游，自从中甸县提炼了香格里拉的主题，游客蜂拥而至。三清山文化资源丰富多彩，其中书院文化、禅宗文化、道教文化、民俗文化应是三清山文脉中最突出的主题。这四大文化主题都具有千年以上的历史，品位极高，是三清山景区形象的诗篇、凝练的音乐、永恒的画卷，是任何其他景区无可比拟的宝贵资源。在厘清三清山文脉的基础上，三清山应开辟五条文化主题游线路：一是挖掘怀玉书院、方塘村的历史文化资源，开发书院文化与耕读文化相融合的休闲度假旅游景区；二是以三清山道教文化为载体，以道教遗存展演和"三清论道"的形式开辟道教文化游；三是挖掘禅宗黄龙派的历史文化资源，开辟禅宗文化游，吸引韩国、日本游客；四是整理"元宵板灯"等系列独特民间民俗艺术，开辟以金沙及紫湖附近的畲族村以及独特的闽南文化为主导的闽南线路，主推闽南风情、畲族民俗，与附近的婺源徽派建筑民俗文化游遥相呼应；五是利用历史悬案，开辟建文帝是否隐居三清山的探秘之旅。

4. 培育夜市

国内旅游界有一句老话叫"白天看庙，晚上睡觉"。这种状况和夜生活项目的贫乏有关。但是在今天，娱乐在旅游活动中起着越来越重要的作用，甚至很多旅游活动就是以娱乐为主要目的的。在一些度假地，游客白天多在住处休息，晚上才出来活动，夜生活成为旅游活动的核心内容。三清山应顺应旅游发展的大趋势，重点培育"白天看景点，晚上看夜市"的全天候景区旅游文化消费模式。一是修建集展览、宣传、购物为一体的旅游商品交易中心，建设古玩和民俗旧货市场、旅游购物步行街、旅游夜市；二是建设诸如北京后海、三里屯、上海新天地、长沙田汉大剧院之类景区文化娱乐中心；三是建设特色化的中央游憩区，根据条件设置高科技观光设施、蹦极、攀岩、漂流、露天情景演出等与山水结合的娱乐休闲项目；四是培育当地的文化名人、文化商人和乡土艺术人才，编排、扶持和推广一批山水给力、演出精彩、视觉冲击、效果震撼的演艺项目。

5. 变革要素

随着旅游活动的转型升级，"无景点旅游"的模式开始出现，以前旅游活动中不被关注的食、住、行、娱等要素变成了旅游产品，逐渐走向休闲化，构成了旅游文化的重要组成部分。三清山应全力打造全要素的旅游产品，为三清山的游客提供丰富的文化体验。一是餐饮增加文化体验的含量。例如酒店宾馆推出"抱朴菜系"、"道教养生宴"及"风情舞宴"，使游客不仅能够品尝美食，还能够感受一种浓郁的文化气息。二是住宿进行文化包装，彰显文化差异，建设文化主题酒店。如金沙湾假日酒店门厅放置了创造吉尼斯世界纪录的艺术精品——三清圣境乾坤瓶，专门开辟艺术品展示馆和收藏馆，客房挂有中国画，会议室用名人书画装饰，餐厅也用书画衬托，营造了强烈的书画艺术氛围，给游客一种全方位的文化体验。三是旅游交通注入文化体验的功能。景区内所有缆车、电瓶车根据三清山文化主题进行文化包装，所有地接社的旅游大巴也要根据三清山文化主题进行文化包装。四是娱乐民俗化。民俗旅游满足了游客"求新、求异、求乐、求知"的心理需求，是一种高层次的文化旅游。建议三清山开辟民俗娱乐广场，每天晚上推出参与性的元宵灯会、民俗游艺、民俗竞技及民俗服务项目，吸引游客购买民俗商品，体验田园文化的民俗生活。

6. 名人加盟

唐代诗人崔颢是河南开封人，他到黄鹤楼写了一首《黄鹤楼》；唐代王勃是山西河津人，路过南昌写下《滕王阁序》；北宋著名政治家、文学家范仲淹是江苏苏州人，他看了好友送来的一幅岳阳楼图，写下了名篇《岳阳楼记》。这三位名流不经意间留下的作品把江南的这三座楼阁变成了国内著名的旅游胜地。位于塞纳河中心城岛上的巴黎圣母院是一座哥特式的建筑，它因雨果的著名小说《巴黎圣母院》而世界闻名。三清山要用优厚的条件吸引文化名人来三清山游历、讲学、创作和度假，把他们当作三清山文化产业的活招牌。建议三清山对文化名流一律免费开放，"借名山、请名人、出名作、扬名气"，达到崔颢、王勃、范仲淹、雨果等名人名作造就旅游胜地的效果。

作者：罗时平系中共上饶市委党校教授

我理想中的滕王阁景区[*]

李国强

南昌市决定改造滕王阁景区。作为在南昌生活了 40 年的市民,我举双手赞成;作为多次游历过滕王阁的常客,我关注滕王阁改造设计思想和景区管理理念。

南昌市是历史文化名城,滕王阁无疑是其首屈一指的文化资源、旅游景点。如果说没有"八一起义",南昌就不能叫英雄城的话,那么没有滕王阁,南昌就可以不叫南昌了。滕王阁是南昌市的一座地标建筑,是江西省的一个文化窗口,也是中华名楼文化的一个知名品牌。长期以来,序以阁传,阁以序传,其千年不衰的魅力源于名楼、名文、名人三位一体的文化。古往今来,天下游人到此无一不是慕名而来,为领略名楼风韵、名文雅辞、名人风采而来,为追求美而来。毛泽东手书"落霞与孤鹜齐飞,秋水共长天一色",赠给养病中的亲人欣赏。江泽民登楼,朗朗背诵《滕王阁序》全文,并说这篇序文是他小时读的,几十年里并没有刻意读它,现在依然能背,人的记忆奇了。这就是人对美的追求,是艺术的力量。

滕王阁始建于唐代(653 年),现楼是第 29 次重建,落成于 1989 年。当年,江西省委书记白栋材对南昌市市长赵志坚说,重建的滕王阁要比岳阳楼、黄鹤楼高。现在的滕王阁规模、质量确为历代之冠。目前的主要问题是,楼内商业气氛太浓,配套设施陈旧,展出内容单调,高雅文化气韵出不来;主楼周边被高耸的水泥森林包围而成了孤岛,原始环境、历史风貌消失了,当年"层峦耸翠,上出云霄;飞阁流丹,下临无地"的登高壮观的意境也出不来。这些缺憾,不单是我个人的感觉,也是我所接触的许多贵宾和友人的共同印象。滕王阁景区的改造,决心大,时机好,应该有

---

* 本文刊发于《内部论坛》2011 年第 16 期(总第 824 期),获 1 位省领导肯定性批示。

新的思路、新的布局、新的气象。

一

我国著名建筑设计大师张开济，是中国革命博物馆、中国历史博物馆、钓鱼台国宾馆、北京天文台、北京科普博物馆、天安门观礼台等重要建筑的设计者。他说过："自己最满意的是天安门观礼台，而不是几大馆。其设计思想、设计技巧是该当配角的就当配角，观礼台就是天安门的配角，配角成功了就是贡献。""天安门城楼本身就不应当再搞任何设计，可是又有了需要怎么办？这个设计越不显眼越好，高度不超过红墙，颜色是红色，琉璃瓦绝对不用，让观礼台与城楼浑然一体，这叫'此地无声胜有声'。"天安门观礼台的设计思想值得滕王阁景区改造借鉴。如果把滕王阁主楼比喻为"红花"的话，那么，这次以主楼延伸为任务的景区建设应该是"绿叶"。"绿叶配红花"应是基本设计思想，一切安排都要服务于"红花"，千方百计衬托"红花"。

如何才能当好配角？优化周边生态环境是最重要的一条。江西生态环境好，南昌叫"中国水都"，滕王阁景区要尽可能地展现当年"落霞与孤鹜齐飞，秋水共长天一色"的意境。主楼两侧高层上有"挹翠"、"压江"两亭，楼需耸峙方可"压江"，江水需绿方可"挹翠"。景区应该满眼皆绿，四季有花，树木扶疏，草地常青，绿水长流。根据南昌气候特点和土质情况，宜广植香樟、槭树、翠竹、玉兰、桂花、迎春、含笑、杜鹃、菊、梅等花木。八一广场改造，成功之处甚多，但铲除草坪，石铺地面，实在可惜。广场草坪原是城中"绿肺"，现在全被石块封闭，不渗水，不散热，不环保，不为市民认可。最近，南京的"梧桐事件"惊动海峡两岸，结果是地铁让树。这也引发南昌人的一段苦涩回忆：当年，八一大道等路两旁也是梧桐树，从八一大桥到火车站全程郁郁葱葱，结果毁于一旦，全城的梧桐树被砍尽挖绝，南昌市至今没有一条完整的林荫道。生态无价，滕王阁改造要千百倍地注意珍惜和改善生态环境。

当配角就不能搞大广场。除滕王阁主楼外，景区建筑物（包括周边）都不能高，不能大，不能洋。青云谱庭院深深，给人以清幽、雅静之感。

颐和园的长廊使游客平添诗情画意。八一广场已经够大够气派了，秋水广场也有相当规模，滕王阁景区一定不要再搞大广场了。

就我亲眼所见，莫斯科红场并不大却庄严；美国纽约时代广场小而繁华；白宫南草坪小而秀美；日本东京皇宫前广场也不大，而且是碎石铺地，完全不用水泥和石块，广场一点也不气派，倒是广场旁的一片松树林，秀色可餐，让人流连忘返。此外，欧洲维也纳的美泉宫，巴黎的凡尔赛宫，都是碎石铺路，草坪见长，树木葱茏。我国的天安门广场，原本就大，改造后超大。张开济大师说过："天安门广场整个设计是错误的，大而无当，整个广场连个人坐的地方都没有。不是以人为本，为人民服务，不让人觉得美，没有亲近感。当时受苏联的建筑设计思想影响较大，用建筑来表现社会主义的伟大。这是很落后的设计思想。"这是大师晚年的悟道之言，值得我们深思。

据《江西晨报》近日报道，滕王阁广场现有 3500 平方米（未算绿化面积），隧道建成后将扩大到 4900 平方米，增加的面积应建成绿地，现有广场的绝大部分也应改为绿地。若要人与自然和谐，绿色远比水泥、石板地好。此外，停车场也要隐蔽一些，建地下停车场是上策。进出通道也不宜太宽，便捷就好。时下，"文化大革命"那样频繁的大规模集会少了，况且滕王阁是文人雅聚、游人览胜的地方，不是首都，不是游行集会之地，千万不要认为只有豪华、硬化、超大，才是政绩，才有文化。

二

要凸显人文环境。生态环境是形，人文环境是魂。滕王阁经过千年积淀，文化底蕴深厚，景区的改造要在厚重历史、涵养文化上下功夫，做足《滕王阁序》文章，使人能作深度游。现在展出的，有的很有价值，如苏东坡手书《滕王阁序》、韩愈《新修滕王阁记》、大型石雕"风送王勃"、明清滕王阁瓷展、六大模型等；有的创意不错，如王咨臣以滕王阁为主题的藏品展，但分量不足；有的不尽如人意，如文艺演出，特色不浓，水平不高，不能让人停下脚步。为此，要精心调整、充实、丰富、优化楼内展示内容。

展示滕王阁历史。滕王阁历史无疑是展示的主体、重点和亮点。要全方位精彩展示历代与滕王阁有关的名人、文、诗、书、画及后人的研究成果。要精心搜集、整理相关资料，制作多媒体等影像资料片，并辟专室放映，如井冈山景区播放毛泽东重上井冈山、庐山景区播放庐山会议纪录片一样。当年，我的老师复旦大学邓廷爵教授来南昌参加重建研究，告诉我重建以1942年梁思成依据旧藏宋画绘制的8幅《重建滕王阁草图》为本，我就特别高兴。这8幅草图若能展示，就很有价值。游客进馆，或先看录像片，获得总体印象；或参观后再坐下来边看边休息，加深印象。

浓缩江西文化。《滕王阁序》中，"物华天宝"、"人杰地灵"风行全国，王勃拥有专利，南昌是原创地，所以豫章和江西文化要适当反映。现在的展馆没有江西历代人才的综合反映；一幅"人杰图"收入80人，其中政治家、文学艺术家居多，自然科学家偏少，如元代大航海家汪大渊、清代建筑大师雷发达等就没有；有古代而没有近现代的人物；等等。现有巨幅彩画介绍汤显祖及"临川四梦"，这固然必要，但"光照临川之笔"原指东晋谢灵运，非明代汤显祖。"地灵"仅以"六山一水"反映，也嫌不足。多年来，解说与导游介绍都较简单，每每给人以江西除了唐宋三大家，就剩文天祥加严嵩了。因此，"物华天宝"、"人杰地灵"如何表现，需要重新审视，专门研究。

简介中华名楼。滕王阁景区关于中华名楼的简介一直是空白。滕王阁是"天下第一楼"，是中华名楼文化的一个高地，如今又是中国名楼协会的召集单位，人们置身滕王阁很自然会联想到全国其他名楼，诸如黄鹤楼、岳阳楼、鹳雀楼、望海楼等，适当对其加以介绍，有利于扩大游客知识面，增加登临兴趣，也能体现南昌人的眼界、胸襟和见识。

要运用现代科技手段，高水平地展示上述四方面内容。目前，楼内展馆老旧，楼道暗淡、单调。要配强声、光、电，设电视墙、触摸屏、多媒体等，吸引游人参与互动。同时，景区要推进低碳型绿化建设，根据节能、低碳、环保要求，建筑雨水收集、喷灌、太阳能照明系统，枯枝落叶不出景区，全部粉碎利用，"回"到绿地。另外，还要建一些应急避灾设施，如救护站、应急公厕、应急供水供电系统等。

三

为了突出滕王阁的高雅气韵，景区建筑应坚持仿古风格，保持唐风宋韵。所有造型设计、命名，包括餐厅内各个包厢的命名都要紧扣滕王阁，求雅避俗。细节决定成败，理念体现水平。要统一规划，有意识地设置一批小而新、古而雅的亭、台、廊、坊、塔、馆、苑、堂、钟、联、池、碑、雕、石刻等建筑，形成众星捧月、绿叶扶花之势。黄鹤楼现有100多处附属物，莫不与黄鹤楼相关。滕王阁有王勃之序，条件更为优越。江西的县名、南昌以历史人物命名的路名、以"八一"命名的公共设施等名称，都很有特色。滕王阁是南昌的文脉和灵魂，一口历史文化深井，过去发掘不够，现在一定要抓住机遇，规划实施好。老地名也是文化遗产，珍贵的地名、店名、路名是"活化石"，是历史的记忆，千万不要急不择名，而要好中择优，拒绝低俗、媚俗、庸俗的东西出现。

滕王阁景区功能定位是求知、览胜、休闲、娱乐，为此，既要有购物、餐饮等有特色的商业网点，更要有陶冶情操、增加知识的休闲娱乐活动场所。要多设书画、诗文、摄影、创作等展示，多办教育、艺术、学术等培训、讲座、论坛，多搞各种棋牌、报刊阅览、比赛和公益演出等活动，把滕王阁景区打造成江西省和南昌市的文化亮点，成为有益于青少年求知的沃土，有助于中老年人休闲的净土，有利于游客览胜的乐土。

要大力开发滕王阁旅游产品。停留在门票收入上的旅游是初级阶段的追求，开发旅游产品历来是江西旅游的短板。有些地方的景点可以"无中生有"，赚得钵满盆满。苏州寒山寺凭唐人张继的一首《枫桥夜泊》不知道做出了多少市场文章。人们调侃说，"江西老表会读书，不会赚钱；会养猪，不会卖肉"。滕王阁要有能够让游客产生购买冲动的产品，有收藏价值的东西，亟需"华丽转身"，从纪念品、商品到食品，从创意、设计、生产、包装到销售，就要独具慧眼，紧盯市场，持续创新，做系列文章。

要加强宣传。要有市场意识、文化敏感和文化责任，生动、持续、有效地宣传推介滕王阁，提升文化品位，进一步开拓客源市场，强化深度游效果。如编印出版滕王阁系列丛书，开展滕王阁征文比赛、序文朗读等，又如，向游人免费赠送滕王阁相关资料及南昌市、江西省、中华名楼游览图等。

时来风送滕王阁。滕王阁经过改造，一定会有更多临观之美和回味之思，迎接八方胜友高朋。

作者单位：江西省人大教科文卫委员会

新举措　新发展　新思考[*]

——2013 年江西省国家社科基金立项实现新突破的分析与思考

江西省社科联课题组

近年来，国家社科基金覆盖面和影响力不断扩大，导向性、权威性和示范作用越来越明显，日益成为党和政府联系、团结、凝聚社科界广大专家学者的重要桥梁和纽带，为推动我国哲学社会科学繁荣发展发挥了重要作用。2013 年，江西省国家社科基金项目立项继续保持了稳中有升的发展态势，获得 123 项立项资助，资助经费 2298 万元，立项数排名稳居全国第一方阵。认真总结经验、分析并思考如何使江西省社科规划工作不断实现新突破，对提升江西省人文社会科学研究水平，促进学科建设、人才培养和多出精品，进一步繁荣发展哲学社会科学事业，更好地服务于全省经济社会发展具有重要意义。

一、2013 年江西省国家社科基金项目立项实现新突破

自 2010 年 3 月与江西省社会科学院正式分设独立运行 3 年多来，在江西省社科联党组的精心谋划下，江西省国家社科基金项目立项实现翻两番，立项数从 43 项（2009 年）到 62 项（2010 年），从 92 项（2011 年）到 109 项（2012 年）再到 123 项（2013 年）；立项经费从 388 万元（2009 年）到 700 万元（2010 年），从 1420 万元（2011 年）、1665 万元（2012 年）跃升到 2298 万元（2013 年），呈现出跨越式发展的良好态势。2013 年江西省国家社科基金项目立项情况如下：

＊　本文刊发于《内部论坛》2013 年第 31 期（总第 920 期），获 1 位省领导肯定性批示。

1. 立项数达 123 项，创历史新高

2013 年江西省申报国家社科基金项目 798 项，立项 123 项，比 2012 年的 109 项增加 14 项，增长 12.8%，立项率为 15.41%，高于全国 13.36% 的立项率。其中重点项目 7 项，一般项目 59 项，青年项目 50 项，西部项目 7 项（见图 1）。此外，2013 年江西省还有 120 余项国家社科基金申报项目经过同行评审入围，显示了江西省未来可持续增长的实力和潜力。

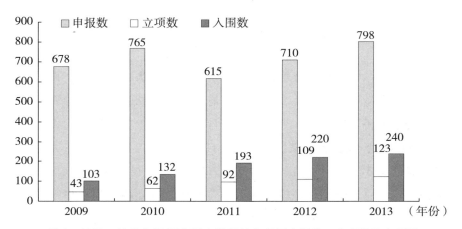

图 1　2009～2013 年江西省国家社科基金项目申报数、立项数和入围数

2. 立项总经费达 2298 万元

2013 年立项总经费比 2012 年的 1665 万元增加 633 万元，增长 38%，实现经费连年攀升（见图 2）。

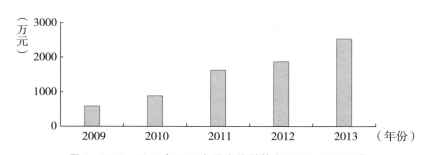

图 2　2009～2013 年江西省国家社科基金项目立项总经费

3. 重点项目立项取得单年之最

从 1991 年江西开始申报国家社科基金项目至 2010 年，20 年来江西省

仅获重点项目 4 项，"十二五"期间前两年共获得重点项目 7 项，其中 2011 年 4 项，2012 年 3 项，2013 年江西省一举获得重点项目 7 项，超过"十一五"前的所有总和，与"十二五"期间前两年总和相等，创单年重点项目立项之最。

4. 青年项目再创佳绩

2013 年青年项目获立项 50 项，占全省立项总数的 41%，其中 90% 的项目主持人是第一次获得立项，一批年龄 35～45 岁且具有博士学位的年轻学者崭露头角，脱颖而出，逐渐成为江西省社会科学研究的重要生力军。

5. 立项单位仍以高校为主

在已立项的 123 个项目中，高校立项总数为 115 项，占总立项数的 93.5%。其中江西财经大学 25 项，在全国各单位立项排名中列第 26 位，在全国财经类院校排名第 3 位；南昌大学 23 项，在全国各单位立项排名中列第 32 位，在全国地方"211 高校"中排名第 1 位；江西师范大学 21 项，在全国各单位立项排名中列第 37 位，在全国师范类高校排名第 7 位。赣南医学院是首次获准立项，赣南师范学院、九江学院、景德镇陶瓷学院、南昌航空大学、江西理工大学均创历史最好成绩。此外，高校的一批学者获多次立项，实现了良性循环。

6. 立项数在全国排名稳定在第一方阵

2013 年江西省获批立项 123 项，在全国各省区市排名第 10 位（见表 1），列上海、湖北、江苏、浙江、广东、湖南、山东、河南、四川之后，高于安徽（102 项）、陕西（102 项）、福建（99 项）、重庆（97 项）、辽宁（93 项）、北京（89 项）、吉林（87 项）等省份。

7. 立项学科结构和分布比较合理

2013 年江西省立项学科分布面较广，国家设立的 23 个学科均有申报，立项涵盖 21 个学科。其中应用经济 13 项、中国文学 13 项、经济理论 11 项、中国历史 10 项、管理学 9 项、法学 8 项、哲学 7 项、马列社科 7 项。分析 2013 年学科立项分布情况可以看出，江西省以优势学科为支撑、传统学科为亮点，新兴学科和交叉学科日益发展，逐渐形成了门类较为齐全、布局较为合理的学科体系。

8. 一大批聚焦国家和江西省经济社会发展的重大理论和现实问题的选题获得立项

分析立项课题的选题与内容，涉及政治、经济、社会、文化、生态文明等各个方面，反映了江西省社科工作者在围绕全省乃至全国的重大理论与现实问题等方面的研究有一定基础和实力：

一是如何推进马克思主义中国化、大众化、时代化研究。有《中央苏区马克思主义大众化成果的传播理论研究》《红色文化对培育社会主义核心价值观的作用及其实现机制研究》《中国特色社会主义文化发展中的生态文化建设研究》《科学发展观对社会主义建设规律认识的新贡献研究》等。

二是如何实施好江西省国家和区域发展战略研究。有《明清以来鄱阳湖区经济、生态与社会变迁》《区域创新环境与创新能力的互动机制及协同发展研究》《多重约束下的中国区域分工演化与协调发展研究》《苏区乡村社会改造及历史经验研究》等。

三是如何推进江西省城镇化、带动城乡一体化发展研究。有《城乡发展一体化视阈下农村土地产权制度创新研究》《城镇化进程中郊区城市化与城乡社会管理一体化研究》《城乡发展一体化进程中地方政府意志与农户行为的互动机制研究》《城乡统筹下的小城镇公共品供给结构问题研究》《城镇化进程中村落的价值及其发展研究》等。

四是如何保护好生态环境、促进可持续发展等事关江西长远发展的重大问题研究。有《我国稀土资源地环境风险准备金制度研究》《物流产业生态系统视角下缓解城市雾霾压力的对策研究》《基于生态文明视阈下我国节能减排税收政策效应实证研究》《惠及贫困的湿地生态补偿政策研究》《能源结构调整背景下我国铀资源安全态势与保障体系研究》等。

五是如何完善江西省产业规划、促进产业做大做强研究。有《我国革命老区文化旅游产业发展模式研究》《企业规模分布视域下的中部地区城市规模分布与产业圈层耦合机制研究》《家庭农场发展机制优化研究》等。

六是如何促进江西省特色文化发展研究。有《中西文化激荡下的景德镇陶瓷文化变迁研究》《我国古今陶瓷艺术体育素材应用的价值取向及发展策略研究》《禅宗七祖青原行思和青原禅风研究》等。

表 1　2009～2013 年江西省国家社科基金立项情况

年度 指标	2009	2010	2011	2012	2013
申报数	678	765	615	710	798
立项数	43	62	92	109	123
全国排位	13	11	8	9	10
立项率（%）	6.34	8.1	14.95	15.35	15.41
立项经费（万元）	388	700	1420	1665	2298
立项单位	12	14	17	17	20
青年项目	20	25	37	57	50
立项学科	15	19	19	20	21

二、江西省国家社科基金项目立项不断实现新突破的原因分析

对江西这样一个在全国有影响的名校和有知名度的专家还比较少、经济文化欠发达的省份来说，在国家社科基金项目评审申报立项中处于弱势地位，但为什么近年来能够在日趋激烈的竞争中不断实现新突破，我们认为，主要得益于以下几个方面：

1. 省委、省政府的正确领导、高度重视，是江西省国家社科基金项目立项不断实现新突破的根本保证

省委、省政府历来高度重视、非常关心哲学社会科学工作。在重大决策的制定上，在经济社会发展规划的编制中，以及在每一届的党代会、人代会和年度经济工作会议上，省委、省政府领导充分听取并吸纳专家学者的意见；每年还通过组织开展课题研究、专家宣讲、建言献策、应用对策、大型调研、论坛研讨等多种形式，充分发挥广大社科工作者的"智囊团"和"思想库"作用。

以强卫同志为班长的新一届省委班子，带头学习，带头深入基层开展调查研究，带头撰写理论文章，在全省营造了善于学习、勤于思考、创新工作的良好氛围。在 6 月 14 日召开的全省社科界专家座谈会上，在听取江西省社科界 10 位专家学者就繁荣发展江西省哲学社会科学、加快推进江

科学发展的意见建议后，省委书记强卫同志充分肯定了近年来江西省社科界理论工作者论真理、出良策、建真言，为繁荣发展哲学社会科学事业、促进江西经济社会发展所做出的积极贡献。省长鹿心社同志高度重视社科工作者的意见建议，对应用对策的调研报告多次给予肯定性批示。对此，全省广大社科工作者深受鼓舞、倍感振奋。

省委常委、省委宣传部部长姚亚平同志高度重视社科规划工作，经常提出一些需要研究的重大问题，2013 年更是专门拨出专项经费 60 万元，并亲自审定选题和项目内容；江西省副省长朱虹同志多次调研社科工作，并就加强高校的哲学社会科学研究、重视人文学科的发展做出具体指示。这些都为江西省国家社科基金项目申报立项和社科规划工作提供了有力的指导。

2. 全省各高校与各单位广泛动员、精心组织，是江西省国家社科基金项目立项不断实现新突破的重要力量

高校历来是江西省国家社科基金项目立项的主力军。近年来，江西省高校与各单位以社科规划项目为抓手，高度重视国家社科基金项目的申报工作，不少学校主要领导亲自做动员，亲自参加论证；各科研管理部门广泛动员、精心组织，严格把关验收论证，提高了论证质量；各学院发挥优长特色学科优势，鼓励在相关领域具有一定研究能力的科研人员特别是青年学者积极申报；广大科研人员积极踊跃申报，各项目负责人精心选题，科学论证，注重发挥课题负责人的创造精神和课题组成员的集体智慧等，这些举措为全省社科界申报国家社科基金项目营造了浓厚氛围，为江西省国家社科基金项目立项不断实现新突破起到了积极的推动作用。

3. 全省人才队伍不断壮大、整体素质不断提高，为江西省国家社科基金项目立项不断实现新突破奠定了坚实基础

人才资源是第一资源，建设一支高素质的人才队伍是强省之基、崛起之本。近年来，省委、省政府积极实施人才强省战略与文化强省战略，积极申报国务院政府特殊津贴、全国"四个一批"等人才项目，争取江西省有更多专家学者进入国家社科人才培养系列；充分发挥江西省高校特聘教授岗位计划、宣传文化战线"十百千"人才工程、"赣鄱英才 555 工程"、哲学社会科学教学科研骨干研修等人才培养计划的作用，努力造就了一批哲学社会科学拔尖人才和各学科各专业领军人物。据统计，截至 2013 年 9 月，全省具有中级以上职称的哲学社会科学教学科研人员 52000 余人，具有副高以上职称的哲学社会科学教学科研人员 15000 余人，涌现出一批学术领军人物和中青年科研骨干。

与此同时，江西省各高等院校、科研单位在人才政策上也采取有力措施，不断加大哲学社会科学人才培养和引进人才力度，哲学社会科学队伍与学科建设取得新的实质性进展，培养造就了一批政治素质高、理论功底扎实、学术造诣精深、勇于开拓创新的学术带头人和中青年科研骨干。分析 2013 年江西省国家社科基金项目立项情况，在获准立项的 123 项中，有 113 人具有博士学历，占 91.9%；在获准立项的 50 项青年项目中，49 人具有博士学历，占 98%。这表明在江西省社科研究资源长期向中青年人才倾斜的政策引导下，一大批青年学者已具备承担国家级科研项目的实力，为江西省社科研究实现可持续发展夯实了基础。

4. 江西省社科联领导班子进一步解放思想、创造性开展工作，是江西省国家社科基金项目立项不断实现新突破的重要因素

近年来，新一届江西省社科联领导班子高度重视国家社科基金项目申报工作，以强烈的事业心谋划新举措、谋求新突破、谋定新发展，将国家社科基金项目管理工作当成江西省社科事业中的"基础工程"抓好抓实，并取得显著成效。

第一，高度重视、精心指导。一是在第一时间转发了《2013 年度国家社会科学基金项目申报通知》，及时组织召开了全省社科规划工作会议，对 2013 年的申报工作进行全面动员和部署，全面分析和研究江西省面临的新形势，并专门邀请江西省社科领域中具有一定优势的 5 个单位和个人就项目选题、课题论证等多方面进行经验交流。二是江西省社科联主要领导与江西省社科规划办的负责同志多次深入江西财经大学、江西师范大学、南昌大学、江西农业大学等 10 多所高校，就如何确定选题进行有效引导，就如何提高国家社科规划项目的申报效率和规范填写申请书开展了针对性的具体辅导。

第二，创新举措、注重实效。一是采取有效的激励政策，在南昌大学、江西师范大学、江西财经大学等科研院校设立 11 个省级社会科学重点研究基地，进一步整合了江西省社科研究力量，努力推出一批用得上、能管用的应用对策研究成果服务于江西省经济社会发展。二是设立江西省社会科学学术著作出版资助专项资金，每年安排100万元经费资助一批高质量的学术著作，由社会科学文献出版社出版。三是组织评选出10名"江西省优秀中青年社会科学专家"，有力促进了江西省哲学社会科学学科和人才队伍建设，为全省广大社科工作者积极申报国家项目夯实了人才基础。

第三，认真审核、严格把关。一是加强了项目负责人资格、论证内容及申请材料等方面的形式审查和实质审查，严把质量关；安排专人集中录入申报数据，确保了申报资料的规范和录入数据准确，使2013年上报的798项申请书更加规范。二是先后组织18位各学科的权威专家对材料逐一审核，对部分论证明显存在缺陷和研究不具有重要价值的课题做了不上报处理，同时根据专家提出的修改意见，联系部分申报者对申请书进行修改完善，保证了把符合申报条件且有着较高质量的申请书及时报送到全国社科规划办。

第四，加强沟通、争取支持。一是积极抓住赣南等原中央苏区执行西部大开发政策等良机，江西省社科联主要领导多方奔走，积极向全国社科规划办乃至中宣部争取，要求将赣州三所高校、吉安两所高校和抚州一所高校共六所高校给予西部项目政策支持的计划获得批准。2013年，江西省六所高校共获得7项西部项目资助。二是江西省社科联主要领导多次走访全国社科规划办沟通协调，在全国、江西省申报数量受限的情况下，在2012年710项的基础上增加到800项的申报名额，事实上形成了江西申报数量的比较优势；同时确保了2013年江西省有4位评审专家上会。

第五，抓好重点、拓展新源。一是"抓重点"，继续抓好江西财大、南昌大学、江西师大等立项大户的申报工作；继续抓好应用经济、中国文学、经济理论、中国历史、管理学、马列科社等江西省的传统重点学科和体现江西地域特色的优势学科带头人的动员申报工作。二是"抓增长点"，大力开拓赣南师范学院、井冈山大学、九江学院、江西省社会科学院、南昌航空大学等科研院校为新的增长点。三是"抓突破点"，大力动员和帮助资深专家打破学科和单位界限，进行跨学科、跨地域、跨单位联合申报国家社科基金重点项目。

三、进一步做好江西省社科规划工作的几点思考

当前，全国上下正努力实现全面建成小康社会、实现中华民族伟大复兴的中国梦；中共江西省委十三届七次全会也已对未来江西经济社会发展做出了全面部署。在新的起点上，如何在已有成绩的基础上，使江西省的社科工作更好地为党委政府工作大局服务，在服务大局中实现哲学社会科学的繁荣发展，我们以为：

1. **以提高项目成果质量为重点，充分发挥国家社科基金项目的学术引领作用**

要按照"有了项目就要注意抓质量，有了质量就要注意抓转化"的要求，努力做到争项目积极，做项目认真，既要"拿得到手"，更要"拿得出手"。为此，一是在"出"字上琢磨。国家社科基金项目要在出重大成果上做表率，带动一批省级社科规划项目，努力成为产生精品力作、锻炼科研团队、创新管理模式、推动学科建设的重要平台。二是在"推"字上用功。要以提高项目成果质量为重点，完善项目成果评价机制，注重原创性和科学性，严把成果验收结项的"出口关"，着力推出更多在全国立得住、叫得响、传得开、留得下、代表国家水平的研究成果。三是在"用"字上见效。积极推动研究成果进入领导决策视野，既发挥国家社科基金项目成果服务党和国家决策的重要作用，又发挥国家社科基金项目成果服务江西省经济社会发展的重要作用。

2. **以经济社会发展中的重大问题为研究的主攻方向，充分发挥国家社科基金项目的"助推器"作用**

一是要站在全局的高度，加强对国家重大发展问题的战略思考和研究，紧紧围绕"中国梦"主题加强研究，深入研究阐释中国特色社会主义的历史渊源、科学内涵、精神实质和实践要求，深入研究阐释中国特色社会主义的道路自信、理论自信、制度自信。二是要立足江西实践，紧紧围绕江西省经济社会发展的大局，着力研究回答江西省改革发展稳定中的重大理论和实践问题，加强对科学发展观在江西的认识与实践研究，做大做

强井冈山精神、苏区精神等红色文化的研究。当前，要围绕中共江西省委十三届七次全会提出的"发展升级、小康提速、绿色崛起、实干兴赣"十六字方针，重点就如何实施好江西省几个区域性国家发展战略，如何优化江西发展环境，如何加快城乡一体化发展、保护好生态环境等事关江西长远发展的重大问题，进行系统、深入研究和思考，为省委、省政府重大决策和江西新一轮发展提出新思路和切实可行的对策建议，使哲学社会科学真正成为江西科学发展、绿色崛起的"助推器"。

3. 以培养造就一批优秀人才特别是中青年骨干为根本出发点，充分发挥国家社科基金项目的"孵化器"作用

哲学社会科学的繁荣发展关键在人才。国家社科基金项目实施的过程也是凝聚和培养人才的过程，哲学社会科学界许多领军人物和优秀人才就是在承担、完成国家社科基金项目中成长起来的。为此，一是要通过重大项目汇聚江西省哲学社会科学的拔尖人才。要组成多层次、多方面人才的研究团队，使重大项目的研究过程成为推出有重大影响成果和拔尖人才的过程。二是要通过一般项目为江西省哲学社会科学人才成长搭建重要平台。要考虑研究队伍的组合和研究力量的配备，使国家社科基金成为培养江西省哲学社会科学优秀人才的"孵化器"。三是要通过青年项目发现和培养学术后起之秀。要继续增加对青年项目的支持力度，使更多的青年学者能够在承担国家研究任务过程中，培养研究能力，提高学术水平。

4. 以逐步加大对哲学社会科学研究投入为根本保障，为江西省哲学社会科学事业的可持续发展提供坚实的物质基础

近年来，各级党委和政府高度重视哲学社会科学工作，不同程度加大了投入力度，使江西省社会科学工作条件有了较大的改善。但是，与繁荣发展哲学社会科学的高要求相比，与自然科学领域相比，经费投入不足仍是制约江西省哲学社会科学繁荣发展的瓶颈。基于此，一是各级党委政府要进一步加大对哲学社会科学事业的经费投入，不断改善社科理论工作的硬件和软件设施，不断增加省社科规划项目、省社科优秀成果评奖与社科普及的经费并纳入经济社会发展规划的"大盘子"，以确保江西省哲学社会科学事业可持续发展。二是全省各科研院校要进一步建立健全人才扶持机制，对立项的国家社科基金项目给予奖励和经费配套，在时间上、物质上和科研力量上提供保障，确保研究工作顺利进行；对入围的项目要采取鼓励和扶持政策，努力在提高立项周期率和增长点上下苦功夫。三是在以国家支持为主体的前提下，鼓励哲学社会科学机构采取与企业联姻、为社会和市场提供有偿服务等多种方式筹措资金，形成多渠道广泛吸纳社会资金的社科投入机制。

课题组组长：祝黄河　江西省社科联党组书记、主席　教授

　　成员：黄万林　江西省社科联党组成员、副主席

　　　　　吴永明　江西省社科联党组成员、副主席　教授

　　　　　胡春晓　江西省社科联党组成员、副主席　教授

　　　　　杨宇军　江西省社科联社科规划办副主任（正处级）

　　　　　刘志飞　江西省社科联办公室副主任

　　　　　吴　峰　江西省社科联社科规划办副调研员

江西省农村公共文化服务供需
矛盾分析及对策[*]

李　曜

近年来，江西省高度重视并着力改善农村地区的文化民生，通过完善农村公共文化服务基础设施、提高农村公共文化产品供给能力、拓展农村文化服务领域、健全农村公共文化建设机制、加强农村文化队伍建设等措施，推动了农村公共文化服务体系框架基本建立，农村公共文化服务能力和水平显著提高。但是，与人民群众日益增长的精神文化需求相比，由于需求的多样化和需求的不断升华，当前江西省农村公共文化服务供需矛盾仍然突出，而且这种供需不平衡、有效供给不足的现象不易在短时间内消除，这是江西省农村公共文化服务必须面对和解决的突出问题。针对此问题，笔者深入南昌市、上饶市、鹰潭市和省直宣传思想文化部门，通过听取介绍、开展座谈、实地查看、深度访谈等形式，对江西省农村公共文化服务体系建设现状进行了一次省、市、县、乡村五级联动的调查，在此基础上，深入分析了江西省农村公共文化服务供需矛盾的成因，提出了加强和改进农村公共文化服务的对策建议。

一、江西省农村公共文化服务供需矛盾分析

在江西省农村特别是贫困边远地区，对文化的需求非常旺盛，求知、求富、求乐的愿望十分迫切，而与此相对应的却是江西省农村公共文化服务由于价值选择、制度安排、政策制定的缺陷和实施过程的扭曲，导致"不均衡"和"非均等"的供需矛盾仍然突出，具体表现为：

---

　　*　本文刊发于《内部论坛》2013 年第 36 期（总第 925 期），获 2 位省领导肯定性批示。

1. 在产品供给上，群众文化诉求渠道不畅，政府文化产品供给结构性短缺

在产品供给上，农村公共文化服务供需矛盾的突出表现是，政府认为农民众口难调，而农民抱怨供非所需，供与需脱节。究其原因，一方面是群众的文化需求表达渠道不畅。目前，江西省农村公共文化服务需求表达、意见搜集、信息反馈等环节的制度设计薄弱，部分农村公共文化服务需求项目的选择往往偏离实际，村民需要的到不了，不需要的却送了下来，对群众没有吸引力，群众自始至终在被动地与，积极性不高，在少数农村地区，仍然不同程度存在求学求知难、享受文化生活难等问题。另一方面是政府文化产品供给结构性短缺。农村公共文化产品和服务的供给主要以政府为主，供给主体的单一，导致农村公共文化产品和服务出现结构性短缺，有效供给不足。目前，无论是图书、杂志，还是电脑、电视等文化用品，都是由政府相关部门统一采购、统一配送，政府送什么，农村只是被动地接受，选择余地不大，针对性不强，导致文化产品供给缺乏针对性。对于一些边远山区来说，广大村民最需要的不是文化站和农家书屋，而是广播电视和卫星接收器。对送戏下乡和送电影下乡而言，送戏下乡普遍受到当地村民的欢迎，而送电影下乡则比较受冷落，主要是影片片源有限且老化、内容不合农民口味、露天观影受天气影响较大等，可电影放映经费却占到了农村文化三项活动总经费的一半以上。送戏下乡很受欢迎，但县级以上剧团带来的多是唱歌、跳舞等节目，当地居民接受程度有限，本地的地方戏班子却能够与当地居民近距离互动。当前虽然有一批活跃于农村的"泥腿子剧团"、"扁担剧团"、"自行车剧团"等民间文化组织，但由于缺乏政策扶持和专业培训，长年在农村演的唱的都是老节目，有的节目祖辈看了孙辈看，缺乏吸引力和感染力。多数乡村的文化生活以看电视、打麻将为主，逢年过节或重大农事活动，有些地方会组织农民唱山歌、看戏、舞龙灯等，而这些活动次数有限，内容陈旧，很少有新意。

2. 在设施使用上，农村公共文化服务设施短缺仍很突出，实际利用率不高

在设施使用上，农村公共文化服务供需矛盾的突出表现是农村公共文化设施严重短缺，同时又闲置严重，管与用脱节。一方面，农村公共文化设施短缺问题仍很严重。截至 2012 年年底，江西省配置了设备的街道文化活动中心 96 个，覆盖率约为 60%；村文化活动室近 10000 个，覆盖率约为 50%。江西省 1200 万户城乡居民中，仍有 590 万户听不好广播、看不好电视；在城市数字影院建设中，100 个县（市）只有 36 个建有数字影院。另一方面，农村公共文化设施使用效率不高。到乡镇综合文化站和村文化室来上网、看书看报、参加活动的群众并不多，各类文化服务用品和活动设施的实际利用率较低，资源闲置较为突出，没有发挥应有的学习、教育、娱乐等功能。农村公共文化设施挪作他用的情况在各地都不同程度地存在，一些地方文化站与其他站所合建（如司法所、兽医站、便民中心等），被其他单位挤占、租赁，实际上就没有足够的活动空间，仅留有一间象征意义的活动场地。究其原因，农村劳动力大量外流，农村留守人员较少是其显因。一些基层文化设施管理脱节、功能单一、后续经费投入不足等是农村公共文化服务设施长期处于闲置状态的主因。特别是在管理方面，由于江西省绝大多数乡镇综合文化站的人、财、物都是由乡镇直接管理，县级文化部门只对其进行业务指导，没有建立对综合文化站人员工作目标考核的实施细则和具体的奖惩激励机制，文化站人员的工作主动性与积极性难以得到激发。

3. 在资金保障上，农村公共文化建设财政投入不平衡，基层文化单位运转困难

在资金保障上，农村公共文化服务供需矛盾的突出表现是，重"建得成"，轻"用得好"，建与用脱节。一是建设资金配套难。近年来，中央和江西省加大了农村公共文化服务体系建设力度，实施了一系列重点文化惠民工程，但在下拨建设资金时都要求地方配套。对于财力非常有限的县市，资金配套难的问题普遍突出。目前江西省已建成的 1629 个乡镇综合文化站中，只有 1295 个被纳入国家建设规划之中，且上级资金补助过低，少的每站只有 12 万元，其余大部分资金需地方自筹，大多数文化站因无固定工作经费而成为空壳站，基层干部形象地说"上级只是给基层一条短裤穿"。二是后续经费投入不足。江西省许多地方是吃饭财政，政府把工作重心放在经济建设上，对农村公共文化事业的投入有心无力，农村公共文化事业发展的经费主要靠中央和省里的专项经费，市县乡的配套经费紧缺，多数地方没有贯彻《国家"十二五"时期文化改革发展规划纲要》中"保证公共财政对文化建设投入的增长幅度高于财政经常性收入增长幅度，提高文化支出占财政支出比例"的规定，甚至提出"不减就是增"的观点，致使农村公共文化工作步履维艰。2012 年江西省人均文化事业费 18.9 元，仅为全国人均 35.46 元的一半，在全国排名第 28 位，与全省经济社会发展不同步。江西省大部分县级文化馆、图书馆的财政补助经费除去人头费外，全年业务经费只有 1000~3000 元，日常培训、辅导等公共文化服务业务活动难以开展。在农家书屋建设中，上级部门只负责送书，经济基础薄弱的农村地区难以承担书架及正常运转费用。县乡文化干部说，上面给基层文化建设项目就像"猴子捡到姜，吃起来辣辣的，丢掉又不舍得"。

4. 在制度建设上，农村文化政策法规刚性支撑体系欠缺，配套办法衔接不紧

在制度保障上，农村公共文化服务供需矛盾的突出表现是，国家政策没有完全落地，地方配套办法又没有着陆，上与下脱节。一是政策没有完全落地。近年来，国家和江西省出台了不少涉及农村公共文化服务的法律法规和规范性文件，但大部分都是从宏观的角度提出农村公共文化服务体系建设的主要目标和主要任务。在操作层面上，政策的刚性支撑不足，配套办法衔接不紧，可操作性不强，特别是在经费保障、优惠政策、捐赠制度、管理体制、人才队伍建设等方面多为原则性的要求，缺乏具体的政策规定和详细的实施办法，如同"隔山打炮、隔靴搔痒"，再好的政策也难以落地。二是配套办法不完整。目前，随着"单位制"逐步退出历史舞台，农村建立乡镇政权，城镇走向街居体制，农村公共文化服务在具体操作上不可避免地出现了管理缺位和错位。比如，江西省的农村文化三项活动经费由省财政直接划拨到县，并不经过设区市一级，但是所有农村文化三项活动的检查、验收、报送情况等工作，均由设区市文化部门承担，导致监管工作难以落到实处。这也是多年来江西省基层干部群众反映较为集中的意见，已成为影响农村文化发展的重要原因，急切盼望国家和江西省出台系列推进农村文化事业发展的有规划、有目标、有标准、有保障的实实在在的措施，尤其是尽早制定公共财政支持农村文化的力度大、标准细、可操作、可考核的投入管理办法。

5. 在智力支撑上，农村文化人才十分匮乏，人员业务素质普遍不高

在人才支撑上，农村公共文化服务供需矛盾的突出表现是，缺人的情况下人才外流，有人又没有合理使用，配置与使用脱节。一是人才资源配置不合理。由于江西省乡镇综合文化站没有统一列入国家财政全额拨款的事业编制，普遍存在"编制紧、人员少、文化低、业务弱，老人多、新人缺"的现象，且很多乡镇的文化人员专职不专用，忙于乡镇政府安排的计生、维稳、招商等非文化工作，而"荒"了本职工作。二是人才队伍结构不合理。由于各地乡镇综合文化站与广播站合并后，人员大多为原广播站的人员，基层公共文化服务的能力和水平不高，对文化业务并不熟悉，文化工作的组织策划能力较弱，会吹拉弹唱、琴棋书画等一技之长、热衷农村文化活动的年轻人更是少之又少，基层文化活动存在难组织、难开展、难运行的现象。此外，乡镇综合文化站人员准入门槛由于没有人事部门的硬性规定，优秀的专业人才反倒难以进来，加之有文艺才干或有文艺潜质的农村文化人才不少已外出务工，致使农村品牌文化创建缺乏智力支撑，严重影响了农村文化活动开展的质量与水平。

二、切实保障江西省农村公共文化服务有效供给的对策建议

解决农村公共文化服务供需矛盾的根本办法是实现供需对接，保障有效供给，把好事做实，把实事办好。因此，江西省农村公共文化服务要实现公益性、基本性、均等性、便利性，必须从转变观念、厘清思路，加大投入、优化资源，加强管理、完善机制等方面入手，建立起与经济社会发展相适应的农村公共文化服务新格局，大力提升农村公共文化服务水平，切实保障农村公共文化服务有效供给，不断满足人民群众日益增长的精神文化需求。

1. 管住宏观——从管微观向管宏观转变，坚持立足当前与谋划长远相结合，着力提升农村公共文化服务的科学发展能力

作为公共利益的代表者、维护者，公共资源的掌握者、文化建设的主导者，政府无疑在农村公共文化服务中承担着重大责任。政府要把职能真正转到"公共服务、市场监管、社会管理、环境保护"上来，不断提高文

化宏观管理能力和水平。

一是建立信息平台。保障农村公共文化服务有效供给是个动态过程，需要畅通、真实的数据信息，摸清群众文化需求。要加快信息化建设步伐，尽快建立农村公共文化服务信息平台，将之当作农村公共文化服务的重要基础工程来实施。特别是在经济转轨和社会转型时期，面对人口流动和社会分化，要尊重农民文化需求表达权和参与权，科学设计基层群众对公共文化需求的表达途径，研发出切实可行的公众文化需求表达平台，建立健全公共文化需求的表达、信息反馈和社会评估等机制，畅通广大群众尤其是基层群众对文化服务的意见建议和参与渠道，搞清楚看电视、听广播、读书看报、进行公共文化鉴赏、参与公共文化活动这些基本文化权益中，哪些是当前群众最基本、最迫切的文化需求，以实现农村公共文化服务决策的民主化和科学化。

二是优化管理机制。赋予主管部门切实的职责与权利是要求其承担责任的必要条件。政府作为管理者和服务者，要以责权利对等为原则，实现政企分开、政事分开、管办分离，做到不越位、不缺位、不错位。文化、广播、电视、新闻、出版等政府职能部门要明确深化文化体制改革之后的政府职能，把不该管、管不了、管不好的交给市场和社会，既要建立公共文化服务体系建设协调机制，还要明确统筹服务设施网络建设的责任部门。要在遵循规范、有效的原则下，理顺决策体制、监管体制与执行机制，有序优化并实现决策机制、监管体制与执行机制的分离，真正让决策机关切实承担起确定农村公共文化服务保障制度及修正、完善制度的决策之责，让行政机关与司法机关分别承担起制度运行的监管之责，让执行服务或者经办业务的机构承担起制度运行的服务或供给之责，实现决策机构、管理机构与执行机构各归其位、各负其责、相互配合、相互制衡。

三是完善保障措施。现代公共文化服务体系要有标准，乡镇综合文化站、村文化活动室、社区文化活动中心、县图书馆、县群艺馆、县文化馆，应该有哪些项目，应该有多少人，一年应该有多少经费，都需要有标准。要出台农村公共文化服务基础设施、资金投入、人才培养、服务管理等方面的政策保障措施，抓紧制定完善农村公共文化服务的政策法规体系和绩效评价指标，完善目标价格、价格支持、价格风险管理、调控目录、贸易调控等农村公共文化服务产品市场调控政策，逐步形成制度化、规范化、科学化的绩效管理和评估体系。

四是加强执法检查。对于政府的监管责任，目前急切需要明确的是主管部门之间的某些模糊边界，强化主管部门的监督职责，同时强力推进行政问责制。要健全省、市、县三级文化市场综合执法机构，形成统一高效、标准规范、执法为民的文化市场执法体系，做到科学管理、依法管理、综合管理。要制订任务落地框架图，明确时间表、路线图、任务书，编制工作台账，实行挂图作战，以目标倒逼进度、以时间倒逼程序、以督查倒逼落实，推动农村公共文化服务各项工作取得实实在在的成效。

2. 做活微观——从自办文化向众包文化转变，坚持政府主导与社会共建相结合，着力提升农村公共文化服务的支撑力

农村公共文化服务是一项资金投入大、建设时间长的民生工程。实践证明，政府包办公共文化服务，是服务方式单一、效率低下、活力不足的主因。采用众包方式开展农村公共文化服务，可以较快整合社会资源，有效弥补政府供需不足。因此，农村公共文化服务既要发挥政府的主导作用，又要整合社会各方力量参与建设。

一是政府主导。政府要增强文化自觉，在文化主导中积聚社会力量，在共建共享中改善文化民生，在创新发展中提高服务效能。当务之急是对农村公共文化进行全面调查，摸清农村公共文化服务的现状和不足，通盘考虑健全农村公共文化服务设施网络、提高农村公共文化产品供给能力、丰富农村公共文化服务内容、打造农村公共文化服务品牌等问题，在合理规划、科学管理、精心实施上下功夫。特别是在财政资金投入上，要建立农村公共文化服务人均经费预算制度，并逐步提高保障比例和水平；要合理划分各级政府农村公共文化投入比例，在县和县以下图书馆、文化馆（站）、博物馆、文化信息资源网络等设施建设中，要以中央和省级财政为主，地方财政配合。同时，要积极采取政府采购、服务外包等方式来开展农村公益事业，保障农村公共文化服务供给。

二是开放市场。从文化发展规律来看，没有发挥社会力量参与公共文化建设的积极性，长远看将影响和掣肘公共文化产品的有效供给。积极发展文化产品市场，构建统一开放、竞争有序的现代文化市场体系，营造公开、公平、公正的市场环境，促进文化产品、文化要素、文化资本合理流动，这是党委政府的职责所在。要切实贯彻国务院《鼓励民间投资细则》《关于政府向社会力量购买服务的指导意见》和文化部《关于鼓励和引导民间资本进入文化领域的实施意见》等文件精神，创造有利于民办文化机构培育发展的良好环境，畅通社会力量进入公共文化服务领域渠道。通过政府采购、服务外包等"民办公助"方式，引导社会力量以多种形式参与农村公共文化服务。通过多种途径、方式鼓励社会力量对公益文化活动、项目和文化设施等方面进行捐助，逐步形成以政府投入为主、社会力量积极参与的农村公共文化服务投入机制。

三是活化市场。要大力培育人才、资本、土地、技术、信息这些文化生产要素市场"不求所有，不求所在，但求所用"。要制定出台具体政策鼓励民间成立各种形式的业余文艺团队，并提供与公办文艺团体平等发展的平台，将一些深受群众欢迎的优秀民间业余剧团的节目纳入农村文化三项活动，让业余文艺团体参加开业庆典、传统节日、重大庆祝活动等。要加快培育资本市场，促进文化资源与金融资本的对接，积极鼓励支持社会资金参与农村文化建设，采用凑份子、集资入股等方式，建起"百家书"、"股份戏"、"股份画社"等。要加快培育产权市场，通过政府采购、项目补贴、定向资助、服务外包等多种形式，采取贷款贴息、税费减免、以奖代补、给予荣誉等多种手段，鼓励和管理好产权交易。

3. 夯实民生——从面向系统向面向社会转变，坚持弘扬先进文化与传承乡土文化相结合，着力提升农村公共文化服务的影响力

没有民生的切实改善，没有福祉的切实增进，也就没有全面小康的同步实现。新闻、出版、版权、文艺、文博、文物、广播、电视、电影、社会科学研究、传播等文化建设既要继承传统优秀文化，又要与时俱进赋予新内涵，不断用先进文化来吸引群众、影响群众。

一是守住底线。解决民生，夯实民生，要守住底线，并适度前瞻。农村公共文化服务要增量提质，切实保障广大农村群众看电视、听广播、读书看报、进行公共文化鉴赏、参与公共文化活动这些基本文化权益，让人民群众"看（听）得到，看（听）得起，看（听）得好"，以实现农村公共文化服务的公益性、基本性、均等性、便利性。要继续实施农村文化三项活动、科技文化卫生"三下乡"活动、"送欢乐下基层"活动以及节庆主题文艺活动等，并不断丰富下乡文化内容，创新文化下乡形式，给农民带去欢声笑语和精神享受。要培育文化非营利组织，组建文化志愿者服务队伍，积极开展"情系农民工"系列演出等志愿服务活动，并使之制度化、常态化。

二是供需对接。要全面贯彻"二为"方向和"双百"方针，推动农村公共文化服务与群众需求的有效对接，及时调整农村公共文化服务内容，不断更新农村公共文化资源库，推进农村公共文化资源配置的科学化、高效化、便民化，推出更好更多反映现实生活、充满生活气息、群众喜闻乐见的精神食粮，满足群众多层次多方面的精神文化需求。要积极开展"菜单式"、"订单式"农村公共文化服务，推动农村公共文化服务的实用性、针对性、时效性，多选择基层群众看得懂、用得上的文化产品，多开展群众乐于参与、便于参与的文化活动，向群众提供便捷高效的文化服务。

三是注重效益。农村公共文化基础设施要讲求效益，促进公共文化设施从以"建"为重点向"建、管、用"并重转变，在"管"和"用"上下功夫，完善基层文化设施的配备，创新文化设施运行机制，抓好软件建设，积极努力探索管理和利用的新模式，充分发挥公共文化设施的服务功能。要加强和改进农村公共文化服务的工作绩效评估，确保农村公共财政资源有效服务于农村公共文化建设，实现农村公共文化服务供给的最大化和最优化，真正满足人民群众的基本文化需求，使老百姓文化上有享受、生活品质上有提高，让干部管理能力上有提升、文化企业的经济上有效益。

四是眼睛向下。实现农村公共文化服务的均等化，要合理分配城乡之间、汉族地区与民族地区之间、不同阶层之间的公共文化服务。要按照国家标准建设各级公共文化设施，形成省、市、县、乡（街道）、村（社区）五级联动、梯次辐射的公共文化设施网络，做到公共文化服务城乡全覆盖。要大力推动公共文化资源向农村、向老区、向基层倾斜，在资金、资源使用上做到"三个倾斜"，即重大资金向基层倾斜、设施建设向老区倾斜、文化服务向农民倾斜，形成公共文化服务均等享受、文化发展同步推进的城乡文化一体化发展格局。

4. 创新驱动——从以文养文向深度融合转变，坚持文化建设与经济发展相结合，着力提升农村公共文化服务的生命力

目前，农村公共文化服务已由单一的房屋租赁、业务拓展等为主的"以文养文"向诸多领域发展。当前，坚持以资本为纽带，以项目为抓手，以市场为导向，以效益为目标，推动文化跨业态发展，积极与通信业、旅游业、信息业、制造业、娱乐业、零售业等深度融合，是农村公共文化服务的客观需要。

一是终端集成。农村公共文化服务项目要按照"集成、综合、联网"的要求，尽可能互联互通、共建共享，做到统筹兼顾、集中资源，从而实现叠加放大的"蝴蝶效应"和社会效益、经济效益"双赢"。要打破文化共享工程、广播电视网络、数字出版网络、数字图书馆网络、非遗数字化建设分而建设、分而运行的局面，加快县乡两级文化信息共享设施升级改造，整合基层宣传文化、党员教育、科学普及、体育健身等设施，构建统一的平台，建设综合性文化服务中心。乡镇文化站、计生服务所、司法所、扶贫移民办公室等不要各管一块、各把一方、分散分割，要提高资金和资源捆绑使用的综合效益，建成"村民中心"，实现"一站多能"。

二是深度融合。要大力推进文化与科技、旅游、工业遗产等融合，增加经济产品的文化内涵，依托历史人文资源、民间艺术资源、工艺人才资源、地方物产资源，把雕刻艺术、编织技术、园艺文化等融合到产业中去，开发新的经济品牌，提高经济产品的附加值，实现产品更新升级，让消费者在购买产品时购买文化，为购买文化而贩买产品。要以历史文化名镇、名村为重点，依托"将军村"、"模范村"等资源，做好历史文化资源的挖掘、保护和展示，提升村民文明素质，促进文化与旅游相结合。

三是良性循环。要逐步形成"利用文化资源——兴办文化产业——增加经济收入——改善文化服务"的良性循环机制，如农民剧团的有偿演出，特色文化资源的旅游开发，景观苗木的园艺包装出售，根雕、竹编、石雕产品的生产销售等。要大力挖掘陶瓷文化、宗教文化、历史名人文化、红色文化、民间文化等方面的文化资源"富矿"，将文化资源优势转化为富有吸引力和感染力的文化产品、转化为富有商业价值的文化精品。

5. 转型升级——从"送文化"向"种文化"转变，坚持输血和造血相结合，着力提升农村公共文化服务的内驱力

这几年，国家从政策、资金和人员组织上加大了"送文化"的力度，但"送文化"是一次性消费，"种文化"才是长久性办法。农村公共文化服务要坚持基础设施运行与维护并重、完善体系网络与丰富内容并重、传统方式与新型方式并重、免费服务与市场服务并重，确保农村公共文化服务体系既"建得成"，又"用得好"，向群众提供高效便捷的公共文化服务。

一是深度挖掘。资源依托是转型升级的基础，资源优势是竞争的有利条件。要实施"造血式"的"种文化"工程，通过政策引导，培育和扶持农村文化专业户和民间文化团体，开展农村文化技艺大赛、非物质文化遗产展演、艺术名师评选等活动，让农民从田间走向舞台，从看客变成主角，打造"不走"的农村基层文化队伍，激发农村公共文化建设的内在活力。要鼓励和引导民间资本进入农村公共文化服务，深入挖掘传统舞蹈、传统戏曲、传统音乐、曲艺和民俗活动，开发具有地域特色的剪纸、绘画、陶瓷、雕刻、编织等民间工艺项目，发展有地方和民间特色的优秀传统文化。积极组织、引导、鼓励传统民间艺术活动，利用节庆日、集市、庙会、灯会等，因地制宜、灵活机动地开展形式多样、群众喜闻乐见、充满趣味的品牌群众文化活动，调动广大群众参与文化活动的积极性。

二是增强后劲。人才是宣传文化事业发展的引擎。以人才资源开发推动事业快速发展，是农村公共文化服务发展的必然要求。要搭建培养平台，加强对农村公共文化服务人才的培养、管理和服务，继续组织实施宣传文化系统"四个一批"人才工程、文化名家工程，对他们进行重点培养、跟踪考察、动态管理，使他们成为农村公共文化服务的领军人物，从而实现"造血式"的"种文化"工程。要制定优惠政策，深入实施基层文化队伍素质提升工程，组织实施基层文化人才"星火"工程、文艺骨干培养工程、非遗传承人保护工程以及基层文化干部、文化管理员轮训工程等，着力形成一支扎根基层、服务群众的专兼职农村公共文化服务队伍。要引导、鼓励和扶持民间艺术团队、文化协会、文化理事会等群众性文化组织，采取文化结对、文化挂点、文化扶植、文化扶贫的形式，组织专业人员进村入户对农民朋友进行文化指导、艺术培训、技术传授，加强农民业余文艺骨干特别是农村业余剧团骨干的培养，培养一批基层文化建设带头人和文艺团队，发展壮大文化志愿者队伍，动员和鼓励文化单位和文艺工作者常下乡、常在乡。

三是激发活力。引入竞争机制，是激发活力的有效办法。要明确不同文化事业单位功能定位，逐步推进各级各类文化事业单位改革，建立法人治理结构，推动公共图书馆、博物馆、文化馆、科技馆等组建理事会，吸纳有关方面代表、专业人士、各界群众参与管理，实行科学设岗、因事设岗、岗位聘用、以岗定薪。在合理规划和严格管理的基础上，放宽农村文化市场准入条件，简化行政审批手续，鼓励社会资本以个体、独资、合伙、股份等形式，进入电影放映、音像制品经营、文艺表演、民间工艺美术、网络服务等领域，积极开发农村文化市场。要着力繁荣农村文化市场，大力支持农民群众自筹资金、自我管理兴办的各类面向农村、面向农民的文化经营活动，让农民逐步成为农村文化建设的主体。

作者：李曜系中共江西省委宣传部人才培训处处长

赣州市移民搬迁进城进园区扶贫工作调查[*]

华旭明

移民搬迁扶贫是从根本上改善贫困人口生产生活条件的有效途径，是扶贫开发的重要措施，也是社会主义新农村建设的基础工作。为适应移民搬迁新要求，避免搬迁人口的二次搬迁和促进城乡统筹发展，江西省在原有移民搬迁扶贫工作的基础上，提出了"移民搬迁进城进园区集中安置"整体搬迁新模式，并于2013年年初召开全省会议启动这项工作。全省确定四个县为试点县，赣州市的龙南、于都被列为试点县。为了解省里今年刚试行推动的移民搬迁进城进园区扶贫工作开展情况及存在的问题，笔者近期对赣州的龙南、于都这两个省试点县及瑞金、信丰等其他县（市）进行了实地调研。

一、赣州市移民搬迁进城进园区扶贫工作开展情况

赣州市移民搬迁任务艰巨。据初步摸底统计，目前该市在离公路5公里以外的深山区、库区和地质灾害频发区的群众还有261169人。从调研的情况来看，省试点县龙南、于都两个县上半年启动了移民搬迁进城进园区集中安置试点工作，目前完成了调查摸底和进城进园区安置试点规划，并开始施工建设。其他县（市），如信丰、会昌、全南、瑞金等，都在全力争取明年列入省试点县，并积极启动前期各项准备工作。具体情况如下：

1. 高度重视移民搬迁进城进园区扶贫工作

一是搭建了高规格的工作机构。各个县市都成立了由县委或县政府主

---

*　本文刊发于《内部论坛》2013年第30期（总第919期），获2位省领导肯定性批示。

要领导为组长的工作领导小组，并把相关政府职能部门都作为成员单位。二是列入民生工程。龙南、于都、信丰、会昌、全南、瑞金等县（市）把移民搬迁扶贫工作列入民生工程之一，出台了"统筹城乡发展的决定"和"移民搬迁引农进城的方案"等文件。三是制订了移民搬迁计划和年度目标。各县（市）都制订了2013～2015年移民搬迁工作计划，并开展了调查摸底工作，初步确定了各个县的搬迁点和搬迁人口。例如，龙南县三年计划搬迁15000人，整体搬迁点60个，建设进城进园区集中安置点3个；于都县三年计划搬迁13899人，整体搬迁点170个，建设进城进园区集中安置点6个；信丰县三年计划搬迁23069人，整体搬迁点59个，建设进城进园区集中安置点2个。

2. 坚持"五个不变"原则，严格执行省市刚性政策

一是坚持政府引导、群众自愿的工作原则不变，尊重群众意愿，不搞强迫命令，让群众自愿参与移民搬迁。二是坚持移民搬迁扶贫的有关政策不变，保证移民搬迁扶贫政策措施的连续性，取信于民。三是坚持搬迁的条件不变，不随意扩大范围，该搬迁的及时搬迁，不符合条件的一个也不能享受移民搬迁政策，不搞变通和照顾。四是坚持集中安置为主的安置方式不变，加强集中安置点基础设施建设，改善移民户的生产生活条件，提高移民群众的生活质量。五是坚持移民建房统一规划、分户自建（在圩镇和中心村集中安置点）的原则不变，这样既符合移民户自己的意愿，又很大程度地降低了建房成本，也减轻了政府的财政负担。

3. 高标准规划建设进城进园区集中安置点

一是集中安置点建设做到"四个结合"和"五个统一"。"四个结合"即与新农村建设相结合、与"三清三改"相结合、与城镇规划区开发相结合、与当地的产业结构发展相结合。"五个统一"即统一规划设计、统一标高、统一层面、统一下水道、统一配套设施。例如，龙南县金塘花苑集中安置区、于都县上欧移民搬迁进城进园安置区、信丰县移民搬迁扶贫安置区等，都在城郊接合部，紧邻工业园。二是在规划设计上充分尊重移民群众的实际情况。集中安置点建设既考虑移民户经济状况和基本居住功能需求，又兼顾移民户对生活品质的要求，做到户型多、功能齐、设施好、标准高，小区配套设施有社区活动中心、幼儿园、卫生所、垃圾中转站、大型超市、地下停车场等公共服务设施。三是想方设法解决资金不足问题。例如，龙南县将争取到的移民扶贫基础设施建设资金、保障性安居工程资金、土坯房改造建设资金等捆绑用于移民搬迁示范点项目，最终以成本价销售给搬迁移民，售价远低于龙南县城内其他商业楼盘，较大地让利于移民搬迁户。同时，将园区商业设施市场化运作的收益全部返回用于移民搬迁进城进园区项目基础设施建设，以利后续滚动发展。

4. 注重加强对移民搬迁的后续扶持工作

探索"移民证"社会综合服务制度，对持有"移民证"的县城自主创业移民户，优先申领 2 万~5 万元小额贴息贷款；对于购房有困难的农户，由县政府统一协调金融机构为其办理购房按揭贷款，并给予一定年限、一定额度的贷款贴息政策，着眼于算"民生账"，不算"经济账"，确保移民户不因购房而返贫。大力开展订单式、定向式和储备式免费就业创业技能培训，增强安置对象就业技能。此外，对于选择办理城镇居住证或进入圩镇中心村安置的移民户，其原居住地山林土地（含复垦的宅基地）实行统一有偿流转，其原有的集体资产收益权将予以保护，切实增加其股金、租金收入。

二、当前移民搬迁进城进园区扶贫工作存在的主要问题

近一年来，赣州市扎实开展移民搬迁进城进园区扶贫工作，取得了一些经验和成绩，但也暴露出了一些矛盾和问题。

1. 移民搬迁集中安置点建设所需土地难解决

移民搬迁进城进园区强调迁出的整体性和迁入安置的集中性，这样，集中安置点尤其是新建点就不可避免地面临土地供应问题。调研所到的各个县市都有进城进园区集中安置点 1 个以上，需占用城市建设用地少则 100 亩（如龙南金塘花苑 102.26 亩、全南 100 亩），多则近 1000 亩（信丰 836.85 亩）。但是，由于目前用地指标控制严格，各县每年各类建设用地供需矛盾十分突出，加上"增减挂"环节诸多的审批程序，造成移民集中安置点建设用地指标难以保障，且指标批复滞后于建设进度要求，严重影响了移民搬迁进城进园区扶贫工作进展。

2. 移民搬迁扶贫补助较低，贫困农户搬迁面临较大经济压力

2004 年，赣州市开始实施移民搬迁扶贫，国家补助标准为每人 3500 元（到户 3000 元，其中 500 元集中用于基础设施建设）。10 年后的今天，国家补助标准只增加 500 元，为每人 4000 元（其中市、县配套的 500 元统一集中用于基础设施建设）。目前搬迁建房的成本早已大大高于 10 年前，进城进园区集中安置点一般靠近县城，土地成本、建房成本和配套基础设施成本都较高，移民的搬迁资金缺口相当大，导致搬迁户进城进园区门槛较高。据测算，进中心镇、中心村集中安置点建房，每户按占地 90 ~ 100 平方米算，需建房资金 10 万元左右；进城进园区购房 100 平方米，需购房资金 15 万 ~ 20 万元（按政府优惠价格）。

3. 集中安置点基础设施和配套设施建设资金缺口大

进城进园区集中安置点都在县城近郊。各县为统筹城镇化、工业化，把移民户长远发展需求和工业园区建设结合起来，都想把集中安置点项目做好，较高标准规划安置小区，力争小区内供水、供电、绿化、健身、休闲、交通、商业等公共设施同步规划设计、同步实施。但是，移民搬迁集中安置点没有专项建设资金，只有人均 500 元的基础设施建设资金，所需资金缺口较大。

4. 搬迁户面临眼前生产生活困难和长远的发展问题

移民搬迁扶贫的目标是"搬得出、稳得住、能致富"。但是，搬迁移民是个特殊群体，因长期处于偏僻闭塞的落后山村，自身适应新环境、重新再创业的条件不是太好，文化基础、打工技能、经商意识、现代农业素养等都较差，再加上基本都是无土地的搬迁安置，造成不少集中安置点只解决了搬迁移民的居住问题，但难以解决移民眼前的生存问题和长远的发展问题。

5. 缺少统一完善的相关优惠配套政策

调研中我们了解到，在移民搬迁进城进园区扶贫工作中，赣州市还没有一套全市统一且相对完善的优惠配套政策，诸如土地、山林地如何流转、集中安置点用地计划、户籍和身份待遇、社区管理和服务、教育医疗保障、劳动技能培训、特殊困难移民户搬迁费等方面的优惠政策。

6. 整体搬迁难度大

搬迁补助标准的统一和梯次安排的选择，确实有利于条件和意愿不一

的搬迁对象选择整体搬迁安置方式，但仍会有整体搬迁点中经济状况最差、搬迁能力最弱，或其他原因导致难于搬迁的农户。如果强调整体搬迁，就会有少量搬迁户赶鸭子上架，出现"拔萝卜"现象；如果允许少数农户暂不搬迁，就会导致整体搬迁目标无法实现。

三、几点建议

以"进城进园区集中安置"为着力点的移民新模式把解决农民问题与城市建设、工业发展结合起来，因此要求更高，无论是政策资源、社会资源，还是农民自身条件与愿望，都对移民搬迁工作提出了新的更高要求。为此，笔者结合调研实际，提如下几点建议：

1. **统筹安排，合理布局，进一步完善移民搬迁进城进园区路线图**

一是全面调查摸底，坚持标准，把符合条件且最需要搬迁的村庄确定为整体搬迁点，以确保扶贫资金切实用到贫困地区贫困农户身上，并合理作出进乡镇进中心村的梯度安排。二是通过制定规划，重新明确八年总体目标和近三年具体工作任务，更好地统筹政策、资源、资金，以保障移民搬迁扶贫目标的实现。三是出台激励政策，鼓励有条件的县（市）积极争取省试点县资格，树立典型，推动工作。

2. **单列指标，拓宽渠道，化解移民搬迁进城进园区土地瓶颈制约**

一是建议省里根据各县移民搬迁集中安置人数和力度，对移民搬迁扶贫进城进园集中安置的用地指标进行单列，确保每个集中安置点有100亩以上用地指标，并依据经省里核准的搬迁规划和年度计划，提前一年下达，以利于搬迁安置点的前期工作启动。二是针对移民搬迁扶贫进城进园区，用足、用好、用活"增减挂"政策，简化审批程序。三是在建设工业园区、生态园区时，可以由各县（市）政府无偿划出一定的土地，作为异地移民搬迁新区。

3. **整合资源，加大投入，解决移民搬迁进城进园区集中安置点建设所需资金**

一是建立以县为单位的统筹机制，用好涉农部门的移民搬迁专项资金，为移民搬迁扶贫进城进园区的资源整合拓展渠道。例如，交通部门的村组公路建设项目、水利部门的人畜安全饮水项目、卫生部门的农村医疗诊所建设项目、林业部门的绿化项目、新村办的新农村建设项目等，都可加以统筹整合，用于移民搬迁安置点道路、饮水、卫生、绿化等基础设施建设。二是建议省、市两级设立移民搬迁进城进园区集中安置点基础设施建设专项资金，对达100亩以上的集中安置点，给予资金扶持。三是将搬迁户原宅基地"增减挂"土地收益和园区商业设施的市场化运作收益，全部用于集中安置点基础设施建设。

4. 完善政策，提高标准，增强贫困人口的搬迁能力

一是明确政策可以叠加。省、市两级政府要明确移民搬迁补助政策与农村危旧土坯房改造政策和拆旧奖励政策可以叠加。二是提高搬迁补助标准，由现行的人均补助4000元提高到6000～7000元。两项措施下来力争户均补助达5万元左右。此外，为避免"拔萝卜"式的搬迁，对于特殊困难的搬迁农户，可考虑采取一事一议办法，给予特殊补助政策，以免留下搬迁后遗症。

5. 保障权益，加强服务，安排好移民搬迁进城进园区集中安置后的生产生活

一是坚持"移民原有权益不伤害，现在权益可增加"原则，确保移民原有土地、宅基地、山林、水面的承包权、所有权不变，依法保障其流转权和收益权。二是对搬迁移民群体，按城市新居民待遇享受公共服务，从身份认定、户籍管理到各类社会保障都尽快缩小与城市居民的差距。三是对于人口较多的安置点，可考虑设立街道办等社会服务管理机构，加强服务和管理。四是让搬迁户享受城市失业青年一样的小额担保贴息贷款、创业服务贷款等优惠政策，对搬迁户开展就业技能培训。

作者：华旭明系赣州农业学校校长

永新县公共文化服务体系建设的
调查与对策建议[*]

江西省社科联课题组

贫困地区公共文化服务体系建设是我国公共文化服务体系建设的重要组成部分，也是贫困地区政府公共文化服务质量以及广大人民群众文化生活质量最直接、最明显的表现。其建设状况，不仅反映了当前贫困地区文化事业的发展程度，而且影响着今后我国经济社会和文化建设的发展速度。为客观了解当前江西省贫困地区公共文化服务体系建设的实际状况，课题组选取了革命老区永新县为具体实例，采取召开座谈会、个别走访、实地重点调查等多种调研形式，探讨如何进一步完善发展公共文化服务体系建设事业。

一、永新县公共文化服务体系建设的主要成效

近年来，永新县以争创"全国文化大县"为目标，以厚重的历史文化底蕴为基础，依托红色文化、书法文化、非遗文化三大品牌资源，充分利用和发挥地方文化资源优势，有效提升了文化软实力，走出了一条独具特色的"穷县办富文化、小县办大文化"的公共文化服务体系建设之路。

1. 公共文化基础设施建设不断完善

近年来，在财力紧张的情况下，永新县采取"向上争一点、财政出一点、社会捐一点"的方式，加大城乡文化基础设施建设投入。仅在城区，就通过各种渠道筹资 6000 多万元，兴建了县中心广场、三湾公园、三湾改编纪念馆、贺子珍纪念馆、青少年活动中心、县体育馆、海天春茶馆等一

---

　　*　本文刊发于《内部论坛》2013 年第 17 期（总第 906 期），获 1 位省领导肯定性批示。

批公共文化活动设施，建设了禾川镇精神文明活动中心等32处功能齐全的文化场所，有效提升了城市服务功能和文化品位。在农村，建设了23所乡镇综合文化站、188个村级文化活动室、240个农家书屋；因地制宜利用废弃的村部、祠堂等场所，将800多座旧祠堂改建成当地农民的"文化乐园"，形成独特的"祠堂文化"；打造了樟槐千年文化村、三门前刘沅文化村、南塘盾牌舞文化村等特色文化村庄。

2. 公共文化人才队伍建设不断加强

一是从完善体制入手，加强文化人才队伍建设。近年来，永新县通过文化体制改革，有效整合了文化、广播电视、新闻出版等公共文化资源。目前，全县从事公共文化工作的有236人，分别在文博、群文、图书、编辑、记者、播音、工程、艺术等岗位上工作。针对乡镇文化机构性质、拨款方式等不同，尤其是在乡镇文化专干大量流失的情况下，永新县明确乡镇文化服务中心为公益性服务机构。

二是从抓培训着手，提高文化人才队伍素质。以培训为载体，对在职人员进行学历教育和各类业务培训。定期向社会公开招聘讲解员和剧团演员，采取"送出去，请进来"的方式，把新招聘的人员送去脱产学习，以提高专业水平。例如，县博物馆把新招讲解员送到井冈山博物馆学习；采茶剧团把新招演员送往省市学习戏曲表演，并多次请专业老师到剧团具体指导。

三是从抓扶持着手，培育农村文化发展的能人队伍。大力扶持民间协会，如红歌舞协会、三角班艺术研究会、民间演艺协会、书法家协会等文艺协会；培育好"农家美""红土情""好日子"等106个农民业余剧团，以及国家级非物质文化传承人吴三桂、永新小鼓代表人朱友生、三角戏班代表人尹小文等600多名"乡土艺人"。

3. 公共文化管理水平不断提高

一是加强组织领导。永新县高度重视文化工作，建立和完善了各级公共文化服务体系建设领导机构，并定期研究公共文化服务体系建设的各项工作；将文化事业发展列入全县"十二五"发展规划和2020年远景目标纲要，纳入政府年度工作计划和财政预算，确保每年文化事业支出增幅不低于当年县财政经常性收入的增幅；确定县里每年的10件大事中都有1个以上的文化项目。

二是健全工作运行体系。为促进公共文化服务体系建设可持续发展，永新县不断完善公共文化管理工作运行体系，健全公益性文化单位的各项制度。如乡镇综合文化站管理办法、图书阅览室管理制度、电子阅览室管理制度、培训室管理制度、多功能活动室管理制度等。各项任务按照"分级负责""谁主管、谁负责"的原则，做到责任明确、目标明确、督查到位、奖惩兑现，确保任务落实。

三是完善目标考核体系。科学制定公共文化服务体系建设和发展目标考核体系，并纳入乡镇和各相关单位的年终目标考核。宣传文化部门对乡镇、各相关单位宣传公共文化服务体系建设的各项工作实行专项考核，各级各部门负责对相关单位和责任人的各项工作进行考核，从而形成了自上而下、横向到边的目标管理考核体系，确保各项目标任务全面完成。

四是公共文化服务对外免费开放工作制度不断完善。实现了三湾改编纪念馆、贺子珍纪念馆、青少年活动中心、县体育馆、文化馆、图书馆、博物馆、街道文化中心、乡镇综合文化站、社区文化活动中心、村文化室、村农家书屋等常年对外免费开放。公共文化服务对外免费开放工作制度不断完善，运行良好，效果明显。

五是非物质文化遗产管理与保护扎实有效。县财政确保每年非物质文化遗产管理保护的专项经费到位。对散落在全县各地的盾牌舞、永新小鼓等传统文化进行挖掘整理，建立《永新县非物质文化遗产名录》，并积极向上申报。目前，已整理挖掘出 500 项非物质文化遗产名录，其中，68 项入选县级名录，9 项入选市级名录，10 项入选省级名录，1 项入选国家级名录。盾牌舞已入选第一批国家"非物质文化遗产保护"项目，先后参加了上海世博会、西安世园会、国际傩文化节、国际鄱阳湖生态文化节等大型活动并获奖。永新小鼓《宝朵接婆》《宝朵招工》连续参加全国第十四届、第十五届、第十六届群星奖评选并获表演奖；近期，永新小鼓《宝朵冲浪》又获得首届"赣鄱群星奖"。

4. 公共文化服务形式不断创新

近年来，永新县充分发挥民间社会组织——红歌舞协会、三角班协会、书法协会等 10 个协会的作用，每月组织开展 6 ~ 8 场各类广场演艺活动；充分发挥文化艺术长廊、将军雕像园的文化魅力，组织游客前往参观游览，并不定期在将军雕像园放映爱国主义教育影片；立足"全国书法之乡"优势，邀请国内知名书法家到永新开展书法交流活动，并经常举办各类书法培训和开展书法进校园活动；组织"红土情""稻花香"等10多个有影响力的股份制剧团和100多个农民业余文艺团体，长年在城乡演出；举办万名学生红歌会，引导群众参加卡拉OK比赛、灯谜竞猜、"激情广场大家唱"等群众性文体表演活动；积极开展"三下乡"活动，2012年，该县送戏下乡132场，购买市级文艺团体演出20场，送电影下乡3700多场，极大激发了群众参与文化活动的热情。

二、永新县公共文化服务体系建设存在的问题

调研中我们发现，尽管永新县公共文化服务体系建设事业取得了长足进步，公共文化服务能力得到了增强，公共文化活动日益丰富，但是，作为一个国家级贫困县，长期受经济欠发达因素的制约，公共文化服务体系建设投入还严重不足，总体上仍处于一个比较落后的状态，与人民群众日益增长的文化需求相比，特别是与文化大发展大繁荣的目标相比，还存在一定差距。

1. 经费投入不足

调查发现，投入不足是当前永新县公共文化服务体系建设中反映最强烈、存在最普遍的问题。近年来，国家和省、市级财政加大了对贫困地区公共文化服务体系建设经费的投入，并要求地方政府给予1∶1配套。永新县由于财力薄弱，不可能也无法配套。政府财政对公共文化服务体系建设实际投入总量过低，不能满足公共文化服务设施建设和维护的需要。比如，永新县现有的县图书馆，不仅场馆面积不足，而且设施设备陈旧，每年图书购置经费仅有6万元，与国家"二级馆""三级馆"的要求还有很大差距，远远满足不了人民群众的读书需求；一些乡镇综合文化站因缺乏经费，空壳化现象严重（有场所无设施），甚至有个别乡镇的文化站因管理不善被挪作他用，无法正常开展文化活动；许多农家书屋有书没书架的现象也严重存在。

2. 专业人才匮乏

永新县公共文化人才待遇普遍较低，难以吸引和留住专业性技术人才，公共文化专业技术人才数量偏少，特别是高级、拔尖专业人才严重缺乏。目前，全县从事公共文化工作的236人中，专业技术人员只有75人（其中副高级2人，中级22人，初级51人）。文艺创作、文艺展演、文化传承、文化经营与文化管理的人才队伍整体素质不高，干部队伍老化且存在断层现象。有的乡（镇）文化站虽然有编制，但个别人在编不在岗；有的乡（镇）文化干部身兼多职，且大部分时间都用于驻村帮扶等农村经济工作，分散了抓农村公共文化服务体系建设的精力。

3. 地区发展不平衡

由于受经济、地理及重视程度等因素的影响，当前永新县的公共文化服务体系建设发展不平衡。从永新县的公共文化设施的分布来看，目前一些大型公共文化设施主要分布在城区，以及一些经济基础好、领导较重视、交通方便的中心镇、社区和村。在部分乡（镇），文化工作"说起来重要，做起来次要，忙起来不要"的现象仍然存在，没有将公共文化服务体系建设放到抓文化就是抓生产力、抓竞争力、抓凝聚力的高度加以认识；甚至有些乡镇、社区，不仅公共文化资源严重缺乏，而且仅有的场所设施还被挪作他用，无法正常开展文化活动。

4. 管理体制不顺畅

永新县现行的关于公共文化服务体系建设的政策法规，很多只是对公共文化服务体系建设的基本原则、主要目标和任务作了宏观上的规定，对在公共文化服务体系建设过程中出现的问题，诸如公共文化服务经费保障机制，人才培养、选拔、引进和使用机制，缺乏认真思考。同时，由于缺乏统筹协调服务机制，致使上下级之间、部门之间的公共文化资源难以得到充分整合及有效利用。此外，一些基层政府和相关部门仍未真正树立科学发展观和正确的政绩观，缺乏文化自觉。公共文化服务体系建设在地方党委政府考核指标体系中所占的比重偏低，缺乏刚性约束机制和有效激励机制。

5. 市场意识不强烈

永新县历史底蕴厚重，涌现了中国第一位女音乐家许和子、北宋名相刘沆、明朝名相刘定之及平民哲学家颜钧和国学大师尹台、清初文学家贺贻孙等历史名人，演绎了忠义潭三千壮士、八砖千古、南宋义井等千古名传，拥有"三湾改编"、"龙源口大捷"、永新盾牌舞、永新书法、永新小鼓等金字招牌，但这些历史文化资源有形象、没市场，有名气、没人气。比如，盾牌舞蹈、小鼓唱号、三角戏班、庄堂习武等文化奇葩，更多的只是群众自娱自乐，或者公益性地参与节庆展演，没有真正形成生产性的文化产业，没有一个引领性的文化企业，没有一个叫得响的文化产品。永新文化产业发展的软肋，反映出文化市场观念的淡薄、经营方式的落后、经营人才的缺失、文化产品的单一。

三、加强永新县公共文化服务体系建设的对策建议

我国文化建设的实践表明，越是欠发达地区，越是依赖于公共文化服务体系的基础性作用。作为国家级贫困县，永新县经济社会发展相对滞后，人民群众文化消费能力有限，在很大程度上依赖于公共文化服务体系来满足人民基本文化需求。进一步加快永新县公共文化服务体系建设，必须做好以下几方面的工作：

1. **进一步推进公共文化服务基础设施建设**

一是要借助城市规划和河东新区建设的契机，进一步加大投入，重点建设集永新中学、中日友好书法院、红军剧院、体育中心于一体的文化教育园区；二是升级改造县文化馆、图书馆、县城三大文化广场，进一步完善全县乡镇、行政村文化站（室）的设施配置；三是启动乡镇图书馆、非物质文化遗产传承保护基地建设工程，巩固综合文化站建设成果，拓展乡村文化活动中心等基层阵地，建立全面覆盖城乡的公共文化服务设施。

2. **进一步加大公共文化服务体系建设政策扶持力度**

一是紧紧抓住永新县列入中央苏区振兴、罗霄山脉片区开发范围这一战略契机，对接好中央、省市的文化扶贫政策，争取中央、省、市财政对公共文化服务的投入。鉴于贫困地区财力薄弱，建议中央、省、市在制定政策时，实行一般性制度安排与专项制度安排相结合，对贫困地区实行政策倾斜，取消之前要求地方政府给予1∶1配套的要求，实行全额扶持政

策。二是各级政府及其职能部门要把公共文化体系建设摆在事关全局发展的重要位置。通过积极实施文化强县战略，加大政府对公共文化服务体系建设的投入力度，保证财政文化支出增幅高于同级财政经常性收入的增幅，为公共文化服务事业发展提供经费保障。三是在基层公共文化基础设施建设中，要优先安排用地指标，享受融资、税收、规费等优惠扶持政策，鼓励社会力量投资或融资到本地公共文化服务体系建设中。

3. 进一步加强公共文化服务体系人才队伍建设

一是建立健全以培养、使用、激励、评价为主要内容的制度保障。把选拔、培训公共文化服务人才列入议事日程，按照政治强、业务精、素质高、作风正的要求，以存量优化、增量优选为原则，完善人才引进、考评、培训、激励机制。公开向社会招聘有志于基层文化事业的青年人员加盟基层文化建设。二是立足于本地实际，采取省培训专家、市培训专干、县培训骨干、乡镇（街道）培训积极分子、村（社区）培训普通群众的方式，不断提高基层文化骨干专业素质。三是充分发挥民间组织和民间艺人在活跃基层文化生活中的作用。保护和培育盾牌舞、永新小鼓、三角班等非遗文化传承人，变"送"文化为"种"文化，扶持农民自办文化，让老百姓由"蹲在台下看"到"站到台上演"，真正成为文化活动的主角，引导他们开展传、帮、带，积极培养基层文化建设的带头人。

4. 进一步创新公共文化服务体系管理机制

一是引入竞争机制，改革政府资金投入方式。对重要公共文化产品、重大公共文化服务项目和公益性文化活动，可以实行政府采购、项目补贴、定向助资、贷款贴息等方式，扩大服务范围，提高服务质量，增强服务效益。积极引导社会力量参与文化事业，鼓励和支持民间资本和外资进入公益性文化领域，吸引和鼓励社会力量投资兴办公共文化实体，建设公共文化设施，提供公共文化服务，支持和促进各种所有制的公益性文化单位的发展。二是结合县域经济考核目标，建立严格的文化发展考核体系，并制定全县公共文化服务指标考核体系和绩效考核办法。

5. 进一步推动公共文化服务的产业化发展

一是以文养文。引导各文艺团体采取单位冠名、个人赞助等市场运作的方式，通过广场演出、节庆日文艺演出、电视歌舞大赛等活动，在丰富群众文化生活的同时，获得一定收入，增强各演艺团体自身活力，实现可持续发展。二是以文联姻。在市场经济条件下，商品一旦打上文化烙印，市场销售和商品价值就会好于一般商品，产品文化也可以借产品销售得以传播和弘扬。例如，可以在斗笠中嵌入"红军万岁""红五星"等，形成特色精美的"红军斗笠"。三是以文招商。发掘城市文化资源，推进文化招商引资，发展特色文化产业。比如，可以依托丰厚的红色文化，在三湾打造"重走红军路"红色旅游项目；依托书法文化特色，招引中国扶贫开发协会等开发商，以土地置换、租赁承包等方式，筹建书画一条街、中外书画艺术名人馆、文字博物馆、书画主题广场等，最终创建书法文化创意产业园，承载国内外书法交流、展览等文化活动。

课题组组长：胡春晓　江西省社科联党组成员、副主席，教授

成员：刘弋涛　江西省社科联办公室主任

刘志飞　江西省社科联办公室副主任，博士研究生

饶　晶　江西省社科联办公室主任科员

刘金爱　江西省社科联办公室主任科员

赵　荣　江西省社科联办公室主任科员

王　璐　江西农业大学高教研究所硕士研究生

分类"加压" 激励"鼓劲"*

——崇义县推行村党支部书记分类管理的实践与思考

陈小林

选强用好农村党支部书记，发挥其"领头雁"作用，是加强基层党组织建设的重要内容。但是，长期以来，对农村党支部书记缺乏一套科学合理的管理、考核、评价机制，导致部分村支部书记干好干坏一个样、干事创业热情不高。针对这一现状，2007年以来，崇义县在总结农村实践经验的基础上，探索推行了村党支部书记分类管理机制，有效增强了村党支部书记干事创业的压力和内在动力，为农村基层党组织建设注入了新的生机和活力，夯实了党在农村的执政基础。

一、农村党支部书记管理面临的三大难题

农村党支部书记是村级党组织的"领头雁"，是建设社会主义新农村的带头人。可以说，抓好了这支带头人队伍建设，就抓住了农村基层党组织建设的"牛鼻子"。近年来，随着农村改革发展的深入和农村基层党组织建设的深化，村支部书记队伍建设得到不断加强，但同时也出现了一些新情况、新问题，制约了农村干部队伍的健康发展。

1. 工作多待遇低，干事没劲头

农村处在社会最基层，是贯彻落实党的路线、方针、政策的"主阵地"。"上面千条线，下面一根针"。作为农村"领头雁"的村支书，需要带领村"两委"班子，做好经济发展、征地拆迁、计划生育、森林防火、安全生产、信访维稳等众多纷繁复杂的工作。尽管工作多、压力大，但村

---

* 本文刊发于《内部论坛》2012年第6期（总第859期），获2位省领导肯定性批示。

支书的工资普遍偏低，每个月工资只有 700 元，也不能享受养老保险、医疗保险等待遇。加之，大部分村级集体经济薄弱，无钱办事，即使村支书有心干事，也干不成事。这些使得村支部书记干事热情消退，个人理想抱负难以得到施展，干起工作来没有干劲。

2. 干好干坏一个样，工作没比头

由于历史原因，村干部一直都处于管理的盲区，平时村干部工作干得好不好、业绩明不明显、群众认不认可比较难考核。最终导致村干部干好干坏一个样，工作上没压力，干事创业没动力，出现了一些不求有功、但求无过，看摊守业、维持现状的"太平官"。2007 年，崇义县对全县 124 个村党组织进行调查摸底，发现有一半的村党组织处于无作为状态。

3. 身份受限难发展，仕途没奔头

村干部成长渠道不畅通，发展的路子很窄。很多优秀的村支部书记尽管在村里一干三四届，奉献十几年，工作尽心尽职、业绩突出、群众基础较好，但由于身份原因，不能提拔或转事业编制，最后在村支书岗位上到顶。这使得部分村支书对前途抱悲观态度，工作热情得不到激发。

二、崇义县农村党支部书记分类管理的主要做法

针对新形势下出现的这些新情况、新问题，崇义县委透过现象看本质，综合个性求共性，把握特点找规律，强化了"农村富不富，主要抓支部；支部强不强，关键抓班长"共识。经过一年多的实践和探索，2008 年 2 月，《崇义县农村党支部书记分类管理办法》终于在实践中总结提炼出来了。主要做法是：

一是科学设置分类。采取乡镇申报与组织评定相结合的办法，对农村党支部书记抓农村基层组织、经济发展、社会治安、计划生育等各项工作进行量化考核。根据村支部书记自身素质和能力、抓班子建设情况、工作任务完成情况、发展村集体经济和带领农民发展致富产业情况、为民办实事好事情况、党员和群众满意度情况等，将全县 124 个村支部书记分成一、二、三类村支部书记三个类别进行管理。建立年初申报、年中督导、年末考评工作机制。年初，乡镇根据平时掌握情况和上年年终综合考评排名，

按照本乡镇行政村总数3：4：3的比例申报一、二、三类村支部书记。年末，由县委组成考评组进行综合考评，考核结果报县委常委会研究审定。实行每类村支部书记基数不变、动态管理制度，每年按一定比例进行调整，总数保持不变。新任村党支部书记，根据前一任村支书管理类别降一类进行定类。

二是明确分类标准。明确各类村支部书记分类定级的基本标准和依据，从村支部书记抓自身建设、班子建设、经济建设、社会事业建设和群众民主测评五个方面入手，对村支部书记"双带致富"发展产业、致富农民群众、发展集体经济、为群众办好事实事等方面提出硬性指标，比如一类村支部书记所在村的各项工作应该在全乡镇具有示范带动作用，民主测评优秀率在95%以上，有1~2项"双带致富"产业；发展1~2项产值占农业总产值60%以上的主导产业或特色产业，农民人均纯收入高出全县平均水平的30%以上；村级集体收入在10万元以上，年均增幅在20%以上，是全县新农村建设示范村。凡是民主测评优秀率在84%以下，班子软弱涣散，村级事务决策、管理混乱，村务长期不公开，群众怨气大，长期不发展党员，村集体经济增收缓慢或"空壳村"，农民没有增收致富的主导产业，各项工作在全乡镇排名较后的列为三类村支部书记管理。实行重点工作一票否决制，年度内计划生育受到乡以上重点管理的、出现重大群体事件和重大安全生产事故的，以及班子成员受到党纪政纪处分的村，村支部书记直接定位为三类。

三是严格分类考评。县委从村支部书记抓自身建设、班子建设、经济建设、社会事业建设和群众民主测评等方面，制定详尽的考评办法和实施细则，考评实行日常考评与年终考评相结合，日常考评以乡镇党委为主，县委不定期督查。年终考评采取"支部自评—乡镇初评—组织考评—县委审定"的程序，由县委抽调相关部门人员组成考评组，采取听、看、查、访、评等方式进行综合考评。考评以德、能、勤、绩、廉为主要考核内容，县委对每一项中心工作和业务工作都制定了工作标准和所要达到的目标要求，制定加分或扣分因素，由考核组根据工作实绩进行严格考核。同时，考评充分尊重群众意见，考评组逐村组织召开党员群众代表大会，对其进行群众满意度测评，根据满意度等次，结合平时掌握的情况，最终形成考核结果。建立与相关职能部门及乡镇的情况互通机制，实行纪检、计生、综治、信访、安全生产工作"五票"否决制度，考核情况汇总后要分别征求纪检、计生、综治、信访、安全等相关部门意见并盖章，报县委常委会议研究审定。县委组织部根据县委常委会议研究审定情况，以乡镇为单位，建立各村电脑数据库、资料库和规范文档。

四是实行分类奖惩。考评结果与村党支部书记的报酬、奖惩、任用直接挂钩，做到奖罚分明。对当年考评结果为一类村支部书记的，乡镇给予500元以上的奖励，固定补贴每月上调30元；对连续两次被县委评为一类村支部书记的，按照全县一类村支部书记总数的一定比例，择优招录为乡镇全额拨款事业工作人员；对管理类别比上年度退位的村支部书记，由乡镇党委对其进行诫勉谈话，限期整改；连续两次退位或连续两次被评为三类村支部书记不进位的，由乡镇党委给予黄牌警告，限期整改，整改无效的，评定为不称职。对一次考核确定为不称职的，未招录为乡镇全额拨款事业工作人员的，给予降级处理；已招录为乡镇全额拨款事业工作人员的，给予降级、免职处理（保留编制）；对连续两次考核不称职的，未招录为乡镇全额拨款事业工作人员的，给予劝辞、免职处理；已招录为乡镇全额拨款事业工作人员的，根据国家相关法规，予以辞退。自2008年《村支书分类管理办法》实施以来，有6名村支书被择优录用为乡镇事业编制工作人员，其中1名村支书还被考录为乡镇领导班子成员，有3名村支书因连续两年被评为三类村支书受警告处分，并年终考评被评为不称职。

五是注重分类引导。按照"因人施教、分类引导"原则，建立健全分类推动机制，指导开展不同形式和内容的教育活动。在一类村支部书记中开展"保持先进性质、争当模范先锋"教育活动，促其继续保持高昂斗志，发扬戒骄戒躁的优良作风，抓好班子、带好队伍，力促农村经济发展。在二、三类村支部书记中深入开展"学样板、找差距、赶先进"活动，引导其以一类村支部书记为学习样板，找准差距，调整思路、明确方向、谋求发展。同时，认真落实三类村支部书记重管制度，在三类村支部书记中开展结对帮扶、交心谈心活动等，帮助其提高思想认识，化解消极情绪，树立积极进取、争当先锋的意识。由乡镇派出干部驻村包干负责，帮助进行重点整顿。各乡镇分别建立三个类别村支部书记的业绩档案，长期进行跟踪。

三、崇义县农村党支部书记分类管理的实际成效

实践证明，崇义县推进农村党支部书记分类管理是符合农村实际和发展方向的，是符合科学发展观要求的，也是符合农民群众意愿的，得到了广泛的认同和参与。通过近几年的探索和实践，试行农村党支部书记分类管理机制的活力和成效已得到初步检验和显现。

一是实行分类管理，使农村党支部书记干事创业外有压力、内有动力。长期以来，部分村支部书记抱着得过且过的态度，对本村经济发展缺乏强烈的责任心和事业心。实行农村支部书记分类管理，将农村党支部书记分成一、二、三类管理，好、中、差分得清清楚楚、明明白白，并且建立激励奖惩机制，考评结果与村党支部书记的报酬、奖惩、任用直接挂钩，对工作业绩突出、表现优秀的村支部书记进行经济上"补袋子"，让其"尝甜头"，政治上"提位子"，让其"有奔头"，尤其是"吃财政饭"的可能性，使"村支部书记"岗位大大增强了吸引力，进一步激发了村支部书记干事创业的主动性和积极性。铅厂镇关刀坪村支部书记黄源新说："分类管理就像一面镜子，每个村支部书记都看到了自己，找到了差距，使想干事创业的村支书有了动力、有了方向，不想干事创业的村支书也有了监督、有了约束。"

二是实行分类管理，使农村党支部书记管理有了抓手、有了平台。实行农村支部书记分类管理，县委采取量体裁衣、因人定类的做法，对每一类村支部书记都制定了工作标准和所要达到的目标要求，把村支部书记抓自身建设情况、班子建设情况、发展村级经济和农民增收情况、为民办实事好事情况、党员群众满意情况等作为考核村支部书记考核定类的重要依据。并建立了"支部自评—乡镇初评—组织考评—县委审定"严格的考评程序，使村支部书记的管理有了便于考核的内容和手段，较好地解决了过去农村党支部书记管理缺抓手、缺平台、抓不牢、抓不实的问题，消除了村支部书记"干与不干、干多干少、干好干坏一个样"的现象。

三是实行分类管理，使农村党组织在群众中有了形象、有了威信。"支书好不好，群众说了算。"实行农村党支部书记分类管理，县委把党员群众的民主测评分作为村支部书记考核得分的基础分，从而使村支部书记自觉强化对自身的约束和监督，自觉为群众办好事实事，其"带头致富"的"能人"性质及"带领群众共同富裕"的党性和"为民服务"的宗旨进一步强化，党员群众的"主心骨"地位更加突出，村级党组织在农村各项社会事业中的领导核心地位更加牢固，农村党组织的凝聚力、战斗力、号召力明显增强。横水镇鱼梁村支部书记王家宾说："过去，党员群众对村级事务尤其是村级财务监督得多，对村干部个人监督得少。实行农村党支部书记分类管理后，群众监督村支书的渠道畅通了，责任心变强了，良好形象展现出来了，干群关系更加密切了，党组织的凝聚力也增强了。"

四是实行分类管理，使社会主义新农村建设有了根基、有了动力。实行农村党支部书记分类管理，县委注重对村党支部书记的业绩考评，从抓农村经济发展、促进农民增收致富、发展农业产业、兴办社会公益事业等方面提出硬性指标，通过建立奖勤罚懒、奖优罚劣机制，强化了村支部书记"不抓发展要'失职'、抓不好发展要'降职'"的意识，进一步营造了"以发展论英雄、凭实绩坐位子"的良好社会氛围，从而使村支部书记主动融入经济建设主战场，带头成为生产发展的主力军、生活宽裕的"领头雁"、乡风文明的好典范、村容整洁的建设者、管理民主的带头人，成为推进新农村建设的重要骨干力量。截至目前，全县建立"百亩千元"毛竹林示范基地、精品脐橙示范基地和高产油茶示范基地300个以上，建立了毛竹、脐橙、油茶等"一村一品"示范村62个；新注册成立了崇义县农产品经纪人协会、龙勾乡绿源脐橙合作社、铅厂镇民兴赣南脐橙合作社等49个规模较大的合作经济组织；打造新农村建设点200个，新农村综合性社区增加到100个，新修通主干道47.69km，完成"三格式"厕所2460个、沼气池620座。

四、崇义县农村党支部书记分类管理的重要启示

党的十七大提出，"充分发挥基层党组织推动发展、服务群众、凝聚

人心、促进和谐的作用。以党的基层组织建设带动其他各类基层组织建设。"党的十七届四中全会提出，"建设高素质基层党组织带头人队伍"。推行农村党支部书记分类管理，对于加强农村基层党组织建设、提高党在农村的执政能力、夯实党在农村的执政基础、构建社会主义和谐社会，具有重要的现实意义。崇义县推进分类管理的实践主要有以下三点启示：

一是实行农村党支部书记分类管理是突出以人为本、践行科学发展观的有效途径。实行农村党支部书记分类管理，旨在通过建立一套针对村支部书记的管理机制和奖惩机制，使想干事、会干事、干成事的村支部书记有甜头、有奔头，使不想干事创业的村支部书记有监督、有约束，从而更加扑下身子，一心一意谋发展，踏踏实实地为群众诚心诚意办实事，尽心尽力解难事，赢得群众的拥护和支持。

二是实行农村党支部书记分类管理是加强农村基层组织建设、夯实党在农村执政基础的有效载体。"火车跑得快，全靠车头带"。党的执政地位的巩固，离不开农村基层党组织和全体基层党员干部先进性作用的发挥，离不开广大群众的拥护和支持。实行农村支部书记分类管理，其实质在于通过加强农村党支部书记的教育管理，促其发挥"火车头"作用，达到加强村级班子建设，密切党群干群关系，增强农村基层党组织凝聚力、战斗力、号召力，巩固党在农村执政地位之目的。

三是实行农村党支部书记分类管理是推动农村经济社会发展、构建和谐社会的有力保障。农村党支部是党领导农村工作的核心堡垒，是农村经济社会健康快速和谐发展的组织保障。实行农村党支部书记分类管理，其要害就在于抓住了党领导农村工作的关键性因素，通过优化"农村党支部书记"这一支党在农村基层组织中的核心领导力量，来筑强核心堡垒，从而为推动农村经济社会发展、构建和谐社会提供不竭动力和强大保障。

作者：陈小林系中共江西省委党校科研部主任、教授

江西省三峡移民社会融入现状、问题及对策[*]

周忠伟　祝昌鸿

作为三峡库区农村外迁移民接收安置地，江西省从 2000 年开始有计划地先后在奉新、宜丰、峡江、崇仁、浮梁、永修等 7 个县接收安置移民。到 2004 年，江西省已接收安置重庆市云阳县和奉节县农村外迁移民 8633 人。这些移民集中安置在 50 个乡镇场，分散在 146 个安置点。迄今为止，江西省三峡移民已在各安置点生活了 7～11 年。

如果说当年兴建大坝、百万移民是三峡工程，那么如何让三峡移民"逐步能致富"，就是规模毫不逊于三峡工程本身的"后三峡工程"。通过发展生产提高三峡移民的生活水平和增加经济收入，是移民安置工作的一项根本任务；改善三峡移民的生产生活条件、提升三峡移民的政治与文化生活质量、促使三峡移民的社会治安状况得到改观，是促进三峡移民真正转变成江西居民，在江西长期安居乐业，获得可持续发展的重要条件与基础。为了解江西省三峡移民的社会融入状况，分析三峡移民在转变为江西居民过程中遇到的问题，我们对此进行了专题调研。

一、江西省三峡移民社会融入现状

1. 生产经营状况逐渐好转

经过最初的磨合期，三峡移民的生产经营状况日益好转，经济收入稳步提高。当地政府通过各种途径为三峡移民进城经商、务工或在家发展种植业、养殖业提供帮助，成效明显。靖安城内的生猪屠宰业曾一度为三峡移民所垄断，在县内务工的移民有 680 人，人均年收入达 8000 元以上。峡

---

*　本文刊发于《内部论坛》2011 年第 45 期（总第 853 期），获 1 位省领导肯定性批示。

江县三峡移民已在当地开办家具厂 2 家，地板条厂 1 家，修理厂 7 家，小商品店 13 家，购买"拐的"40 余部，该县金龙和太山坪安置点的朱友章、汪本发、姜太勇、姜家友等生猪养殖大户，户年出栏生猪均在 400 头以上，户年纯收入均在 5 万元以上。

2. 生活条件得到改善

在移民安置地，政府加大了基础设施建设的投入，自来水改造、环境整治、道路整修、沼气池建设、通信网络工程改造、移民活动中心建设等工程进展顺利。三峡移民的生活条件得到改善，文化素质得到提升。在宜丰县，三峡移民用上了清洁燃料、高档电器和现代化交通工具。在靖安县24 个安置点中，23 个安置点修通水泥路，100％的安置点通电话，90％的安置点通有线电视，2 个安置点新建了 280 平方米的公共场所，安置点所在地的医院、学校都进行了扩容。

3. 政治权利得到充分保障

移民的政治融入，是在经济和社会生活融入的基础上更深层次地融入，这对三峡移民适应当地的社会生态环境，促进自身的可持续发展有着十分重要的意义和作用。吸收移民到基层组织工作，大力培养移民干部，切实提高移民干部的素质，是保障移民政治权利、融洽移民与当地干群关系的关键。据移民部门统计，目前全省三峡移民中，有 79 人加入了中国共产党，83 人当选为县、乡人大代表或政协委员，108 人当选为村"两委"委员或村民小组长。实践证明，这些同志逐步成了做移民思想工作的骨干，成为维护安置地区稳定的中坚力量。

4. 社会关系纽带逐渐建立

移民多以家庭为单位进行迁移，在家庭面临新的外部环境时，家庭不是被动地接受社会变迁的影响，而是主动地对社会变迁作出反应。通婚是加速移民家庭与当地居民家庭、移民区与当地居民区融合的重要方式，是移民在安置地构建新的深层关系网、维持生存和发展的策略之一，是移民对新资源关系网积极建构的表现，对于其建立新的社会关系纽带至关重要。我们在调研中发现，这种联姻现象已经在部分三峡移民安置点出现，并有逐年增多的趋势。在峡江县，三峡移民与当地居民和谐相处，目前已有 24 户三峡移民家庭的青年与本地人通婚，其中，水边镇毛坎村安置点

40 户三峡移民就有 7 户与当地居民通婚。

5. 移民安置区社会治安状况基本稳定

安置地政府始终把三峡移民维稳工作当成中心工作，精心组织，全力投入，确保各安置区政治和社会大局的稳定。在当地政府的耐心宣传教育和精心帮助下，三峡移民实现了从最初的浮躁不安向逐步稳定转变，已基本融入当地社会。安置区内移民的法制意识显著增强，无移民越级集体上访、重复上访、聚众围堵国家机关、滋事扰乱社会秩序等群体性事件发生，出现了生产发展、生活宽裕、民风和谐的喜人景象。

二、江西省三峡移民工作中存在的主要问题

1. 生产生活基础设施尚需加强建设

有些地方，在移民迁入初期"稳"字当头，对生活性基础设施很重视，把有限的资金用在满足移民生活需求方面，而相对忽视重点生产性基础设施的建设，致使不少安置点至今不通公路、农田水利设施没有得到很好地建设和维护，移民收入难以得到有效增长。由于资金的限制，政府对移民安置点安排的生产开发性资金明显不足，加上交通不便和生产性基础设施落后等因素，移民难以系统、科学地进行生产建设。这已经成为安置点发展经济的"瓶颈"，生产生活基础设施建设亟须加强。

2. 尚需加大资金扶持力度

江西省结合移民资金管理的实际，在安置金发放上采取一次性发放给移民生产资料购置费每人 1955 元，过渡期生活补贴费每人 1920 元，困难补助费每人 853 元（按每人 500 元发放给移民建房；每人 320 元在两年内分四次发放，每次人均 80 元，用于每年的春荒和冬令补助；每人 33 元作为特困补助资金，用于在两年内发生天灾人祸移民家庭的补助）。由于财力有限，各地发放完移民安置金后都不同程度地陷入资金紧张的窘竟。相关部门要为三峡移民办实事，只能拆东墙补西墙，挤占其他资金应急，导致工作量越来越大，工作成本越来越高，正常的移民帮扶工作受到影响。三峡移民对此意见很大，上级有关部门亟须加大对移民安置地政府的资金

投入。

3. 技能培训亟须加强管理

移民主管部门虽然想方设法对移民进行了一定的劳动技能培训，但受资金所限无法经常性地对移民进行培训。各地移民培训经费由移民主管部门统一管理，移民通过参加培训获取数额不等的培训补贴，故部分移民纯属为领取误工补贴才参加培训。移民主管部门对移民培训机构的资格审核没有一套科学的指标体系，很多管理部门对培训机构仅开展简单的考核，而很少看其是否有较完善的培训项目规划书、培训后的就业率与就业渠道等，有意无意忽略市场对劳动力素质的基本需求。培训后的移民要么因培训时间不足，学习的内容过于简单，难以谋求岗位；要么因学成的技能不高，难以胜任其职，无法满足用工单位的需要。

4. 部分三峡移民的"农转非"问题亟待解决

有些地方，部分三峡移民在最初"农转非"之时得到了扶持补助资金。按当地政策，这些移民以后将不再享受移民的后期扶持补助，但有些"农转非"移民虽然户口转为非农，却仍生活在农村，过着"日出而作，日落而归"的农民生活；还有相当一部分"农转非"的移民已花完扶持补助款，如今处在"种田无土地、就业无岗位、经商无能力、生活无出路"的尴尬境地。这些移民要求享受后期扶持补助的呼声极高。

三、解决江西省三峡移民问题的政策取向

1. 政府主导三峡移民的再社会化过程

三峡移民作为一种再社会化过程，一方面它突出地表现为移民与政府的互动过程，另一方面它又内在地包含两个既相互区别又紧密联系的社会过程，即原有社会组织的解体过程和新的社会组织的整合过程。这种再社会化过程不是也不可能是原有生产方式和生活方式的简单重复，而是社会经济结构的重构和发展。要推进三峡移民真正转变成江西居民，更多地需要政府对待移民问题的科学态度和人文关怀。通过政府主导协调包括政府与移民、移民地区与其相关的非移民地区以及移民地区内部不同的部门及

个人之间的利益。

2. 统筹三峡移民问题的整体和部分关系

经过 7~10 年的再社会化过程，三峡移民按经济富裕程度可以分为三类：一类为有谋生能力，有一定资产，有原始积累，而且目前有经营门路，相对富裕的移民，这类移民在一定时期的生产生活都不会存在问题；二类为生活一般的移民，通过努力能够勉强维持生计；三类为相对贫困的移民，包括贫困户、特困户，这部分移民家庭经济底子很薄，自己缺乏谋生的手段。政府既要关注移民中的弱势群体，也要不忽略移民整体，及时针对移民出现的问题与困难予以分类处置，妥善处理。要以大农业为基础，以土为本，多渠道、多门路安置三峡移民就业。同时，要摸清情况、逐类逐户分析，广泛征求意见，最终确定针对各类各户移民的具体帮扶和致富方案，确保三峡移民"逐步能致富"。

3. 完善三峡移民就业扶持体系

建立和完善移民培训的操作规程，坚持以人为本，以全面提高移民素质为目标，以移民劳动技术培训为重点，充分利用移民培训基地和社会办学资源，将移民技能等级培训与移民务工上岗岗前培训相结合，不断提高移民劳动技能。同时，还要设立移民生产扶持周转基金，实施造血扶持和智力扶持。

4. 加大对三峡移民矛盾纠纷的化解力度

对后移民过程中凸显的矛盾纠纷要进一步调查研究，制定预案，采取诉调对接机制、部门联动机制化解移民矛盾纠纷于基层、于源头、于萌芽状态，引导群众通过行政复议、司法诉讼、仲裁等渠道化解矛盾纠纷，综合运用人民调解、行政调解和司法调解的方式，及时协调移民利益关系；把信访、司法、维稳、综治、移民、民政、经管、林业、工会、共青团、妇联等工作资源有效整合起来，充分相信群众、依靠群众，最大限度地减少不和谐因素、增加和谐因素。对涉及面广、时间跨度大、容易升级激化，带有普遍性的移民疑难复杂问题，要实行领导包案、一包到底；对复杂的移民矛盾纠纷和上级交办的重要移民信访事项，要明确责任人和解决时限；要把移民矛盾纠纷排查化解工作作为领导班子、领导干部政绩考核、提拔任用的重要内容；发现移民中正直的党员、干部，要有意引导其成为信息员、宣传员和工作助理，利用安置地党员干部和邻居做好移民工作；要注重抓典型，树榜样，并且进行广泛地宣传和扶持，发挥辐射带动作用。

作者：周忠伟系江西警察学院副院长、教授

　　　　祝昌鸿系江西警察学院讲师

高度重视和积极引导江西省大学生宗教信仰*

陈小军　汤爱萍

当前，宗教在大学校园里的蔓延与发展非常迅速，大学生成为宗教渗透的重点群体。在江西省高校，信教大学生规模不断扩大，宗教尤其是基督教的影响日益广泛。

一、江西省大学生宗教信仰现状

为全面、客观了解江西省大学生宗教信仰的真实状况，笔者于 2010 年 9 月至 2011 年 6 月，对南昌大学、江西师范大学、江西财经大学、南昌航空大学、江西科技师范大学五所高校进行了一次专题调研，先后发放调查问卷 1000 份，回收有效问卷 956 份，回收率为 95.6%，并多次深入部分高校大学生宗教活动聚会点实地调研。调查对象既包括本、专科各个年级的学生，也包括少量硕士及博士研究生，涉及文史哲、理工等多个学科。调查结果在一定程度上反映了江西省大学生宗教信仰的实际状况。

1. 宗教在大学生中存在广泛影响

抽样调查结果显示，大学生信仰宗教人数占有相当大的比例。明确表示有宗教信仰的共 229 人，占抽样调查总人数的 23.95%。45.61% 的受调查大学生表达出了对宗教的浓厚兴趣，对宗教持排斥态度的大学生凤毛麟角（见表1）。此外，在不信教的大学生中问及"今后选择信仰宗教的可能性"时，回答"以后会选择信仰宗教"的人约占被调查人数的37%，回答"说不清"的约占45%。这说明，宗教在江西省高校中有进一步扩大影响的空间。值得注意的是，信教大学生占比有逼近信仰共产主义大学生占

---

* 本文刊发于《内部论坛》2012 年第 34 期（总第 887 期），获 1 位省领导肯定性批示。

比之势（见图1）。约95%的大学生宗教信徒具有团员身份，甚至学生党员之中也不乏宗教信仰者。在158名填了共产党员身份的问卷调查表中，有36名依旧选择了信仰宗教。

表1　大学生信仰宗教的基本态度分析

对信仰宗教的基本态度	人数（人）	所占比例（%）
信仰某种宗教	229	23.95
对宗教感兴趣但不信仰任何宗教	436	45.61
对宗教不感兴趣也不反感	255	26.67
对宗教反感	36	3.77

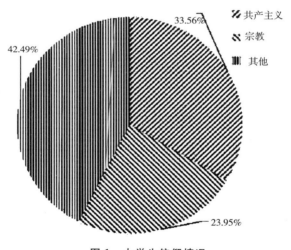

图1　大学生信仰情况

2. 宗教影响大学生的途径多样化

从宗教影响大学生的途径来看，纸质媒介仍是大学生接触和了解宗教的主要途径。伴随着社会上"宗教热"的兴起，大量宗教典籍、宗教学论著和工具书得到出版发行，大学生接触和了解宗教的机会大大增加，受宗教影响的概率也不断增大。其次，人际传播也是宗教施加影响的重要途径。通过信教人员、传教人员散发的宣传资料了解宗教的大学生不在少数。在某大学附近的一个聚会点进行调查时我们了解到，每个学期开学时，信徒们会把宗教宣传单直接放到每个学生宿舍门把上；如果碰到有学生在，他们还会进行现场宣传。他们平时还会对在路上碰到的一些学生进行宗教宣传。除此之外，网络和广播也日渐成为宗教施加影响的重要平台。通过网络与广播电台接触和了解宗教知识的大学生人数甚至超过了传统的人际传播和纸质传播形式（见表2）。受调查的大学生中，超过90%的人表示浏览过宗教网站，约30%的人表示收听过福音广播电台。

表2 大学生了解宗教知识的途径

您接触和了解宗教知识的途径	人数（人）	占总调查人数百分比（%）
阅读相关宗教书籍	216	22.59
通过网络和广播电台	287	30.02
通过与信教人员的接触	178	18.62
宗教宣传资料	113	11.82
其他途径	162	16.95

3. 需求性信教和蛊惑性信教占绝大多数

在信教的原因上，因家庭熏陶信仰宗教的大学生并非主流，需求性信教（寻求心理慰藉或精神寄托）和蛊惑性信教（受传教影响）占绝大多数（见表3）。调查结果显示，需求性信仰宗教的大学生高达42.36%。大学生跨入校门后，所面对的是一个完全不同于高中时代的学习和生活环境。他们要独自处理学习和生活中的诸多问题，并承担学习和生活中的许多责任与压力。当他们自己无法解决这些问题、难以承受这些压力，又缺少来自社会各方面的关爱时，他们就会到彼岸世界里寻求短暂的慰藉，从而走上信仰宗教的道路。此外，受信教师生、宗教传道员以及宗教宣传单影响加入信教队伍的大学生也日趋增多，尤其是在基督教领域。有些大学外籍教师是宗教信徒，在授课和交流时会有意识地向学生讲解有关宗教方面的知识，向学生灌输宗教观念。他们用民俗民情去吸引学生，利用各种各样的宗教典籍去感染学生，向学生宣传宗教教义，进而激发学生对宗教产生兴趣。在大学的英语角或学术沙龙也有宗教宣传，信徒们通过与大学生沟通交流宣传教义教规。调研还发现，大学生基督教信徒对于传教也有相当高的热情，特别是对那些可能成为信徒的人十分感兴趣。亦有相当一部分大学生是通过深思熟虑去选择信教的。由于受到宗教文化独特魅力的影响，或者是出于对宗教价值观、人生观的欣赏和认可而选择信仰宗教，不仅是因为偶发性困境或受人"蛊惑"信教，他们的信教态度呈理性化趋势。

表3 大学生信仰宗教原因

原　　因	人数（人）	所占比例（％）
家庭熏陶	42	18.34
精神寄托	56	24.45
祈福消灾	41	17.90
宗教价值观感召	24	10.48
宗教文化吸引	21	9.18
宗教传教	45	19.65

4. 基督教的传播速度非常快，且活动频繁、隐蔽

在宗教信仰的选择上，调查结果显示，基督教在大学生中的传播速度不断加快。信仰佛教、基督教的大学生人数分别占到信教大学生总人数的42.79％和44.10％（见表4），信仰基督教的大学生数量已超过信仰佛教的大学生数量。

表4 信教大学生的宗教类别分布

宗教类别	信教人数（人）	占信教人数百分比（％）
天主教	4	1.75
基督教	101	44.10
佛教	98	42.79
道教	12	5.24
伊斯兰教	6	2.62
其他	8	3.50

在参加宗教活动方面，经常并有规律地参加宗教活动的大学生宗教信徒以基督教信徒居多。有些聚会点聚会十分频繁，一个星期4~5次，大学生基督徒的学习和生活受到一定的打扰。一些大学生基督徒不仅愿意为宗教信仰花费较多时间，而且表示，如果工作、政治成分与宗教信仰不相容的话，他们也会为了宗教信仰而舍弃它们。在聚会点的选择上，大学生基

督徒更愿意到私设聚会点参加活动，比较排斥基督教"三自"教会。其原因是，大学生觉得"三自"教会的形式过于死板，并且觉得牧师有官僚化倾向。此外，私设聚会点通常非常隐蔽，参与聚会的人员要对聚会时间、地点严格保密，聚会时间、地点也经常变动，常常是在聚会之前临时通知。而且，很多小型聚会点会举行联合聚会，实质上每一个小聚会点都从属于一个大的聚会点，呈规模整合化趋势。

5. 大学生对宗教和我国宗教政策的认知较为模糊

调查发现，江西省大学生对宗教的认知状况较为模糊。在回答"对宗教知识的了解情况"时，有大约48%的受调查学生表示非常少或一无所知。大学生对宗教典籍，尤其是对宗教的教义、教规以及宗教仪式都不甚了解，对宗教作为特定意识形态的表现形式认知模糊，很容易被误导。在宗教的社会作用评价上，大约86%的受调查大学生认为宗教有积极的社会作用，倾向于用宗教解决日益下滑的道德问题。不到4%的受调查大学生认为宗教具有负面效应（见表5）。由此可见，大学生对于宗教的认知总体上倾向于正面。

表5　宗教的社会作用

评　　价	人数（人）	占总调查人数百分比（％）
有好处	822	85.98
有坏处	36	3.77
有好处也有坏处	42	4.39
说不清	56	5.86

对于我国的宗教政策，多数大学生一知半解。84.56％的受调查大学生认为，信仰宗教纯属个人的私事，可以在校园里开展宗教活动，校方不应干涉。很多大学生只知道"宗教信仰自由"，却不知道共产党员是不允许信仰宗教的。46.23％的受调查学生认为共产党员可以信教，35.46％的受调查学生认为信教也可以入党，16.78％的受调查大学生宗教信徒仍然表露出加入党组织的愿望。

6. 宗教的影响具有两面性

关于宗教对大学生的影响，有宗教信仰的大学生普遍认为，宗教信仰对他们起着比较积极的作用,使他们的心灵得到净化。没有宗教信仰的大学生表示,大多数大学生宗教信徒更加自律、更加富有爱心,而且性格随和,为人比较热情,乐于帮助同学。但是,调查发现,虽然信仰宗教给大学生带来不少的积极作用,但宗教作为一种唯心主义世界观,对大学生正确认知事物也存在一定的不良影响。宗教容易导致大学生相信宿命,逃避现实,消极对待人生。而且,宗教还可能会导致大学生认为宗教才是救世的良方,从而增强宗教的影响力。此外,通过个案调查发现,一些大学生基督徒的善举往往和传播福音的行为交织在一起,他们"益人"的目的往往是为了彰显"主的荣耀"。笔者曾经多次跟随一些大学生基督徒外出做义工,发现他们在帮助他人的同时,往往会附带说上一句"上帝赐福给你",这就使得他们的付出和奉献带上了一丝传播福音的色彩。值得一提的是,一些私设聚会点采用一些消极的方式进行祷告,对大学生的身心健康会造成一定的不良影响。

二、做好江西省大学生宗教工作的对策

大学生是我国社会主义建设人才的后备军,事关社会主义事业的兴衰成败。做好大学生宗教工作,意义重大,不容忽视。

1. 加强对高校中涉及宗教问题事务的管理

《中华人民共和国教育法》规定:"任何组织和个人不得利用宗教进行妨碍国家教育制度的活动。"《普通高等学校学生管理规定》第四十三条规定:"任何组织和个人不得在学校进行宗教活动。"要加强对江西省高校中涉及宗教问题事务的管理,严禁任何组织和个人在高校开展任何形式的宗教传教活动。要加大对高校课堂教学、报告会、研讨会、讲座、论坛、校园网络和接受境外基金资助的管理力度,防范和阻止别有用心的人到高校宣扬宗教思想、拉拢学生信教。要重视做好外籍专家、教师以及外国留学生的管理工作,对他们做好关于我国宗教政策及相关法律法规知识的宣传教育工作,明确要求他们不得从事任何形式的宗教传教活动。要加强对高校周边宗教活动场所的管理,全面清理高校周边存在的非法宗教活动场所和非法传教点。针对信息社会的特点,认真研究并解决如何防范针对大学

生的网络传教、空中传教问题，有效抵御境外势力利用宗教对江西省大学生进行的渗透活动。

2. 加大宗教知识和宗教政策在高校校园的普及宣传力度

目前，江西省在校大学生的宗教信仰追求感性重于理性，宗教信仰特征不明显。比如，他们在日常生活中并没有严格按照宗教仪式和规范行事。因此，必须通过适当的形式正确引导信教大学生形成正确的宗教观念，了解我国的宗教政策，减少宗教信仰的盲目性。高校可以通过开设宗教文化方面的选修课程，举办相关知识讲座，将马克思主义宗教观和党的宗教政策有机地融入学生专业学习的各个环节，从而有效地帮助大学生正确认识宗教问题。

3. 关注高校大学生的心理状况

要关注江西省大学生心理健康状况，认真做好大学生心理健康辅导和心理疏导工作。通过各种方式与途径普及心理知识，帮助学生增强心理调适能力和社会生活适应能力，让学生自己调节心理，舒缓心理压力，处理好可能出现的心理问题。要帮助大学生解决学习、生活中的实际困难，使他们充分感受到学校大家庭和集体组织的温暖，从而降低他们寻求宗教慰藉的几率。要加强对大学生的就业指导和服务工作，防止学生因就业压力大而转向宗教寻求精神寄托，防范别有用心的人以帮助就业为名拉拢学生信教。

4. 改进高校思想政治教育工作的方式方法

高校思想政治教育工作实效性不强，是部分大学生转而信仰宗教的原因之一。调查发现，部分高校思想政治教育说教意味重，形式古板单调，内容脱离实际，很难引起学生的兴趣。一些"两课"老师上课时，只会照抄照搬经典社会主义理论，无视当前新形势的发展，无视新时代大学生的特点，忽视学生个体的差异，对学生的接受心理和过程缺乏关注，使得大学生对思想政治教育产生了强烈的排斥心理。有学生在调查中留言说"政治教育会因为部分内容的不切实际而失去公信力"，认为宗教信仰更为简单、纯粹、真实，他们转而追求强调"至真至美至善"境界的宗教。因此，要注意改进江西省高校思想政治理论课的教学方式方法，提高思想政治教育的实效性，并对大学生关心的社会热点及思想问题做出令人信服的回答。

5. 大力推动高校校园文化建设

校园文化活动是对学生进行教育引导的有效载体。要在高校广泛开展思想政治、学术科技、文娱体育等校园文化活动，更好地满足大学生精神文化与健康需求，避免学生因精神生活枯燥、文体活动缺乏而受到宗教的诱惑。要充分发挥党团组织、学生会、研究生会、班集体的组织优势，大力推动校园文化建设，用优秀文化和科学精神构建校园文化阵地，最大限度地减少宗教在校园的活动空间。特别是在西方宗教节日期间，要有针对性地安排好学生的学习、生活和文体活动，减少学生参加宗教活动的机会。

6. 做好高校信教大学生的教育引导工作

对于江西省大学生宗教信徒，既不能视其为"另类"和"异己力量"而加以排斥，也不能强迫学生放弃宗教信仰，而是要在尊重他们信仰宗教的同时，做好教育引导工作，帮助信教的学生降低因信教所带来的负面影响。要增强他们的法律法规意识，教育引导他们在公开合法的宗教活动场所参加宗教活动。应明确要求信教学生不得在校园内传教和进行宗教活动，更不得参与和组织非法宗教活动。

作者：陈小军系南昌大学公共管理学院讲师、硕士
　　　汤爱萍系南昌航空大学环化学院讲师、博士研究生

后　记

应用对策研究立足现实，着眼未来，开展好应用对策研究能够有力推动经济社会持续健康发展。当然，一项质量上乘的应用对策研究既要有基本的科学性和指导性，还应具备宏观上的战略性和前瞻性，以及现实针对性和可操作性。本书紧紧围绕这"六性"选取部分应用对策研究成果，辑录成册，以飨读者。

本书选编的应用对策研究文章为 2010 年 3 月至 2014 年 2 月刊发于《内部论坛》，同时获得省领导书面肯定性批示的成果。4 年中，《内部论坛》共出刊 161 期，刊发文章 201 篇，共有 67 篇文章获得省领导书面肯定性批示，我们对这 67 篇获批文章进行了多轮筛选，最终确定 28 篇。由于时间跨度长，在选编过程中，我们不仅考虑了时效性，还注重了相对均衡，有的学者有近 10 篇文章获得批示，我们仅选取最能代表这位学者水平的一两篇，并且努力使所选取的涉及工业、农业、文化、旅游等各领域的文章在数量上大致相当。为此，我们对多篇调研报告忍痛割爱，没有选录。鉴于篇幅限制，书中仅刊登了 23 位作者的照片及简介，这 23 位专家学者均为收录进该书的文章的第一作者。

江西省社科联党组对此书的编辑出版工作高度重视，专门召开会议审定全书篇目。江西省社科联党组书记、主席祝黄河对此书更是给予了悉心指导并亲自担任主编，江西省社科联党组成员、副主席吴永明、黄万林、胡春晓担任副主编。《内部论坛》编辑部曹彩蓉、刘旭辉、姚婷、曹高明承担了编辑、编务工作，原《内部论坛》编辑部主编熊建对本书的编辑、编务工作也给予了帮助。在此，向支持、关注《内部论坛》的各有关单位、有关专家、广大社科工作者表示衷心感谢！希望此书能对全省广大社科工作者有所裨益。

由于时间仓促，水平有限，疏漏难免，敬请读者不吝指正。

编　者
2014 年 5 月

图书在版编目（CIP）数据

论真理　出良策　建真言：建设富裕和谐秀美江西策论／祝黄河
主编．—北京：社会科学文献出版社，2014.10
　ISBN 978 - 7 - 5097 - 6177 - 9

　Ⅰ．①论…　Ⅱ．①祝…　Ⅲ．①区域经济发展 - 研究 - 江西省
②社会发展 - 研究 - 江西省　Ⅳ．①F127.56

　中国版本图书馆 CIP 数据核字（2014）第 133795 号

论真理　出良策　建真言
　　——建设富裕和谐秀美江西策论

主　　编／祝黄河
副 主 编／吴永明　黄万林　胡春晓

出 版 人／谢寿光
项目统筹／王　绯　周　琼
责任编辑／赵子光　周　琼

出　　版／社会科学文献出版社·社会政法分社（010）59367156
　　　　　地址：北京市北三环中路甲 29 号院华龙大厦　邮编：100029
　　　　　网址：www.ssap.com.cn
发　　行／市场营销中心（010）59367081　59367090
　　　　　读者服务中心（010）59367028
印　　装／北京鹏润伟业印刷有限公司

规　　格／开　本：787mm × 1092mm　1/16
　　　　　印　张：17.75　字　数：280 千字
版　　次／2014 年 10 月第 1 版　2014 年 10 月第 1 次印刷
书　　号／ISBN 978 - 7 - 5097 - 6177 - 9
定　　价／69.00 元